영어독해. 부분에서 헤매지 말고, 글 전체 구조를 보라!

이 책을 쓰신 분들

이창봉 가톨릭대학교 영어영문학부

이미영 백석대학교 어문학부

김혜영 가톨릭대학교 영어영문학부

이 책을 검토하신 분들

최은주 고양일고등학교

유윤정 대전글꽃중학교

지소철 영어전문저자

Ryan P. Lagace 감수, 영어전문저자

디딤돌 구조독해 I

펴낸날 [초판 1쇄] 2023년 5월 1일

펴낸이 이기열

펴낸곳 (주)디딤돌 교육

주소 (03972) 서울특별시 마포구 월드컵북로 122 청원선와이즈타워

대표전화 02-3142-9000

구입문의 02-322-8451

내용문의 02-325-3224

팩시밀리 02-323-2808

홈페이지 www.didimdol.co.kr

등록번호 제 10-718호

구입한 후에는 철회되지 않으며 잘못 인쇄된 책은 바꾸어 드립니다.

영어 독해. 부분에서 헤매지 말고, 글 전체 구조를 보라!

디돌

독해,
어떻게 하는 거야?

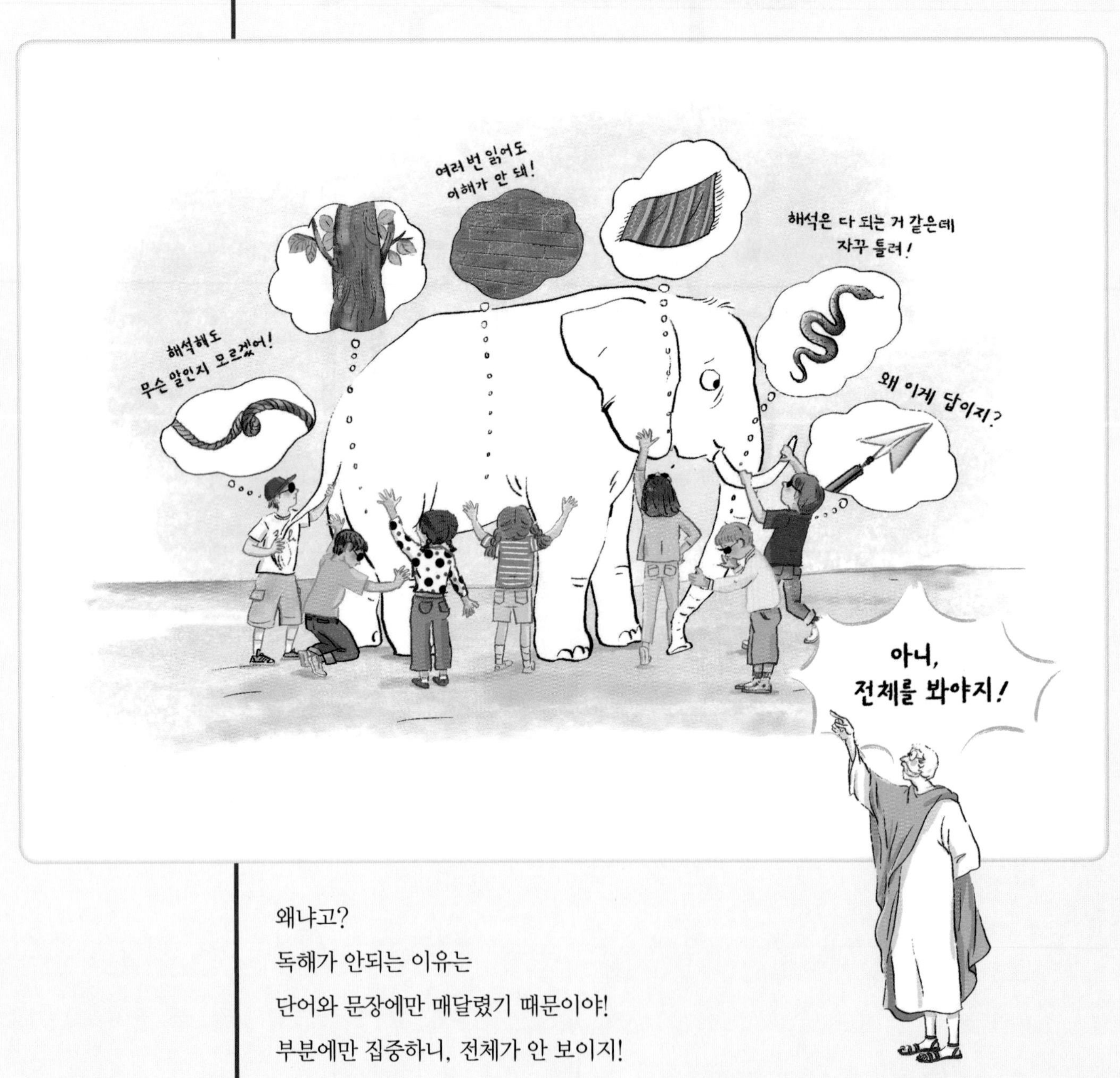

왜냐고?
독해가 안되는 이유는
단어와 문장에만 매달렸기 때문이야!
부분에만 집중하니, 전체가 안 보이지!

구조로 글 전체를 봐!

글쓴이는 글을 쓰기 전에 이런 생각부터 해.
어떻게 하면 내 생각을 가장 효과적으로 전달할 수 있을까?
주제와 생각을 효과적으로 전개하려면 어떻게 설계해야 할까?
설계도를 짜는 이유가 바로 여기에 있어.

그래서 글을 읽을 때
글쓴이가 설계한 구조를 알고 글 전체를 보면
글쓴이가 어디쯤에서 중요한 생각을 말하게 될지,
핵심과 핵심이 아닌 게 뭔지를 구분해내면서
효과적으로 독해할 수 있게 돼.

구조로 글 전체를 봐야 하는 이유야!
글쓴이의 생각을 정확히 볼 수 있으니까!

구조를 봐야 글쓴이 생각이 보인다!

글쓴이가 구조를 먼저 생각했으니까!

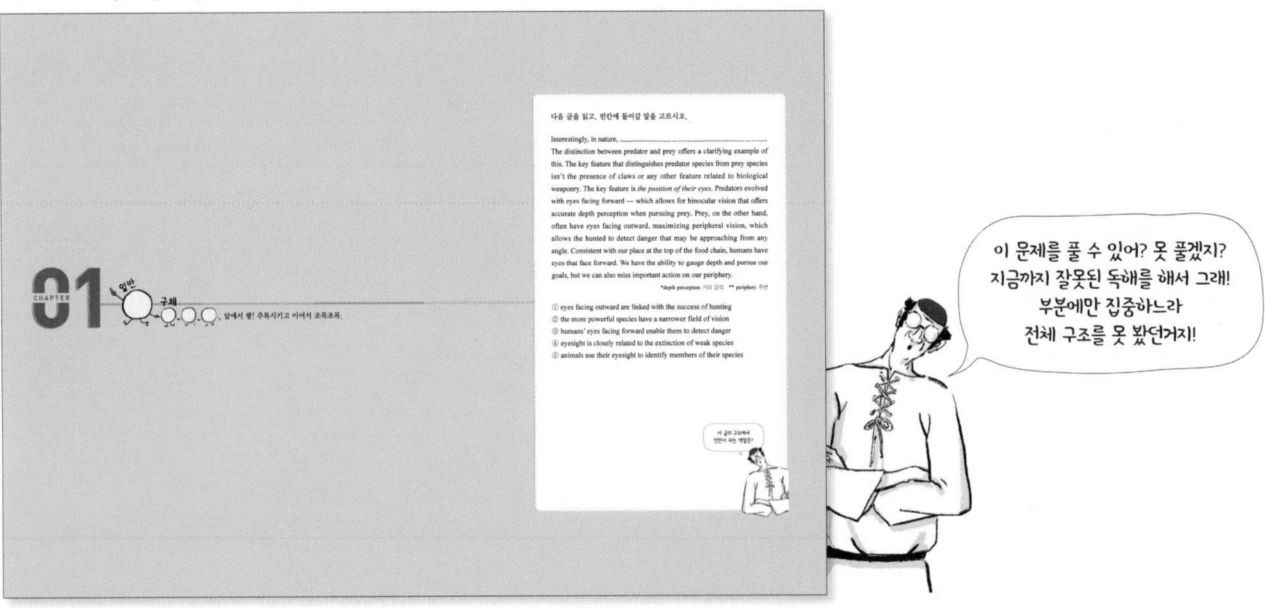

왜 구조로 썼을까?

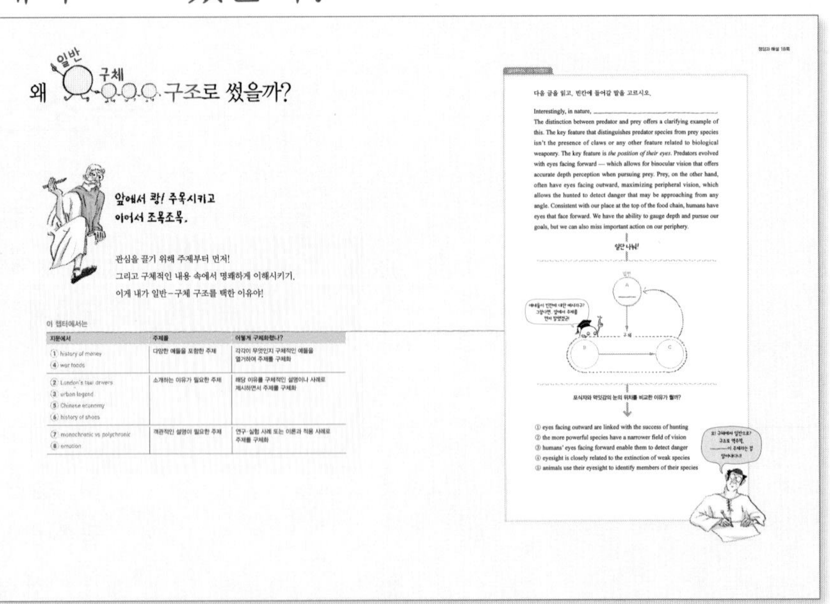

지문에서	주제를	어떻게 구체화했나?
① history of money ④ war foods	다양한 예들을 포함한 주제	각각이 무엇인지 구체적인 예들을 열거하여 주제를 구체화
② London's taxi drivers ③ urban legend ⑤ Chinese economy ⑥ history of shoes	소개하는 이유가 필요한 주제	해당 이유를 구체적인 설명이나 사례로 제시하면서 주제를 구체화
⑦ monochronic vs polychronic ⑧ emotion	객관적인 설명이 필요한 주제	연구·실험 사례 또는 이론과 적용 사례로 주제를 구체화

주제를 다루는 글쓴이 의도에 따라
글의 설계도는 달라질 수밖에 없어.
그럼 글이 백 개면 설계도가 백 개냐 그렇지 않아.
검증된 몇 가지 핵심 구조가 있거든.
글쓴이가 어떤 구조를, 왜 선택했는지를 알면
글을 쉽게, 효과적으로 이해할 수 있어.

그래서, 구조로 봐야 한다!

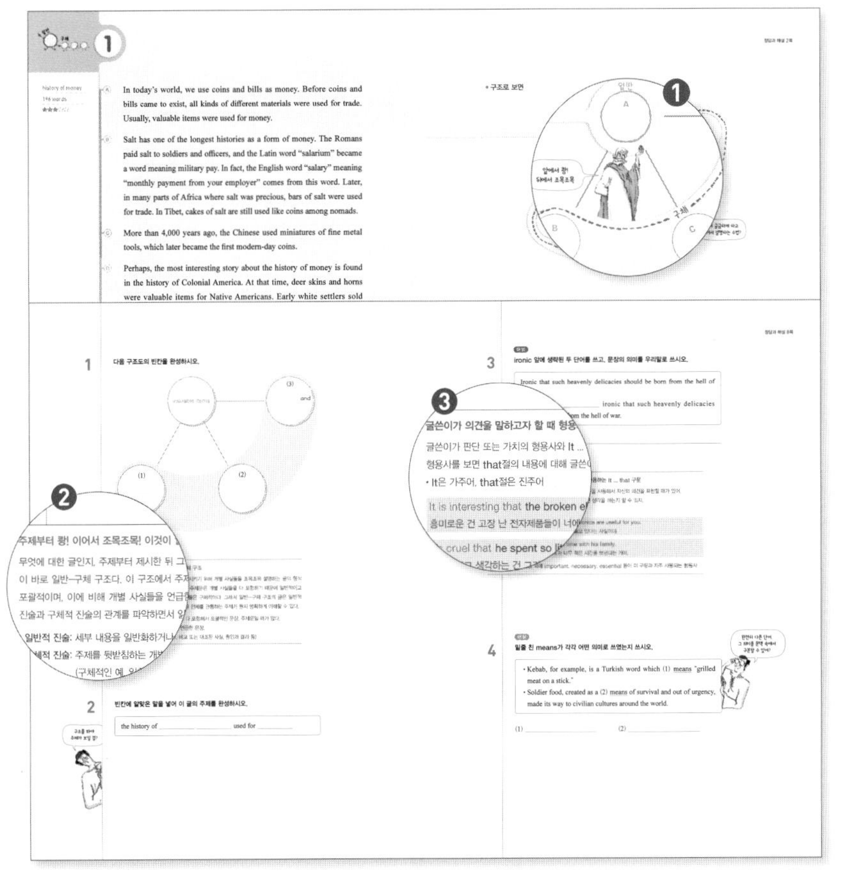

❶ 구조로 보면!
글쓴이의 설계 의도를 따라가면서 단락의 역할과 관계를 파악하다 보면 구조에도 패턴이 있음을 알게 되고, 글을 구조로 보는 습관이 생겨.

❷ 글쓰기 전략을 알면
다양한 전개 방식 속에서 글의 구조와 생각을 효과적으로 파악할 수 있고, 실전에 도움이 되는 팁도 얻을 수 있어.

❸ 어휘 · 어법, 문맥으로 이해하고 쓰임을 알면
글쓴이의 의도와 글의 구조를 효과적으로 파악할 수 있고 문맥 추론능력까지 생겨.

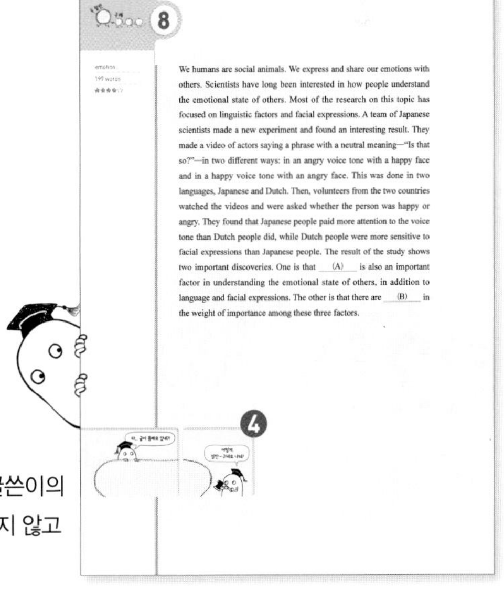

❹ 구조로 글을 보는 나!
제시된 글을 구조로 읽고 흐름을 구분하면서 글쓴이의 생각을 역추적하다 보면 어떤 지문을 봐도 헤매지 않고 글의 요지를 정확히 파악할 수 있게 돼!

부록 단어장

문맥으로 보고,
반복해서 확인하는 어휘

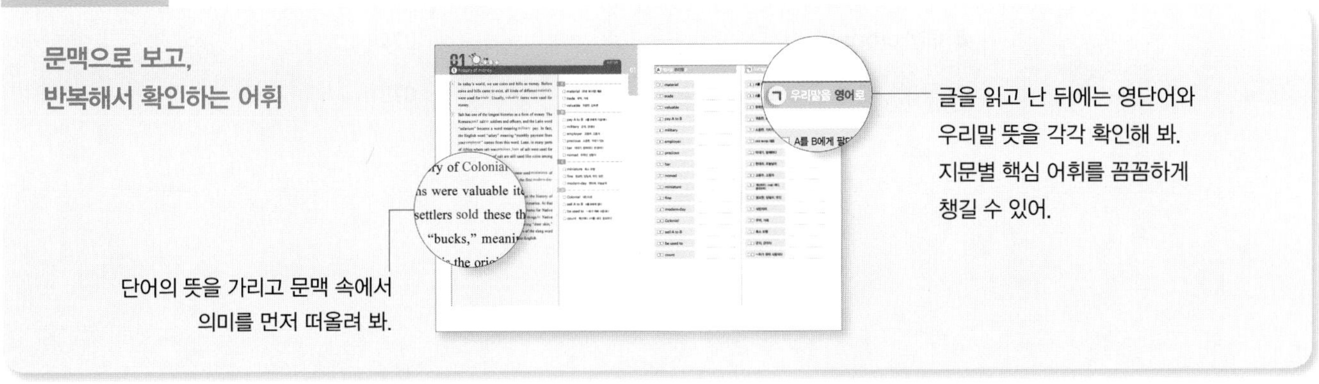

글을 읽고 난 뒤에는 영단어와 우리말 뜻을 각각 확인해 봐. 지문별 핵심 어휘를 꼼꼼하게 챙길 수 있어.

단어의 뜻을 가리고 문맥 속에서 의미를 먼저 떠올려 봐.

구조독해 I

CHAPTER 01 일반 구체

앞에서 쾅! 주목시키고
이어서 조목조목.

CHAPTER 02 문제해결

문제 상황으로 몰아넣고
해결책을 제시!

통념을 꺾고!
내 생각을 주장하기!

궁금하게 질문부터!
내 생각은 답에서!

CHAPTER 01

일반

구체

앞에서 쾅! 주목시키고 이어서 조목조목.

다음 글을 읽고, 빈칸에 들어갈 말을 고르시오.

Interestingly, in nature, ________________________________.
The distinction between predator and prey offers a clarifying example of this. The key feature that distinguishes predator species from prey species isn't the presence of claws or any other feature related to biological weaponry. The key feature is *the position of their eyes*. Predators evolved with eyes facing forward — which allows for binocular vision that offers accurate depth perception when pursuing prey. Prey, on the other hand, often have eyes facing outward, maximizing peripheral vision, which allows the hunted to detect danger that may be approaching from any angle. Consistent with our place at the top of the food chain, humans have eyes that face forward. We have the ability to gauge depth and pursue our goals, but we can also miss important action on our periphery.

*depth perception 거리 감각 ** periphery 주변

① eyes facing outward are linked with the success of hunting
② the more powerful species have a narrower field of vision
③ humans' eyes facing forward enable them to detect danger
④ eyesight is closely related to the extinction of weak species
⑤ animals use their eyesight to identify members of their species

이 글의 구조에서
빈칸이 하는 역할은?

1

history of money

196 words

★★★☆☆

Ⓐ In today's world, we use coins and bills as money. Before coins and bills came to exist, all kinds of different materials were used for trade. Usually, valuable items were used for money.

Ⓑ Salt has one of the longest histories as a form of money. The Romans paid salt to soldiers and officers, and the Latin word "salarium" became a word meaning military pay. In fact, the English word "salary" meaning "monthly payment from your employer" comes from this word. Later, in many parts of Africa where salt was precious, bars of salt were used for trade. In Tibet, cakes of salt are still used like coins among nomads.

Ⓒ More than 4,000 years ago, the Chinese used miniatures of fine metal tools, which later became the first modern-day coins.

Ⓓ Perhaps, the most interesting story about the history of money is found in the history of Colonial America. At that time, deer skins and horns were valuable items for Native Americans. Early white settlers sold these things to Native Americans, and the term "bucks," meaning "deer skin," was used to count them. This is the origin of the slang word "bucks" for "dollars" in today's American English.

• **구조로 보면**

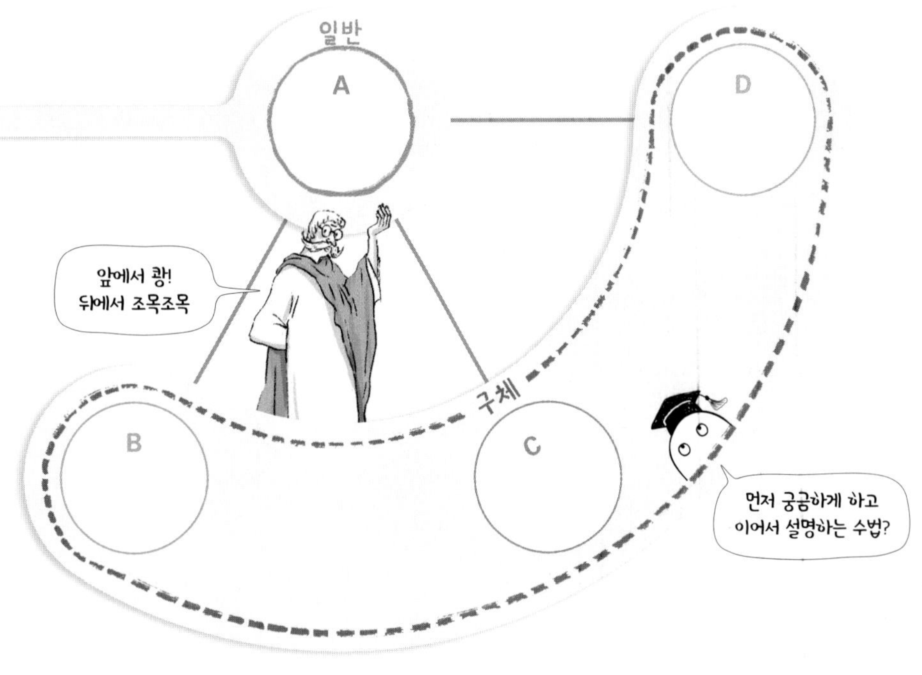

0 **각 단락의 역할을 |보기|에서 고르시오.** (중복 선택 가능)

|보기|

ⓐ 사례　　ⓑ 주제에 대한 반박　　ⓒ 주제
ⓓ 문제 제기　　ⓔ 통념　　ⓕ 결론

A ________ B ________ C ________ D ________

1 **다음 구조도의 빈칸을 완성하시오.**

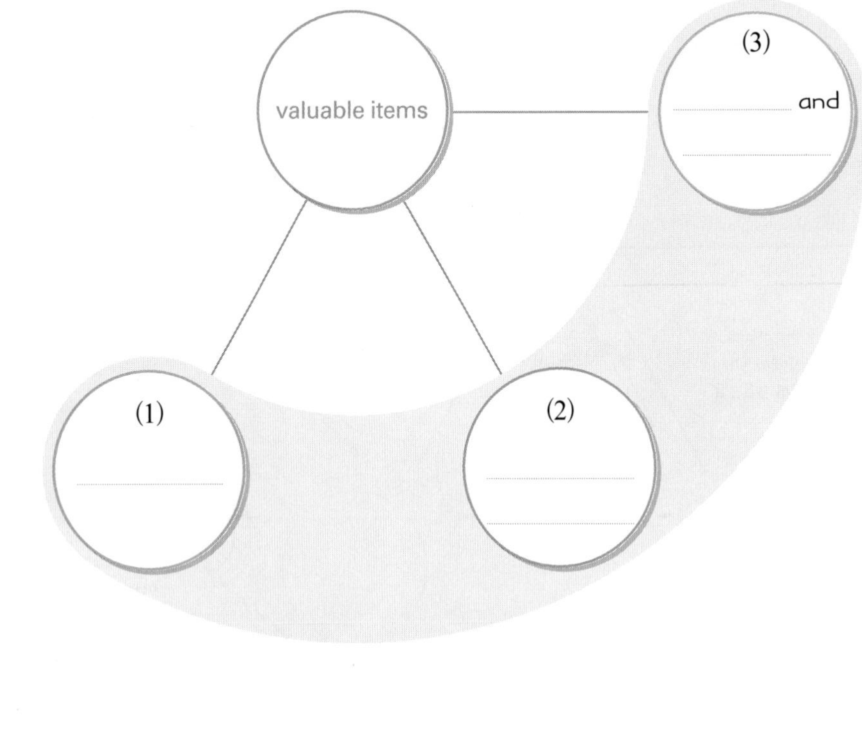

주제부터 쾅! 이어서 조목조목! 이것이 일반-구체 구조

무엇에 대한 글인지, 주제부터 제시한 뒤 그걸 이해시키기 위해 개별 사실들을 조목조목 설명하는 글의 형식이 바로 일반-구체 구조다. 이 구조에서 주제 또는 주제문은 개별 사실들을 다 포함하기 때문에 일반적이고 포괄적이며, 이에 비해 개별 사실들을 언급한 문장들은 구체적이다. 그래서 일반-구체 구조의 글은 일반적 진술과 구체적 진술의 관계를 파악하면서 읽어야 글 전체를 관통하는 주제가 뭔지 명확하게 이해할 수 있다.

- **일반적 진술:** 세부 내용을 일반화하거나, 부분을 다 포함해서 포괄적인 문장. 주제문일 때가 많다.
- **구체적 진술:** 주제를 뒷받침하는 개별 사실을 언급한 문장.
  (구체적인 예, 일화, 과정, 유래, 비교 또는 대조된 사실, 원인과 결과 등)

2 **빈칸에 알맞은 말을 넣어 이 글의 주제를 완성하시오.**

구조를 봐야
주제가 보일 걸?

the history of ___________ ___________ used for ___________

어휘

3 **이 글의 내용을 참고하여 빈칸을 완성하시오.**

> Today, (1) ____________ is used only when cooking or preserving food, but during the Roman Empire, Roman soldiers were paid with (2) ____________. The Latin word (3) "____________" comes from the word "salt." And from this, we get the word (4) "____________" that we use today.

유래가 포함된 사례,
다시 한 번 볼까?

어휘

4 **valuable과 precious의 쓰임을 참고하여 다음 두 문장을 완성하시오.**

	valuable	precious
Similarity	great worth	
Difference	very expensive	scarcity and affection

(1) She sacrificed her ___________ youth to support her younger sisters.

(2) ___________ minerals are extracted from rocks in the mine.

2

London's taxi drivers

212 words

★★★☆☆

Ⓐ Driving through London's complicated streets can be quite challenging. However, London's taxi drivers are famous for knowing all the roads and places. For over 150 years, all new cab drivers in London have had to pass an exam called the "Knowledge" in order to drive a cab.

Ⓑ Passing the exam is extremely difficult, and students spend at least three years learning the roads. As a result, London's taxi drivers know instantly where the customer wants to go when they hear the destination. For example, if you ask the driver, "Take me to a restaurant on Hereford Road with a lady's name," they would immediately come up with the name of the restaurant, "Veronica's." Drivers in training attend classes, but they take to the streets after classes. They combine classroom knowledge with the real world. As they say, seeing is believing. They learn bit by bit until they have mastered the entire map of London.

Ⓒ Nowadays, technology presents London's cab drivers with new challenges; they compete with rideshare vehicles equipped with GPS, offering rides at half the price. But London taxi drivers are confident that their city knowledge gives them an edge because they can get passengers to their destinations much more quickly and efficiently. These drivers know exactly where they are going.

• 구조로 보면

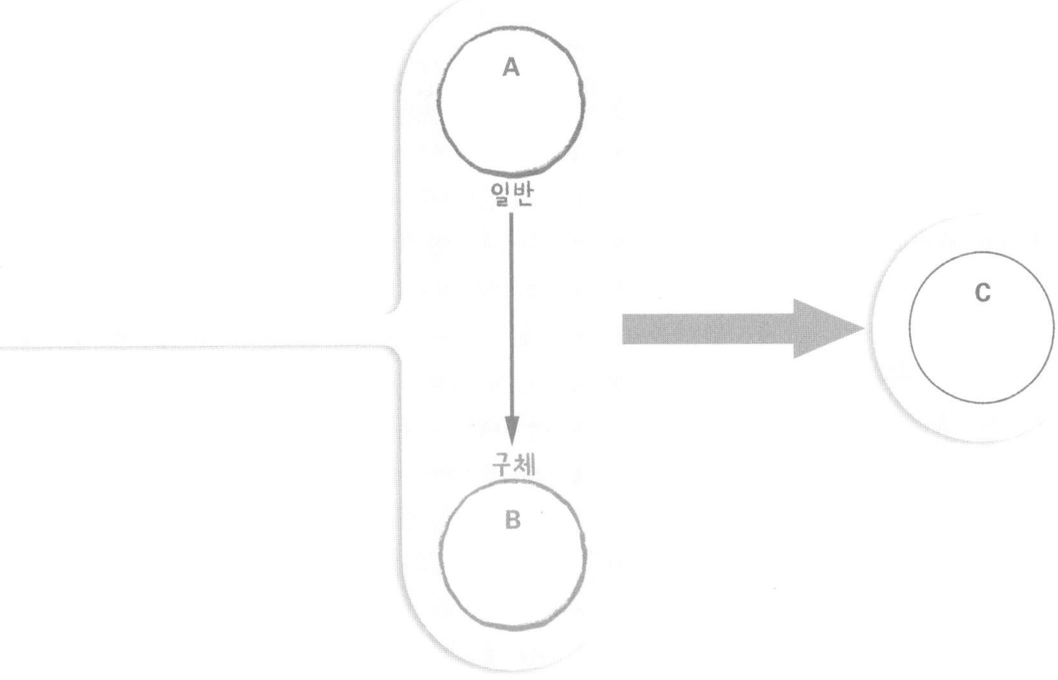

0 각 단락의 내용을 |보기|에서 고르시오.

|보기|

ⓐ How do London's taxi drivers feel about the new challenges?
ⓑ What are London's taxi drivers known for?
ⓒ How are London's taxi drivers so knowledgeable about the roads?

A ________ B ________ C ________

1 **런던의 택시 기사들에 대해 글쓴이가 언급한 내용과 일치하는 것은?**

① London's streets appear complicated, but they are actually quite simple.
② Students must pass the exam within three years.
③ Once they pass the exam, drivers apply their knowledge in the streets.
④ London's taxi drivers are hurt by price cuts offered by their competitors.

2 **C 의 new challenges가 가리키는 내용을 우리말로 쓰시오.**

> ______________________________

3 **이 글의 제목으로 가장 적절한 것은?**

① Rideshare and GPS Rule the Streets of London
② The Knowledge: London's Legendary Taxi-Driver Test
③ The Remarkable Memory Capacity of London Taxi Drivers
④ London Taxi Drivers Remain Confident with Their City Knowledge

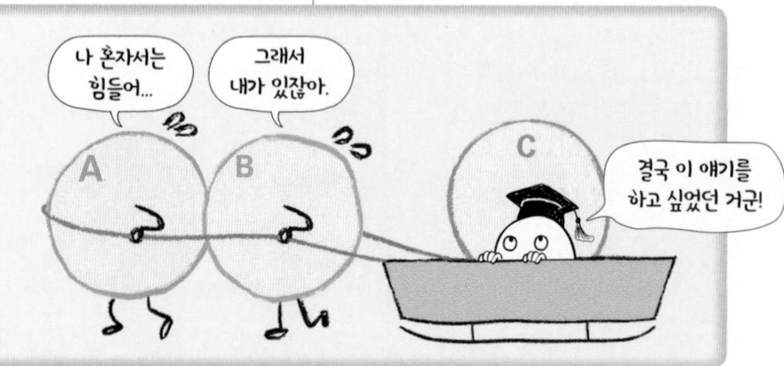

어휘

4

런던의 택시 기사들을 설명하는 내용이다. 밑줄 친 부분의 의미를 구체적으로 보여준 문장을 찾아 첫 단어와 마지막 단어를 쓰시오.

London's taxi drivers know instantly where the customer wants to go when they hear the destination.

________________ ~ ________________

특징이나 행위에 대한 구체적인 정보를 주거나 강조할 때 사용하는 부사

주제와 관련된 주요 정보를 설명하기 위해 부사를 사용해 특징이나 행위를 구체적으로 설명하거나 강조할 때가 있어. 이 글에서는 instantly, extremely, immediately가 그런 목적으로 사용되었어.

London's taxi drivers know instantly where the customer wants to go when they hear the destination.

→ 승객들이 목적지를 말하면 거기가 어딘지 '즉각' 안다는 건 이 글에서 중요한 정보야. 런던 택시 기사를 소개하는 이유이기도 하니까. 이어지는 사례에서 '즉각'의 의미를 구체적으로 설명하고 있어.

Passing the exam is extremely difficult, and students spend at least three years learning the roads.

→ 시험이 극도로 어렵다고 강조한 이유 역시 주제를 구체화하기 위해서야.

어휘

5

밑줄 친 edge의 의미로 가장 적절한 것은?

London taxi drivers are confident that their city knowledge gives them an edge because they can get passengers to their destinations much more quickly and efficiently.

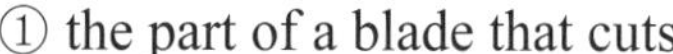

① the part of a blade that cuts
② the part where an object or area begins or ends
③ an advantage over others
④ the sharpness of a blade

3

urban legend

217 words

★★★☆☆

(A) An urban legend is a modern folktale. It is a fictional story spread through word of mouth. Some stories sound so convincing that many people believe them to be true. Oddly, however, the events always happened to 'a friend of a friend,' and the source is impossible to trace. The story has many versions, or variations, and it often contains a warning or a moral lesson.

(B) There is one urban legend that keeps many New Yorkers awake at night. According to the story, alligators live in the sewers of New York City. A family living in New York went on a vacation to Florida, and they brought back a baby alligator. When the alligator grew too big and became a burden, the family flushed it down the toilet. The abandoned alligator survived and years later, it began attacking sewage workers and citizens.

(C) This claim has persisted for several decades. However, the fact is that alligators simply cannot survive in sewers due to low temperatures and bacteria. The sewer bureau of New York City even made an announcement in 1982 to confirm this fact. However, some people simply refuse to believe the official statement, and remain unconvinced. They continue to believe that the giant monster exists.

(D) Now, what do you think is the lesson of this urban legend?

• **구조로 보면**

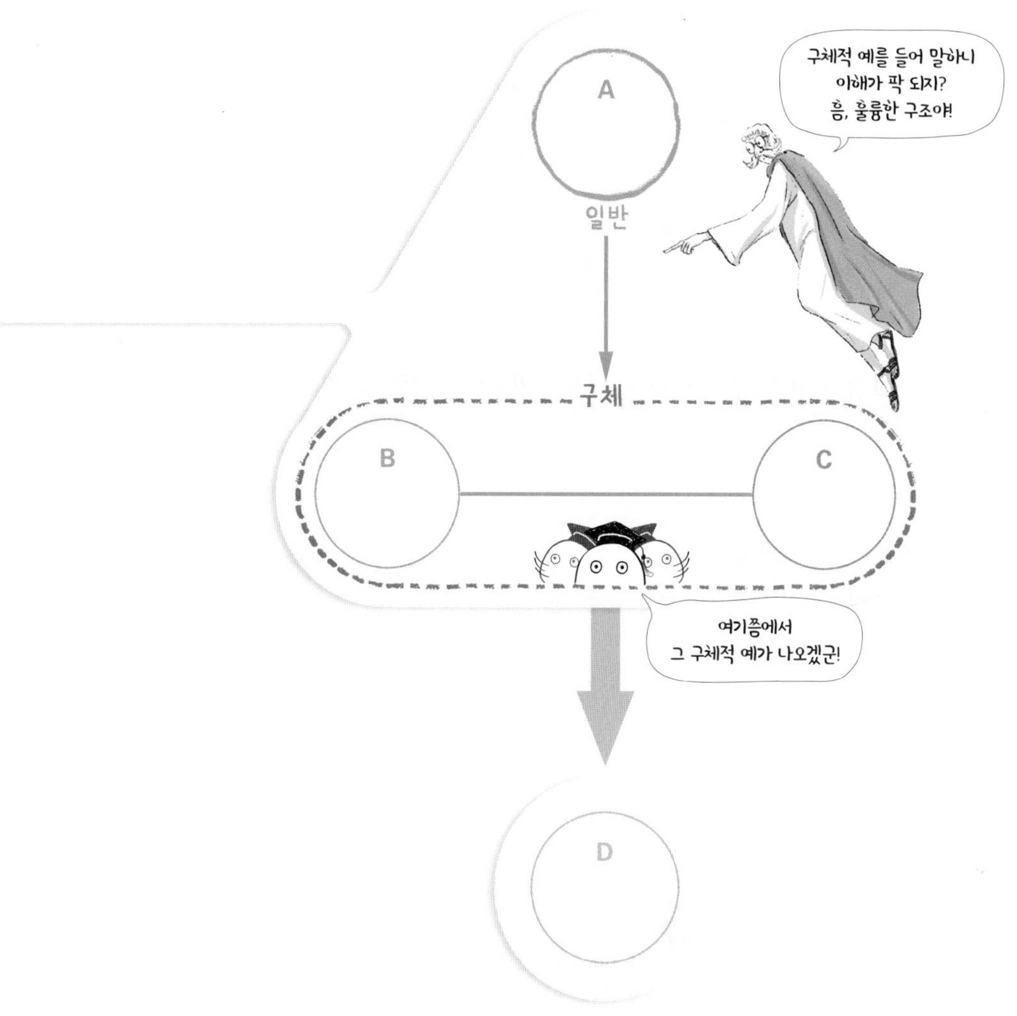
A
일반
구체
B
C
D
구체적 예를 들어 말하니
이해가 팍 되지?
흠, 훌륭한 구조야!
여기쯤에서
그 구체적 예가 나오겠군!

0 **각 단락의 역할을 |보기|에서 고르시오.** (중복 선택 가능)

보기
ⓐ 사례 ⓑ 통념에 대한 근거 ⓒ 개념의 속성 설명

A ________ B ________ C ________

1 이 글을 읽고 도시 전설에 대해 알 수 있는 내용이 아닌 것은?

① 도시 전설은 현대 사회를 배경으로 하는 이야기이다.
② 도시 전설은 실제로 일어난 사건을 기초로 형성된다.
③ 많은 사람들은 도시 전설이 진실이라고 믿고 있다.
④ 도시 전설은 유사한 내용으로 변형되어 전파된다.

2 This claim과 the official statement가 가리키는 내용을 우리말로 쓰시오.

(1) This claim: ______________________________

(2) the official statement: ______________________________

3 이 글의 제목으로 가장 적절한 것은?

① What Makes an Urban Legend?
② Urban Legends and Horror Stories
③ The Origin of the Term "Urban Legend"
④ Why Urban Legends Are More Powerful Than Ever

함축적이거나 상징적인 제목

주제에 대한 글쓴이의 생각이 드러나는 글이나 결론에 요지가 제시되는 글의 제목은 함축적이거나 상징적이고 주제보다 큰 개념을 포함한다. 내용을 압축하면서도 그것이 갖는 의미를 반영하기 때문이다. 그래서 독자들의 관심과 호기심을 더 불러일으키기도 한다. 반면에 주제를 반영한 직설적인 표현이 제목인 경우 '제목=주제'라는 공식이 성립한다. 제목만으로도 글에서 어떤 내용을 다룰지 쉽게 알 수 있다. 글에서 제목이 갖는 의미가 이렇기 때문에 글을 읽고 제목을 붙일 수 있다는 건 곧 글의 주제와 글을 쓴 의도까지 명확하게 파악했다는 것을 의미한다.

어법·어휘

4 두 문장을 참고하여 |보기|에서 적절한 단어를 골라 문장을 완성하시오.

주어와 분사의 관계를
문맥 속에서 파악할 수 있어?

• Some stories sound so <u>convincing</u> that many people believe them to be true.
• Some people simply refuse to believe the official statement, and remain <u>unconvinced</u>.

|보기|

convincing   unconvincing   convinced   unconvinced

(1) There is no __________ evidence to support his theory.

(2) Despite all my father's arguments, I still wasn't __________.

어법·어휘

5 이 글에 등장하는 variation과 관계된 단어들 중 적절한 것을 골라 문장을 완성하시오. (필요하다면 형태를 적절하게 변형할 것)

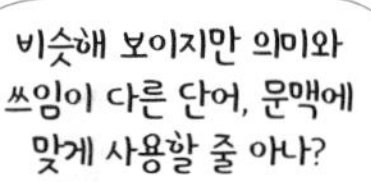
비슷해 보이지만 의미와
쓰임이 다른 단어, 문맥에
맞게 사용할 줄 아나?

|보기|

vary   variation   variety   various

(1) As these vases are handmade, each one __________ slightly.

(2) This restaurant offers a __________ of vegan dishes.

(3) Vehicles of __________ shapes and sizes were parked in the garage.

(4) There is a __________ in the quality of fabrics in this shipment.

4

war foods

227 words

★★★☆☆

Ⓐ Napoleon once said, "An army marches on its stomach." He knew that an army must have satisfying food to be effective. While soldiers cannot win battles on an empty stomach, the battlefield isn't the place for them to enjoy a five-course meal, either. Therefore, quick-and-easy but satisfying meals were invented for soldiers during wartime.

Ⓑ Interestingly, some of the foods we enjoy today come from these war foods. Kebab, for example, is a Turkish word which means "grilled meat on a stick." The Ottoman Turks used their swords to grill meat over open-field fires. The meat cut into small pieces reduced cooking time and needed less firewood, which was scarce in the desert. Another popular dish, shabu-shabu, came from the Mongolian battlefield in the thirteenth century. Genghis Khan used his war helmet as a pot to boil thinly sliced meat and fed it to his soldiers. As with the kebab, using sliced meat helped reduce cooking time and saved fuel. "Hotteok," which Koreans also enjoy, originated from China, and it was first made as a replacement for steamed dumplings during wartime. Hotteok was baked, not steamed, so it was easy to cook and store.

Ⓒ Soldier food, created as a means of survival and out of urgency, made its way to civilian cultures around the world. Ironic that such heavenly delicacies should be born from the hell of war.

• 구조로 보면

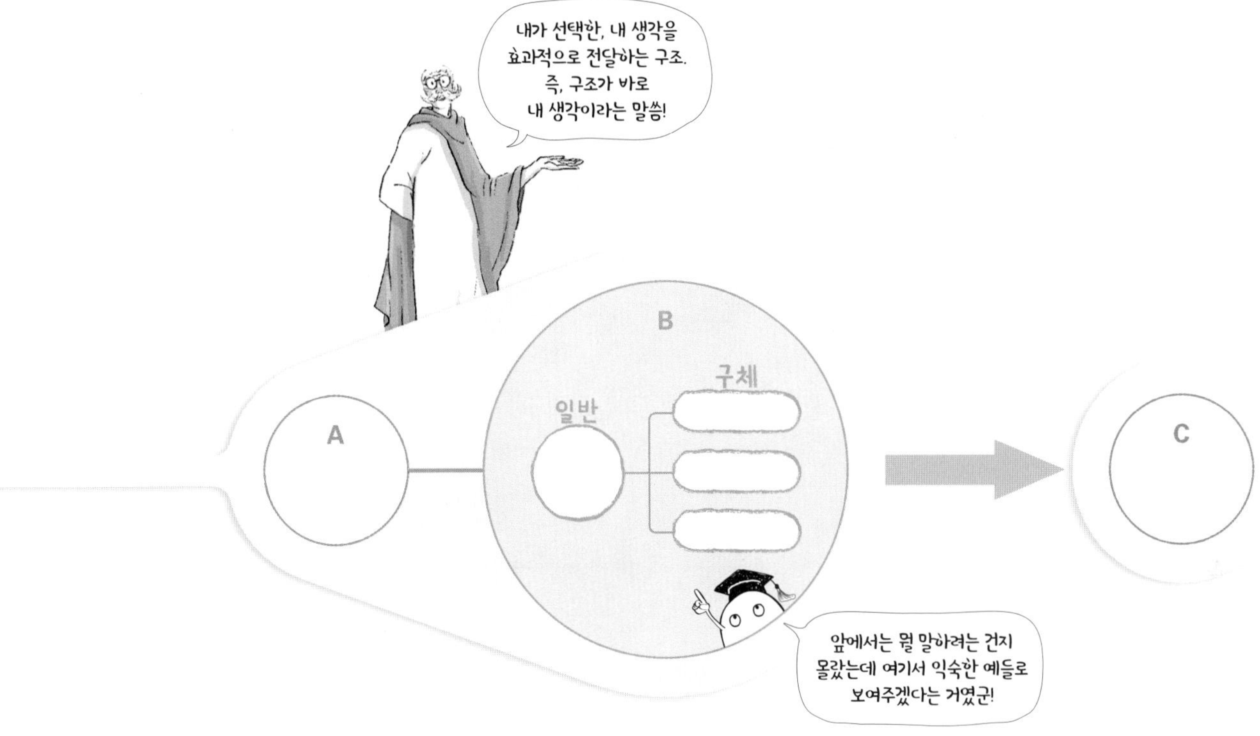

0 **각 단락의 내용을 |보기| 에서 고르시오.**

|보기|

ⓐ 전쟁 식량의 특징

ⓑ 전쟁 식량의 대중화

ⓒ 전쟁 식량에서 비롯된 음식들

A ____________ B ____________ C ____________

1 **전쟁 식량의 특징을 정리한 다음 표를 완성하시오.**

War Foods: __________, __________ and Fulfilling

	Kebab	Shabu-Shabu	Hotteok
원조 국가		몽골	
만드는 방법	작은 조각으로 자른 고기를 칼에 꽂아 야외에서 구워 먹음		
장점			요리하기 쉽고 저장이 쉬움

2 **이 글의 제목으로 가장 적절한 것은?**

이 글의 핵심구조인
일반-구체, 그리고 결론까지
반영한 제목은?

① Recipes for Popular War Foods
② Shocking War Foods Soldiers Had to Eat
③ How the War Influenced Cuisine All Over the World
④ What Soldiers Ate and How They Fought in the Battlefield

어법

3 **ironic 앞에 생략된 두 단어를 쓰고, 문장의 의미를 우리말로 쓰시오.**

Ironic that such heavenly delicacies should be born from the hell of war.
=__________ __________ ironic that such heavenly delicacies should be born from the hell of war.

> ______________________________

글쓴이가 의견을 말하고자 할 때 형용사와 함께 사용하는 It ... that 구문

글쓴이가 판단 또는 가치의 형용사와 It ... that 구문을 사용해서 자신의 의견을 표현할 때가 있어.
형용사를 보면 that절의 내용에 대해 글쓴이가 어떤 생각을 하는지 알 수 있지.
• It은 가주어, that절은 진주어

It is interesting that the broken electronics are useful for you.
흥미로운 건 고장 난 전자제품들이 너에게 쓸모 있다는 사실이야.

It's cruel that he spent so little time with his family.
가혹하다고 생각하는 건 그가 가족과 너무 적은 시간을 보낸다는 거야.

interesting과 cruel 외에 important, necessary, essential 등이 이 구문과 자주 사용되는 형용사

어휘

4 **밑줄 친 means가 각각 어떤 의미로 쓰였는지 쓰시오.**

완전히 다른 단어.
그 의미를 문맥 속에서
구분할 수 있어?

• Kebab, for example, is a Turkish word which (1) <u>means</u> "grilled meat on a stick."
• Soldier food, created as a (2) <u>means</u> of survival and out of urgency, made its way to civilian cultures around the world.

(1) __________________ (2) __________________

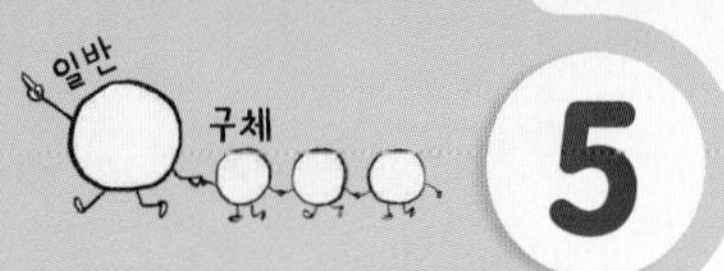

5

Chinese economy

170 words

★★★★☆

Ⓐ China suffers from regional economic disparities. The communist government attempted to lessen this problem by giving privileges to individuals from poor places. Such efforts were not wholly successful, and the government initiated market reforms. Unfortunately, since the reforms, regional economic disparities have become worse. Poor provinces have been deprived, and ______________________________.

Ⓑ Since the economic reforms in China, most of the benefits have flowed to the coastal region and to the capital city of Beijing as well. The southern provinces of Guangdong and Fujian have had the most benefit.

Ⓒ This coastal region has long been noted for overseas trade. Guangdong and Fujian areas have been enjoying a geographical blessing. They have had their close connections with the overseas Chinese communities of Southeast Asia and North America. These areas are also close to Taiwan and Hong Kong. Vast amounts of capital have flowed to the south coastal region from Chinese business networks through these two channels. American, Japanese and European firms have also invested heavily in the region.

• **구조로 보면**

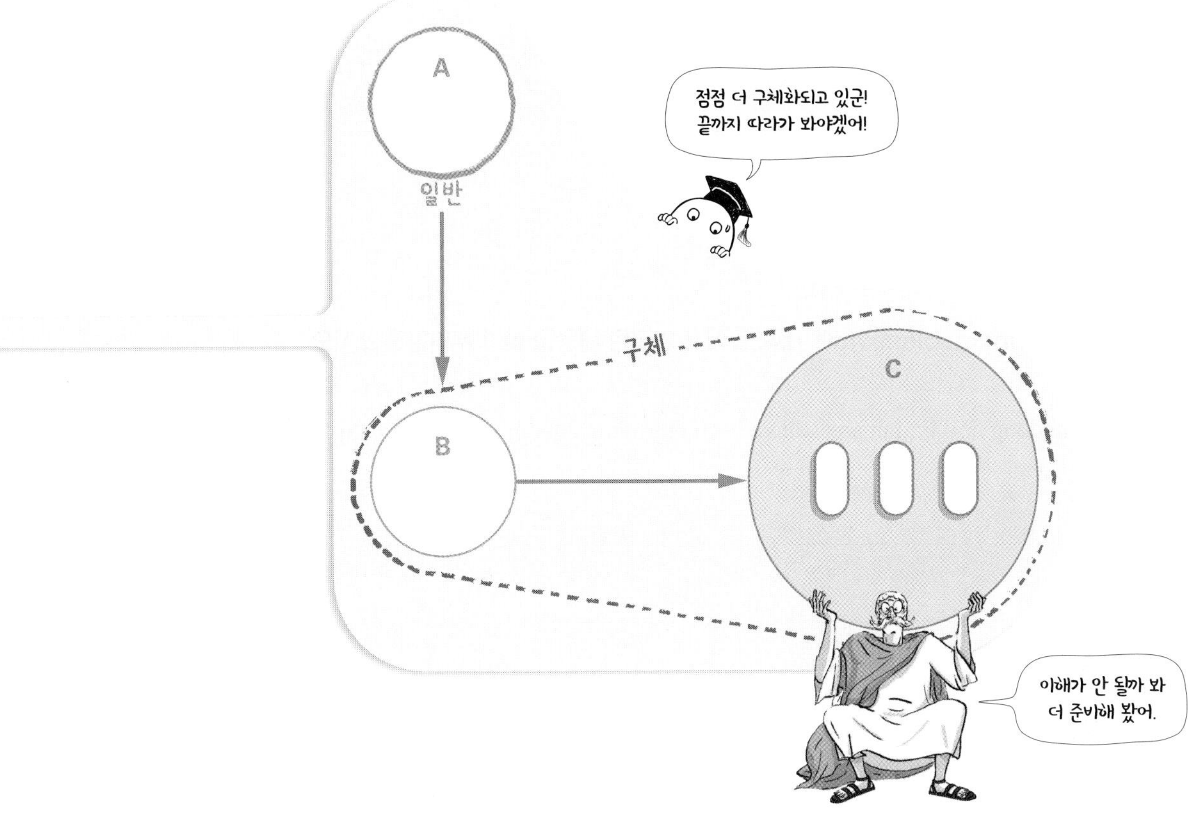

0 **각 단락의 내용을 |보기|에서 고르시오.**

|보기|

ⓐ the benefits of some regions
ⓑ geographical advantages
ⓒ a wider gap in the local economy

A ________ B ________ C ________

1

B, C의 전개 방식에 대한 설명으로 적절한 것은?

① 지역 격차를 비판한 뒤 개선 방향을 언급하고 있다.
② 경제 개혁의 취지에 관해 묻고 이에 답하고 있다.
③ 지역 불균형에 대한 통념을 지적하고 이에 반박하고 있다.
④ 시장 개혁 이후 혜택을 받은 지역을 언급한 뒤 그 원인을 분석하고 있다.

2

a geographical blessing에 대해 글에서 언급된 내용을 찾아 우리말로 쓰시오.

Guangdong and Fujian areas have been enjoying a geographical blessing.

(1) ______________________________

(2) ______________________________

(3) ______________________________

3

빈칸에 들어갈 말로 가장 적절한 것은?

① people living in the area have had to leave
② rich provinces have helped poor provinces
③ rich provinces have become richer
④ the government has given more support to the poor areas

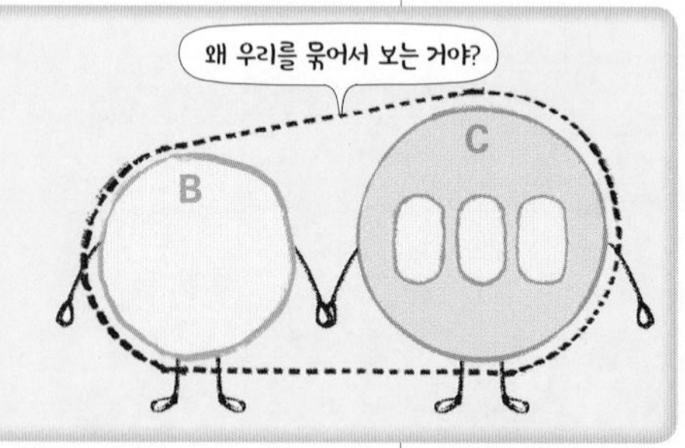

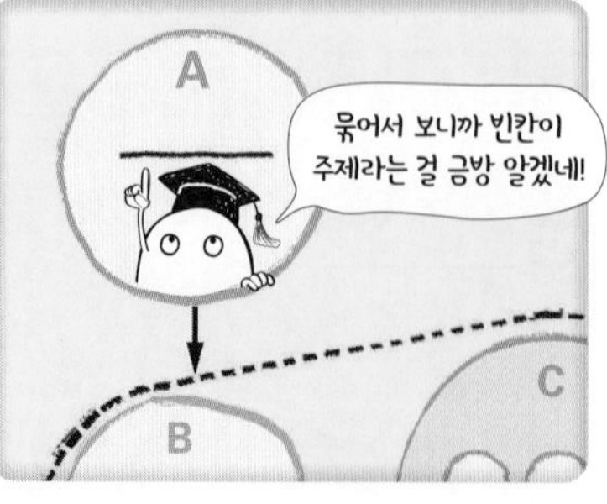

어휘

4 밑줄 친 disparities와 거리가 먼 것은?

Although India has an emerging economy, social disparities persist.

① inequality
② inconsistency
③ imbalance
④ independence

disparity, 어떤 단어들과 어울려 쓰일까?

사회 여러 분야에서 disparity 관련 이슈를 다룰 때 해당 분야의 단어들과 함께 쓰여. 자주 등장하는 표현들이니까 알아 둬.

social / economic / gender / regional / racial + disparity

어휘

5 economic disparities와 관련된 단어들이다. 비슷한 의미끼리 연결하시오.

China suffers from regional economic disparities. The communist government attempted to lessen this problem by giving privileges to individuals from poor places. Such efforts were not wholly successful, and the government initiated market reforms. Unfortunately, since the reforms, regional economic disparities have become worse. Poor provinces have been deprived, and .... Since the economic reforms in China, most of the benefits have flowed to the coastal region ....

poor	privilege	deprived	benefit

________ : ________　　________ : ________

단어들의 관계로 주제를 파악할 수 있어?

6

history of shoes

223 words

★★★★☆

Ⓐ Since when did humans begin to wear shoes? We can hypothesize that humans must have invented some kind of footwear to protect their feet against cold weather around 40,000 years ago. In fact, the earliest example of actual footwear was a pair of sandals found in California about 9,000 years ago. In Europe, the first shoes were a sort of moccasin made of deerskin and bearskin. Thus, the first shoes were made differently for functional reasons.

Ⓑ Now, we choose shoes to show off our taste and wealth, as well as to protect our feet. However, it took a long time for humans to be able to buy shoes to their liking. As the history of shoes is a part of a larger history, socioeconomic and political factors as well as climate and weather influenced the trend of shoes in each age.

Ⓒ ___________, in ancient Rome, shoes were a symbol of social class. Soldiers, aristocrats, and common people wore sandals, but each class had different styles of sandals. Likewise, in the Middle Ages, when class and social positions were unchangeable, shoes revealed the wearer's social rank. After the Middle Ages, class barriers have gradually weakened, and wealth has become a more important standard. Eventually, in the modern age, money, not class, has become more important in determining which shoes to buy and wear.

• 구조로 보면

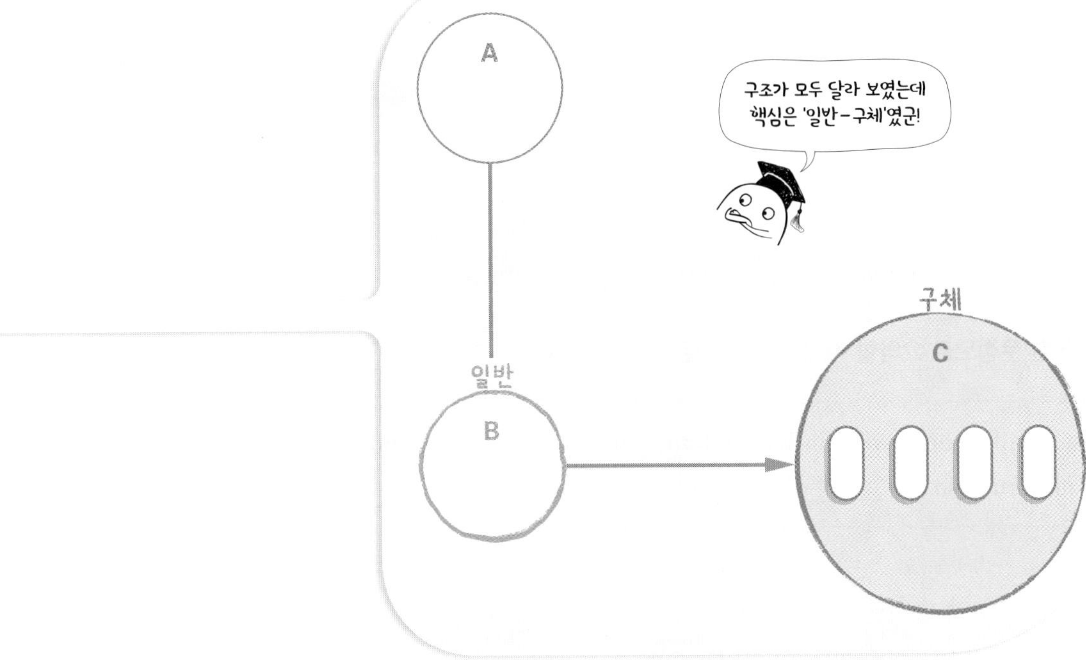

0 **이 글의 전개 방식으로 적절한 것은?**

① 문제 ········ 해법 ········ 결론
② 분석 ········ 예시 ········ 증명
③ 도입 ········ 설명 ········ 반론
④ 도입 ········ 주제 ········ 예시

1 **빈칸에 들어갈 말로 가장 적절한 것은?**

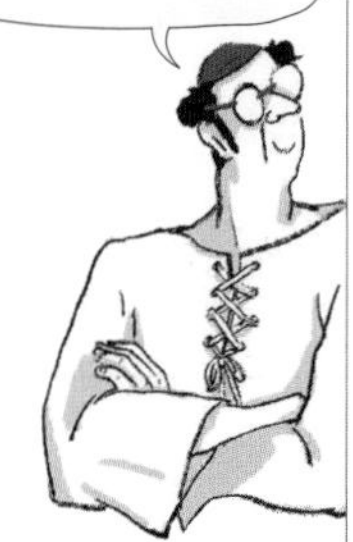

① In addition
② For example
③ Meanwhile
④ Nonetheless

2 **이 글을 한 문장으로 요약할 때 빈칸에 알맞은 말을 쓰시오.**

Historically, shoes were influenced not only by the climate and the weather but also by ______________________________.

3 **글쓴이가 이 글에서 언급한 내용과 일치하지 않는 것은?**

① The oldest remaining shoes of humans go back 40,000 years.
② Ancient Romans wore sandals according to their class.
③ In the Middle Ages, class barriers were high and strong.
④ In the modern age, shoes represent the wearer's wealth rather than social rank.

어휘

4 밑줄 친 functional의 의미와 가장 가까운 것을 고르시오.

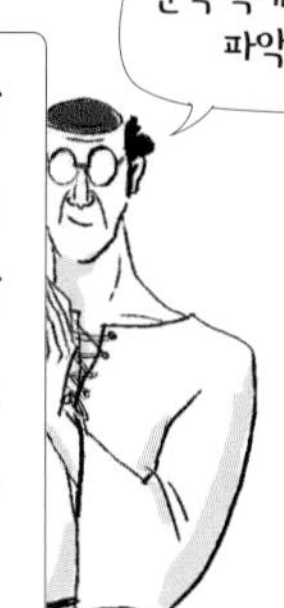
문맥 속에서 단어의 의미를
파악할 수 있어?

> We can hypothesize that humans must have invented some kind of footwear to protect their feet against cold weather around 40,000 years ago. In fact, the earliest example of actual footwear was a pair of sandals found in California about 9,000 years ago. In Europe, the first shoes were a sort of moccasin made of deerskin and bearskin. Thus, the first shoes were made differently for <u>functional</u> reasons.

① practical ② social ③ ornamental ④ economic

ornamental
decorative, beautiful rather than useful

어휘

5 다음은 어떤 글의 일부이다. 밑줄 친 표현을 고려하여 이어질 내용을 예측하시오.

문장에서 강조하고 있는 게
뭔지 알 수 있어?

> The self is formed by social forces, by looking outwards <u>as well as</u> inwards. One way in which other people shape who you are is described by Leon Festinger's theory. – 고2 기출 –

> 자아 형성에 있어 __________ 영향력에 대해 주로 서술할 것이다.

A as well as B
= not only B but also A

어법

6 다음은 어떤 글의 일부이다. 괄호 안에서 어법상 알맞은 표현을 고르시오.

문맥에 맞는 표현은?

> The capacity to form mental maps must (be / have been) essential for the early humans. Wandering tribesmen needed to know how they could cross deserts safely without dying of thirst. – 고2 기출 –

7

monochronic vs polychronic

146 words

★★★★☆

Ⓐ Being on time and sticking to an original schedule are valued concepts in American culture. However, these values can be unimportant in other cultures where the idea of time is less structured. Some cultures are monochronic, which means that they are interested in completing one thing before progressing to the next. ________, polychronic societies try to do many tasks at the same time. In fact, in such cultures, people value multitasking, but not to the exclusion of personal relationships. Courtesy and kindness are more important than deadlines in polychronic cultures.

Ⓒ This cultural difference explains why Americans often have difficulty in working with those from polychronic cultures. Most Americans, as they are monochronic, may consider some polychronic behaviors as rude, such as interrupting a face-to-face conversation for a phone call. Yet no disrespect is intended; they just have a different approach to their tasks at hand.

• **구조로 보면**

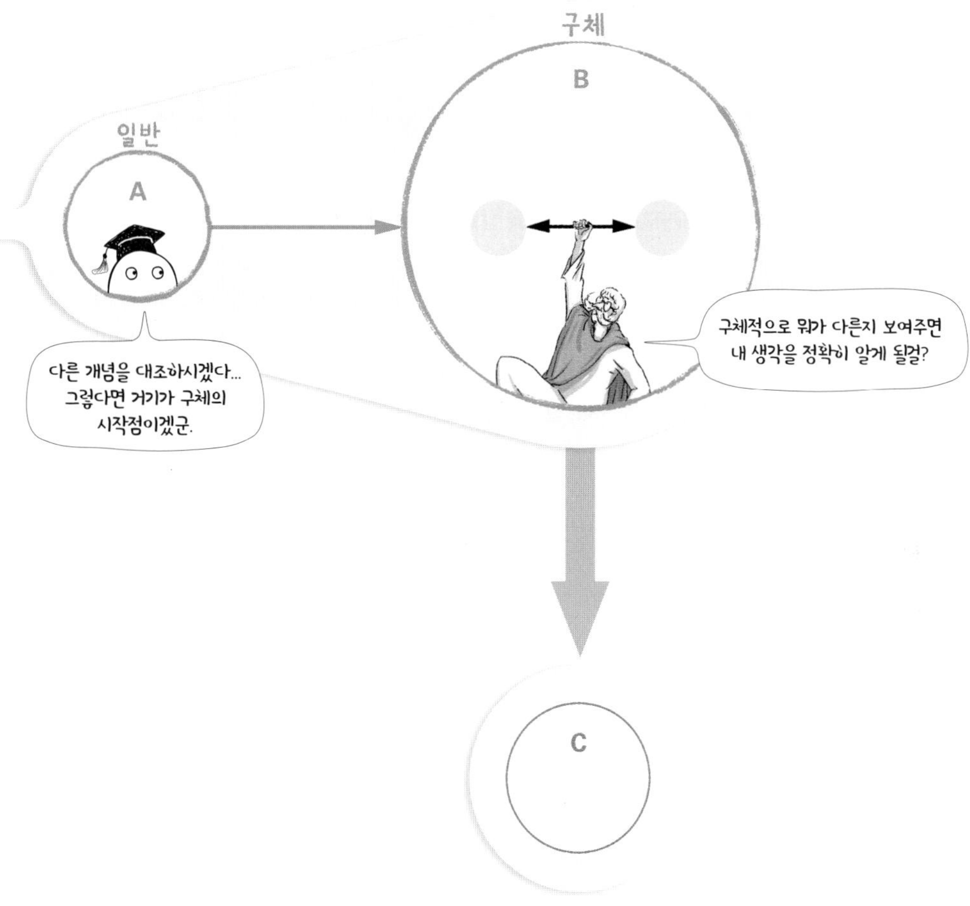

0 **이 글을 세 단락으로 나눌 때 B가 시작되는 부분의 첫 두 단어를 네모 안에 쓰고, 각 단락의 전개 방식을 |보기|에서 고르시오.**

|보기|

ⓐ 결론　　ⓑ 이론　　ⓒ 반박　　ⓓ 주제

B [　　　　]

A ________　B ________　C ________

1 **빈칸에 들어갈 말로 가장 적절한 것은?**

① Moreover
② In contrast
③ For instance
④ In other words

연결어를 중심으로 앞에 언급한 개념과 반대의 개념을 말할 때 쓰는 대립어

대상이나 개념들의 차이점을 밝혀서 각각의 특성과 본질을 드러내는 설명 방식을 '대조'라고 하며, 대조되는 두 개념을 대립어라고 한다. 즉, 대립어는 앞에 언급한 개념과 반대의 개념을 말할 때 쓴다. 단어나 표현이 대립될 수도 있고 문장 단위로 대립될 수도 있는데, 글을 읽을 때 이런 개념들의 관계를 모른 채 각각을 별개인 것으로 생각하면 글을 제대로 이해할 수가 없다. 독해할 때 대립어 파악이 중요한 이유이다. 글쓴이가 대립어 또는 대립 개념들을 나열할 때 사용하는 연결어도 함께 알아두자.

• in contrast / on the other hand / whereas / while

2 **글쓴이가 이 글에서 언급한 내용과 일치하지 않는 것은?**

① In monochronic cultures, people approach one task at a time.
② Americans think of some polychronic behaviors as disrespectful.
③ Being on time is a universal value that is respected in all cultures.
④ Values related to personal relationships are important in polychronic cultures.

구조 속에서 글의 흐름을 보고 내용을 정확하게 파악할 수 있나?

어휘

3 밑줄 친 interrupting의 의미와 가장 가까운 것은?

> Americans consider some polychronic behaviors as rude, such as interrupting a face-to-face conversation for a phone call.

① suspending
② improving
③ maintaining
④ completing

어휘

4 monochronic cultures와 polychronic cultures의 특징에 해당하는 것을 |보기|에서 고르시오.

|보기|

ⓐ do one thing at a time
ⓑ do various things at the same time
ⓒ make plans and change them with flexibility
ⓓ make plans and proceed as scheduled
ⓔ relationship-oriented
ⓕ task-oriented

monochronic cultures	polychronic cultures

emotion

199 words

★★★★☆

We humans are social animals. We express and share our emotions with others. Scientists have long been interested in how people understand the emotional state of others. Most of the research on this topic has focused on linguistic factors and facial expressions. A team of Japanese scientists made a new experiment and found an interesting result. They made a video of actors saying a phrase with a neutral meaning—"Is that so?"—in two different ways: in an angry voice tone with a happy face and in a happy voice tone with an angry face. This was done in two languages, Japanese and Dutch. Then, volunteers from the two countries watched the videos and were asked whether the person was happy or angry. They found that Japanese people paid more attention to the voice tone than Dutch people did, while Dutch people were more sensitive to facial expressions than Japanese people. The result of the study shows two important discoveries. One is that ____(A)____ is also an important factor in understanding the emotional state of others, in addition to language and facial expressions. The other is that there are ____(B)____ in the weight of importance among these three factors.

• **구조로 보면**

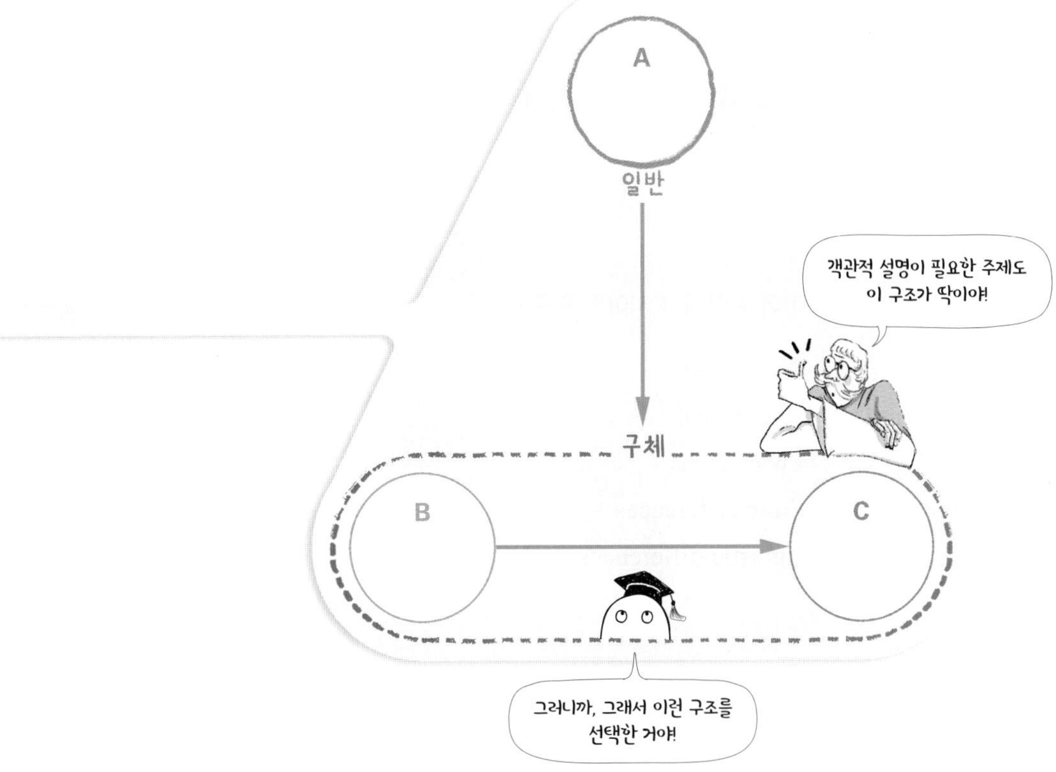

0 **이 글을 세 단락으로 나눌 때, 각 단락이 시작되는 부분의 첫 두 단어를 쓰시오.**

A

B

C

1 이 글의 주제로 가장 적절한 것은?

① how people communicate with animals
② how scientists do research on emotions
③ how people communicate with facial expressions
④ how people understand the emotional state of others

일반-구체 구조에서
주제를 파악할 수 있는
단락은?

2 빈칸 (A)와 (B)에 들어갈 말이 알맞게 짝지어진 것은?

	(A)		(B)
①	attitude	········	various methods
②	race	········	new changes
③	voice tone	········	ethnic differences
④	sound	········	linguistic differences

연구의 목적이 글의 주제. 연구의 결과가 글의 요지.

객관적으로 설명해야 설득력이 생기는 주제일 때, 글쓴이는 실험·조사·연구 내용을 인용한다. 일반적으로 실험·조사·연구의 목적이 글의 주제, 그 결과가 글의 요지나 중심 생각에 해당하므로, 실험·조사·연구의 결과에 주목해서 읽어야 한다.

• **결과를 이끄는 표현:** finding, result 등의 명사
find (out), discover, reveal, suggest, show, indicate 등 동사

3 이 글을 읽고 유추할 수 있는 내용으로 가장 적절한 것은?

① When a person is smiling, his or her voice changes to a happy tone.
② Doing an experiment with video materials takes a lot of preparation.
③ Research on ethnic differences requires sensitive approaches and methods.
④ Emotional states can be recognized differently according to ethnic differences.

어휘

4 밑줄 친 sensitive의 의미와 가장 가까운 것은?

Dutch people were more sensitive to facial expressions than Japanese people.

① attentive
② reliable
③ inclined
④ diverse

어법

5 밑줄 친 while과 쓰임이 다른 것은?

Japanese people paid more attention to the voice tone than Dutch people did, while Dutch people were more sensitive to facial expressions than Japanese people.

① People pay attention to the information that supports their viewpoints, while they ignore the evidence to the contrary.
② While we don't all have the same amount of money, we do have access to the same twenty-four hours every day.
③ Cats can occasionally be heard growling or purring while asleep.
④ We are often told that exercise develops the body, while reading, writing, and thinking are meant to develop the brain.

왜 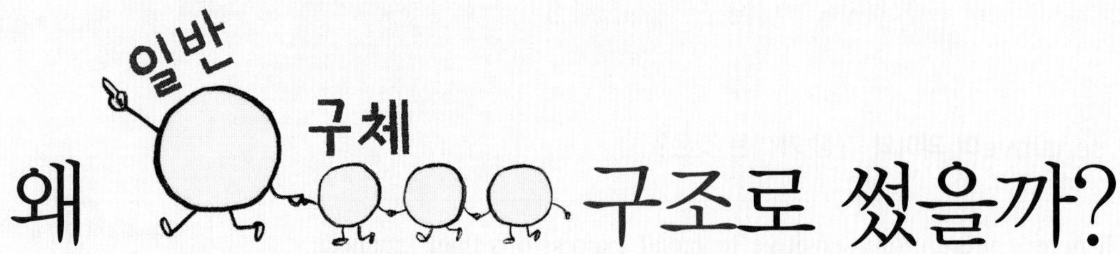 구조로 썼을까?

앞에서 쾅! 주목시키고
이어서 조목조목.

관심을 끌기 위해 주제부터 먼저!
그리고 구체적인 내용 속에서 명쾌하게 이해시키기.
이게 내가 일반-구체 구조를 택한 이유야!

이 챕터에서는

지문에서	주제를	어떻게 구체화했나?
① history of money ④ war foods	다양한 예들을 포함한 주제	각각이 무엇인지 구체적인 예들을 열거하여 주제를 구체화
② London's taxi drivers ③ urban legend ⑤ Chinese economy ⑥ history of shoes	소개하는 이유가 필요한 주제	해당 이유를 구체적인 설명이나 사례로 제시하면서 주제를 구체화
⑦ monochronic vs polychronic ⑧ emotion	객관적인 설명이 필요한 주제	연구·실험 사례 또는 이론과 적용 사례로 주제를 구체화

2018학년도 고1 학력평가

다음 글을 읽고, 빈칸에 들어갈 말을 고르시오.

Interestingly, in nature, ________________________________.
The distinction between predator and prey offers a clarifying example of this. The key feature that distinguishes predator species from prey species isn't the presence of claws or any other feature related to biological weaponry. The key feature is *the position of their eyes*. Predators evolved with eyes facing forward — which allows for binocular vision that offers accurate depth perception when pursuing prey. Prey, on the other hand, often have eyes facing outward, maximizing peripheral vision, which allows the hunted to detect danger that may be approaching from any angle. Consistent with our place at the top of the food chain, humans have eyes that face forward. We have the ability to gauge depth and pursue our goals, but we can also miss important action on our periphery.

일단 나눠!

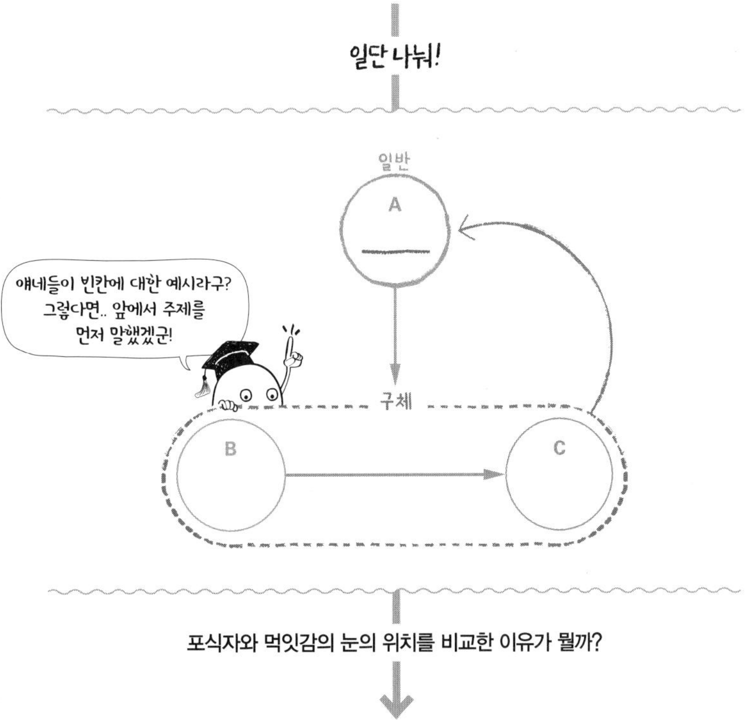

포식자와 먹잇감의 눈의 위치를 비교한 이유가 뭘까?

① eyes facing outward are linked with the success of hunting
② the more powerful species have a narrower field of vision
③ humans' eyes facing forward enable them to detect danger
④ eyesight is closely related to the extinction of weak species
⑤ animals use their eyesight to identify members of their species

문제 상황으로 몰아넣고 해결책을 제시!

다음 글을 읽고, 빈칸에 들어갈 말을 고르시오.

One real concern in the marketing industry today is how to ____________________ in the age of the remote control and mobile devices. With the growing popularity of digital video recorders, consumers can mute, fast-forward, and skip over commercials entirely. Some advertisers are trying to adapt to these technologies, by planting hidden coupons in frames of their television commercials. Others are desperately trying to make their advertisements more interesting and entertaining to discourage viewers from skipping their ads; still others are simply giving up on television advertising altogether. Some industry experts predict that cable providers and advertisers will eventually be forced to provide incentives in order to encourage consumers to watch their messages. These incentives may come in the form of coupons, or a reduction in the cable bill for each advertisement watched.

*mute 음소거하다

① guide people to be wise consumers
② reduce the cost of television advertising
③ keep a close eye on the quality of products
④ make it possible to deliver any goods any time
⑤ win the battle for broadcast advertising exposure

빈칸이 포함된 문장에서
이 글의 구조가 예상돼?

1

submarine
208 words
★★☆☆☆

Ⓐ Life on a submarine is tough! One of the most difficult problems is space. Since many sailors must live together in such a small space, every space is precious. As a battleship, a submarine must carry many weapons, computers, and other equipment. Then, there must be a living space for sailors, too.

Ⓑ They have come up with a good idea for maximizing the available space. It is <u>sharing the limited space for many purposes at the same time</u>.

Ⓒ The living space should function as a bedroom, a dining room, and a resting place as well. For a bedroom, sailors sleep in a capsule whose size is smaller than a closet. They don't have enough room to roll over. They also keep their personal things in tiny lockers and put their clothes beneath narrow mattresses. (①) To efficiently use space, they have the so-called "double-duty" policy. (②) The dining room serves as the movie theater. (③) The restroom also functions as a storage area for food. (④)

Ⓓ As life on a submarine is so tough and stressful, sailors are regularly tested by psychologists. They make sure that sailors do not have anxiety issues such as claustrophobia, the fear of enclosed spaces.

• 구조로 보면

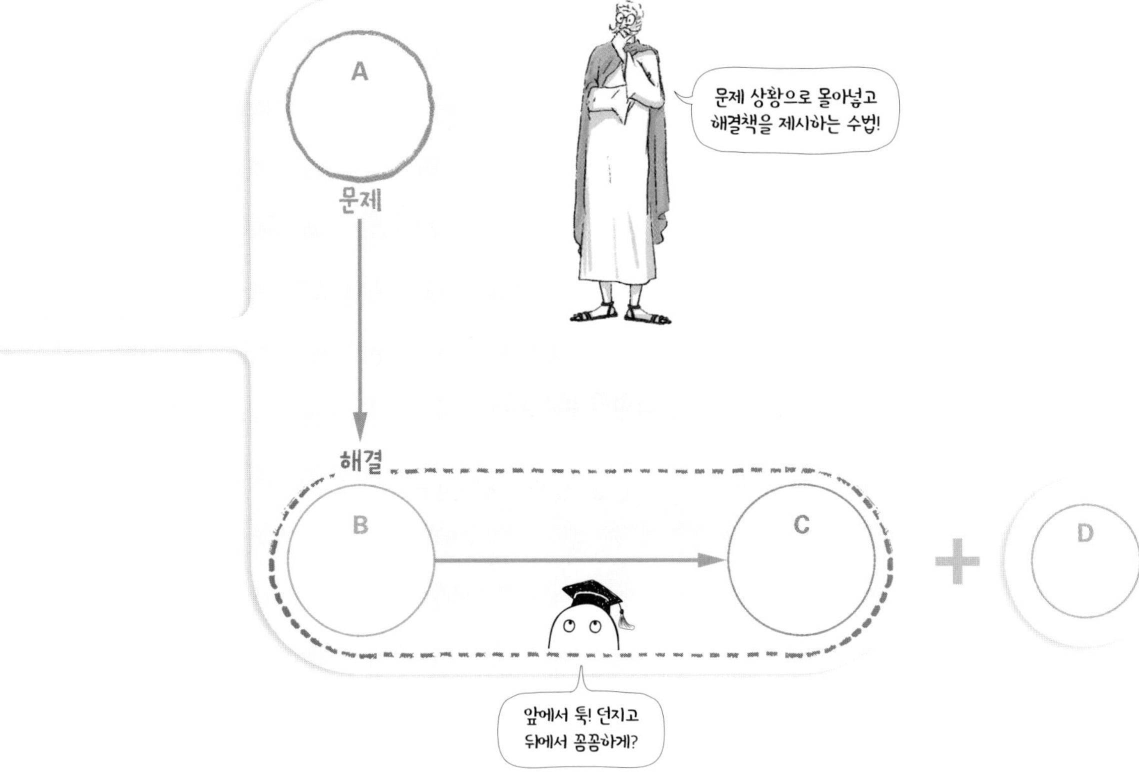

0 각 단락의 내용을 | 보기 | 에서 고르시오.

| 보기 |

ⓐ 잠수함 공간 활용 사례
ⓑ 제한된 공간을 다목적으로 사용하는 발상
ⓒ 잠수함의 좁은 공간
ⓓ 잠수함 선원들에 대한 정기 검진

A ________ B ________ C ________ D ________

1 **C 의 내용을 포괄하는 표현 두 가지를 B 에서 찾아 쓰시오.** (각각 4단어)

구체적 사례로
해결책을 파악할 수 있나?
역추적!

- ______________________________
- ______________________________

2 **밑줄 친 부분이 설명하는 것을 C 에서 찾아 두 단어로 쓰시오.**

It is <u>sharing the limited space for many purposes at the same time.</u>

> ______________________________

주제와 관련된 개념을 다른 표현으로 바꿔쓰는 재진술

글쓴이가 같은 개념이나 문장을 다르게 표현하여, 반복되는 걸 피하고 문장을 쉽게 쓰는 것을 재진술, 바꿔쓰기(paraphrasing)라고 한다. 보통 주제와 관련된 주요 개념이나 문장을 다른 표현으로 반복해서 보여주기 때문에 글쓴이의 생각을 정확하게 파악하려면 재진술된 표현에 주목해야 한다.

3 **이 글의 흐름으로 보아, 다음 문장이 들어갈 가장 적절한 곳은?**

It means that many spaces are used for more than one function.

① ② ③ ④

어휘

4 밑줄 친 come up with와 바꿔 쓸 수 있는 것은?

They have come up with a good idea for maximizing the available space.

① utilized
② suggested
③ abandoned
④ maintained

어휘

5 다음 내용을 참고하여 claustrophobia의 뜻을 우리말로 쓰시오.

They make sure that sailors do not have anxiety issues such as claustrophobia, the fear of enclosed spaces.

> ______________________________

어휘

6 다음 문장의 빈칸에 공통으로 들어갈 수 있는 말이 아닌 것은?

• The dining room ___________ as the movie theater.
• The restroom also ___________ as a storage area for food.

① works
② serves
③ functions
④ carries

2

window tax

193 words

★★★☆☆

Ⓐ Window tax was first introduced in England in 1696. Glass was expensive in those days, and thus was a symbol of wealth; bigger homes had more windows, which proved that their owners could afford to pay more taxes.

Ⓑ Houses with more than six windows were taxed. Houses with seven to nine windows paid two shillings, and those with ten to nineteen windows paid four shillings. The British government continued raising taxes. Collecting window tax was relatively easy because windows were clearly visible from the street. To avoid the tax, some British homeowners began boarding up the windows of their homes. Soon, building houses with fewer windows became popular. Some people even lived in houses without windows.

Ⓒ As cities became crowded, however, this created problems. Dark and damp homes caused health problems. The window tax was also criticized as a "tax on health" and a "tax on light and air." It was also viewed as being an unequal tax which placed burden on the middle and lower classes.

Ⓓ This widely unpopular tax was eventually replaced by a house tax in 1851. However, spotting old buildings without windows is not difficult in England even today.

• 구조로 보면

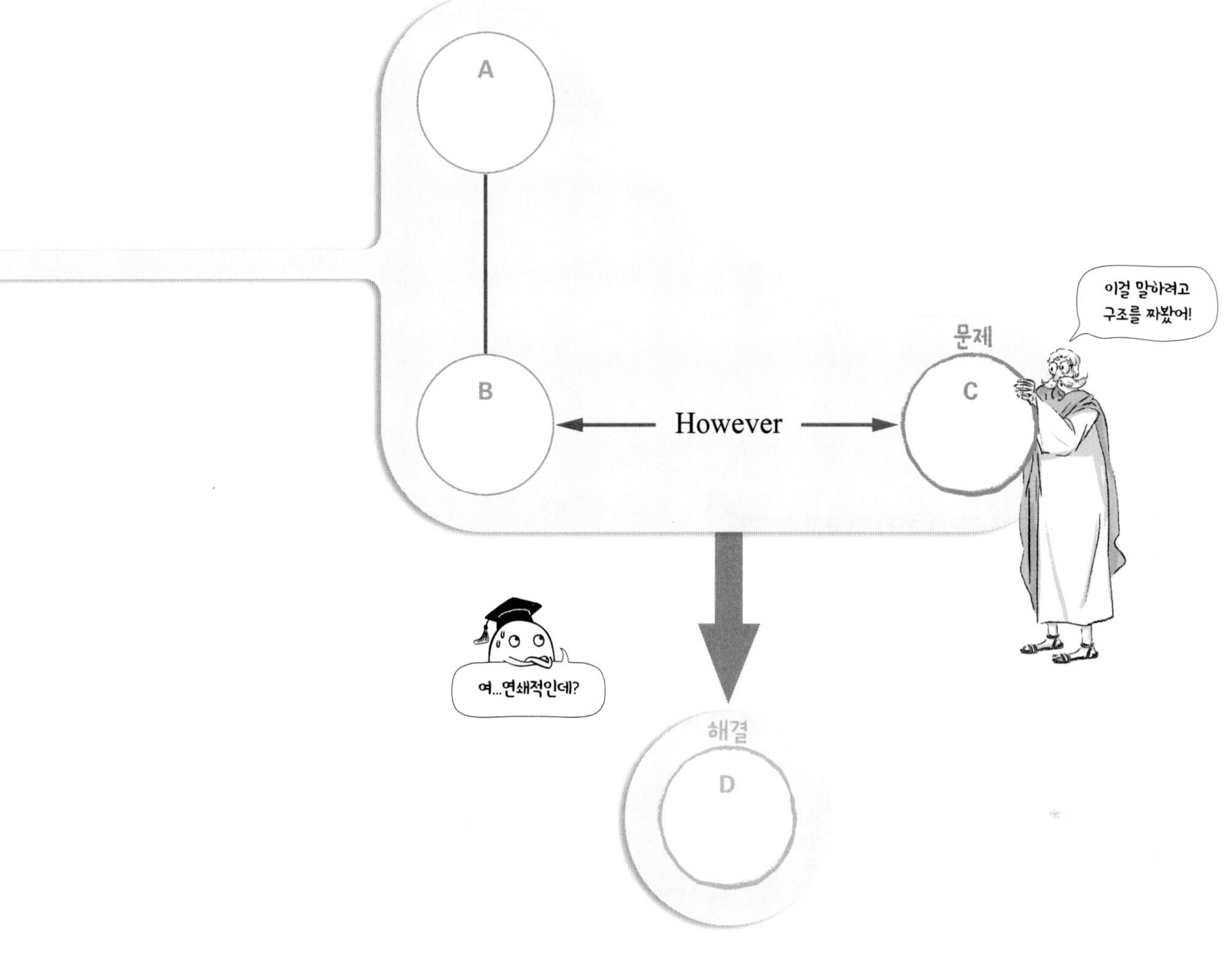

0 **각 단락의 내용을 |보기|에서 고르시오.**

|보기|

ⓐ 창문세의 부작용　　ⓑ 창문세 과세 방법과 집 소유주들의 대응
ⓒ 주택세 도입　　ⓓ 창문세 도입 계기

A ________　B ________　C ________　D ________

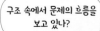

1 창문세 부과 후 폐지되기까지의 과정을 순서대로 쓰시오.

① Window tax was replaced by house tax.
② Homeowners got rid of windows.
③ Dark and damp houses caused health problems.
④ Window tax was met with sharp criticism.

______ ➡ ______ ➡ ______ ➡ ______

2 이 글의 제목으로 가장 적절한 것은?

① Pros and Cons of Window Tax
② The Economic Effect of Window Tax
③ Window Tax and Its Impact on Architecture
④ The Unintended Consequence of Window Tax

3 이 글의 내용과 일치하는 것은?

① 창문세는 창문이 있는 모든 건물에 부과되었다.
② 창문세는 상대적으로 징수하기 쉬운 세금이었다.
③ 창문세는 대저택을 보유한 상류층의 거센 저항을 받았다.
④ 오늘날 남아있는 중세 건축물 중 창문이 없는 것은 거의 없다.

어휘

4 **밑줄 친 collecting과 동일한 의미로 쓰인 것은?**

> Collecting window tax was relatively easy because windows were clearly visible from the street.

이 문맥 속에서 쓰인 의미를 아나?

① He collects postage stamps.
② The state collected $1.2 million in traffic fines.
③ She enjoys collecting antique teapots.
④ The company collects information about consumers.

어법

5 **밑줄 친 which가 가리키는 내용이 무엇인지 우리말로 쓰시오.**

> Glass was expensive in those days, and thus was a symbol of wealth; bigger homes had more windows, which proved that their owners could afford to pay more taxes.

> ______________________________

앞 내용을 이어 설명하는 「콤마(,) + which절」

콤마(,)와 which가 함께 쓰였을 때 which가 가리키는 것이 앞 문장 전체 내용일 때가 있어. 이때 which는 「and + 대명사」와 같고, 앞 문장의 내용을 계속 이어가는 연결어 역할을 한다고 할 수 있어.

The student said nothing at all, which **makes** me angry.
= The student said nothing at all, **and this makes** me angry.
그 학생은 아무런 말을 하지 않았는데, 이것이 나를 화나게 했다.

앞 문장 전체 내용을 하나의 개념으로 봐야 해.

앞 문장이 아니라 앞에 있는 명사에 대한 추가 설명을 이어갈 때, 사용하는 which와 비교해 볼까?

He acknowledged the opinions, which **are** now reflected in the system.
그는 그 의견들을 인정했고, 그 의견들은 지금 체계에 반영되어 있다.

선행사 the opinions에 대한 추가 설명.

3

Good Samaritan laws

176 words

★★★☆☆

Ⓐ Have you ever come across someone who needed medical help? Let's suppose that you come upon someone who is having a heart attack. You need to start CPR (cardiopulmonary resuscitation) right away before it is too late.

Ⓑ ____(A)____, the truth is that you may injure him and you may be in trouble. (①) You may be sued for the injury you caused despite your good intentions. That you helped him with good intentions may not be known to him or his family. (②)

Ⓒ ____(B)____, do not hesitate. Good Samaritan laws, which are in force in many countries such as the United States, France, Germany, Japan, and Korea, are there to give legal protection to people who help someone in an emergency. (③) The name "Good Samaritan" came from a parable of a Samaritan in the Bible who offered unconditional help to a person in great distress. Good Samaritan laws prevent a voluntary rescuer from being sued. (④) Thus, Good Samaritan laws enable people to help someone in distress without any ________.

• **구조로 보면**

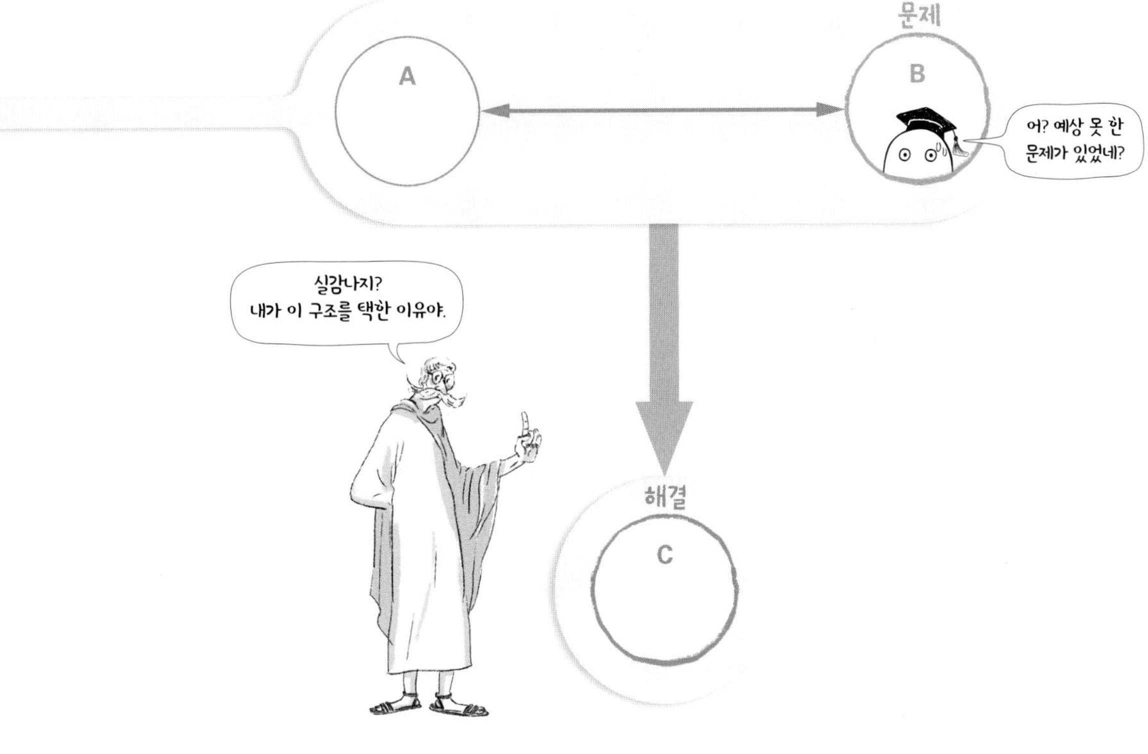

0 **문제에 대한 해결책으로 제시한 것을 글에서 찾아 쓰시오.**

> ______________________________

1 **빈칸 (A)와 (B)에 공통으로 들어갈 말로 가장 적절한 것은?**

① Then
② Also
③ Therefore
④ However

구조로 빈칸 앞뒤
내용 흐름을 보고 있나?

2 **이 글의 흐름으로 보아, 다음 문장이 들어갈 가장 적절한 곳은?**

His ribs may break while you compress his chest.

① ② ③ ④

3 **이 글을 통해 글쓴이가 말하고자 하는 바로 가장 적절한 것은?**

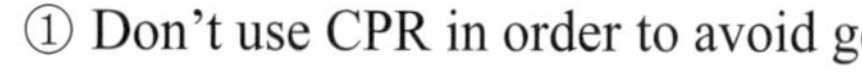

① Don't use CPR in order to avoid getting sued.
② Good Samaritan laws are not good for voluntary rescuers.
③ Don't help people in distress, and just wait for help to arrive.
④ Don't hesitate to help people who are in distress.

문제? 해결책?
결국 글쓴이가 말하려는 건?

문제가 주제. 해결책이 주장.

글쓴이가 어떤 현상이나 이슈에 대해 문제를 제기할 때가 있다. 문제를 제기함으로써 그 심각성을 강조하기도 하고, 원인을 분석한 뒤 해결책 또는 대안을 제안하기도 한다. 이런 글의 핵심은 해결책에 있는데 글쓴이가 글을 쓴 목적이 바로 여기에 있기 때문이다. 제시한 문제 현상에서 주제를 발견했다면, 글쓴이가 어떤 원인을 제거하거나 감소시켜 해결책으로 연결 짓는지에 주목하자. 해결책이 바로 글의 목적이자 글쓴이의 주장이니까.

어휘

4 밑줄 친 in force와 바꿔 쓸 수 없는 것은?

Good Samaritan laws, which are in force in many countries, are there to give legal protection to people who help someone in an emergency.

주변 단어들로 의미를
파악할 수 있나?

① working
② in operation
③ in effect
④ invalid

어휘

5 글의 내용을 참고하여 [　　　]에 들어갈 알맞은 말을 쓰시오.

Thus! 이 문장의 역할을
파악할 수 있어?

Thus, Good Samaritan laws enable people to help someone in distress without any [　　　　].

4

La Boheme and Rent

194 words

★★★☆☆

Ⓐ Puccini's opera *La Boheme* is a masterpiece and is considered as one of the greatest operas among classical music lovers. It is also often recommended as the "perfect first opera" for newcomers to the art. Yet many people, especially the younger generation, regard operas as extremely boring.

Ⓑ Recently, one artist has successfully helped today's young audiences connect with this timeless opera. A composer named Jonathan Larson created *Rent*, a rock musical based on *La Boheme*. The details of the plot are different from the original, but the overall storyline and characters of *Rent* take after those of *La Boheme*. The names of the characters of both pieces are similar or identical. The characters also have similar jobs. To reflect the times, however, Mimi, one of the characters in *La Boheme* who suffers from tuberculosis, has AIDS instead of tuberculosis in *Rent*. *La Boheme* takes place in Paris in the 1830s, but the stage for *Rent* is New York in the 1990s.

Ⓒ While both shows present their stories through different types of music, the scenes deliver the same message: living as an artist and finding true love in a big city is still a challenge.

• 구조로 보면

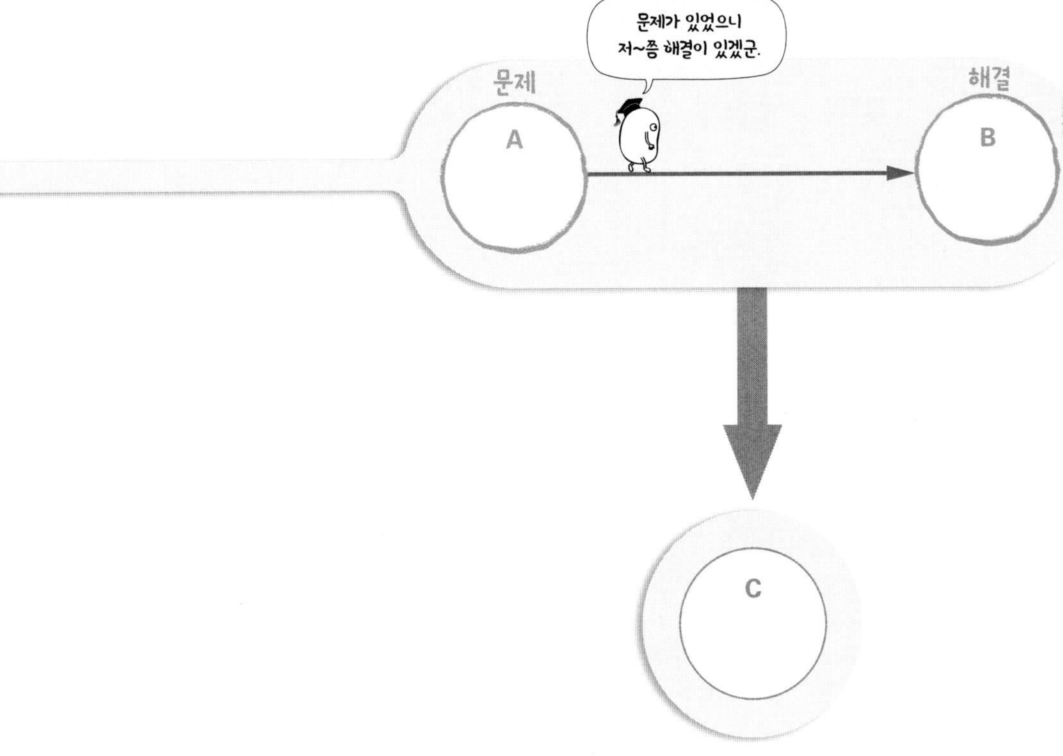

0 **각 단락의 내용을 |보기|에서 고르시오.**

|보기|

ⓐ 오페라와 젊은 세대를 연결하는 다른 방식의 등장

ⓑ 다른 음악이지만 동일한 주제를 담고 있는 '라보엠'과 '렌트'

ⓒ 오페라에 대한 젊은 세대들의 부정적 인식

A ________ B ________ C ________

1

이 글에서 글쓴이가 언급한 내용과 일치하지 <u>않는</u> 것은?

① 오페라에 입문하기 좋은 작품으로 '렌트'를 꼽을 수 있다.
② '미미'라는 등장인물은 '라보엠'과 '렌트' 두 작품에 모두 등장한다.
③ 두 작품 모두 예술가로서 삶에 수반되는 곤궁함에 대해 담고 있다.
④ '렌트'는 '라보엠'에 영감을 받아 원작에 충실하게 재구성되었다.

2

이 글의 제목으로 가장 적절한 것은?

문제와 해결, 그리고 결론까지 반영한 제목은?

① *La Boheme* & *Rent*: The Secret to Success
② *La Boheme* & *Rent*: Sharing a Timeless Theme
③ *La Boheme* & *Rent*: Similarities
④ *La Boheme* & *Rent*: The Rivalry Continues

어휘

3 **밑줄 친 take after와 바꿔 쓸 수 있는 것은?**

의미를 모를 때 주변 단어들로
그 뜻을 찾을 수 있어!

> The details of the plot are different from the original, but the overall storyline and characters of *Rent* take after those of *La Boheme*.

① contradict
② recreate
③ favor
④ resemble

어휘

4 **밑줄 친 deliver와 유사한 의미로 쓰인 것은?**

> While both shows present their stories through different types of music, the scenes deliver the same message:

① Emoticons can deliver positive feelings.
② He is due to deliver a lecture on genetic engineering.
③ If you can't deliver improved sales figures, you're fired.
④ The government didn't deliver on promises to provide food aid.

5

exact measurement

229 words

★★★★☆

Ⓐ Exact measurements are important in various fields that require scientific research. How can one know the measurements he takes are exact? In this respect, absolute standards are necessary. The international society has agreed on these absolute standards of measurements. (①) For example, the standard for a kilogram has been a single hunk of metal, "Le Grand K" locked in a French vault since the 1875 Treaty of the Metre.

Ⓑ However, these standards of measurements had to be redefined as solid objects change over time. (②) When Le Grand K was weighed in the 1980s, it was a couple of micrograms lighter, so all scientific scales had to be recalibrated. (③) A new and universal constant that would generate a fixed value true now and millions of years later should be found. (④)

Ⓒ A second is now defined not as 1/86,400th of a day but as 9,192,631,770 oscillations of a special microwave beam. A meter is now not the length of a single, meter-long metal pole forged back in 1889, but the distance light travels in a vacuum in 1/299,792,458th of a second. The problem of a kilogram is solved through physics, and now it is defined in terms of the Planck constant, h. A kilogram is now $(h/6.62607015\times10^{-34})m^{-2}s$. It may be difficult, but it is a huge step in scientific development.

* recalibrate 다시 측정하다 ** oscillation 진동

*** constant 항수(변하지 않는 일정한 값을 가진 수나 양)

• 구조로 보면

A

However

B

문제 해결

C

문제가 생겨서 당황했는데,
예시를 보니 안심이 되네.

문제를 해결하고
이것까지 보여주니,
얼마나 친절해?

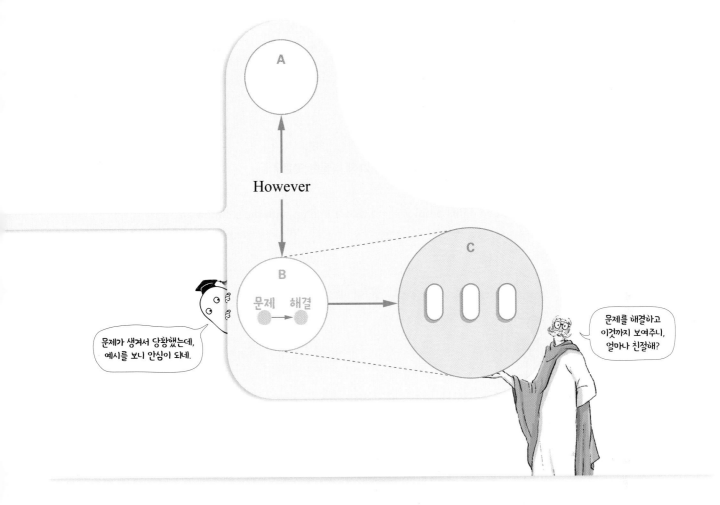

0 **각 단락의 내용을 |보기|에서 고르시오.**

| 보기 |

ⓐ 재정의된 측정 단위의 예시
ⓑ 절대적 기준의 필요성
ⓒ 절대적 기준을 재정의할 필요성

1 킬로그램이 새롭게 정의된 이유로 가장 적절한 것은?

① 실생활에서 사용의 불편함 때문에
② 국제 사회의 합의가 바뀌었기 때문에
③ 통일된 질량 측정 단위가 필요했기 때문에
④ 시간이 흐름에 따라 표준 물질의 질량이 변하기 때문에

2 이 글의 흐름으로 보아, 다음 문장이 들어갈 가장 적절한 곳은?

Scientists worked on this problem, and they came up with the solution.

① ② ③ ④

3 C 에서 재정의된 측정 단위의 예시로 언급된 것을 모두 찾아 쓰시오.

> ______________________________

4 이 글의 제목으로 가장 적절한 것은?

① The Unstable Nature of Scientific Measurement
② The New Definition of Absolute Standards in Measurement
③ The Contribution of Physics to Scientific Measurement
④ The Crisis of Science in the Field of Measurement

어휘

5 밑줄 친 exact와 바꿔 쓸 수 없는 것은?

How can one know the measurements he takes are exact?

① correct
② faulty
③ accurate
④ precise

시험에 많이 등장하는 exact

Twins provide a unique opportunity to study genes. Some pairs of twins are identical they share the exact same genes in their DNA. Other pairs are fraternal, sharing only half of their genes on average. Differences in genetic similarity turn out to be a powerful natural experiment, allowing us to estimate how much genes influence a given trait. -고2 기출-

• The exact same concept applies to many areas of our lives, including happiness. -고1 기출-

• In psychology, a 'model' of something should never be taken as an exact copy of the thing being described, but rather as a representation of it. -고3 기출-

어휘

6 다음 영영풀이에 해당하는 단어를 B 에서 찾아 쓰시오.

to produce something or cause something to be produced

> ____________________

6

workplace surveillance

232 words

★★★★☆

Ⓐ If you think what you do on your work computer is private, think again. There's a good chance that your employer is keeping a close watch on what you're doing.

Ⓑ While placing employees under surveillance is nothing new, employers are now using surveillance software to follow employees even to their homes, as more people are working remotely. It can track every keystroke and every page we've visited on the Internet. And it does much more than just watch what we do. It analyzes ranks, and it reports on the employees' productivity. This is all legal as long as they disclose their activity.

Ⓒ It's true that surveillance does make people behave a bit better. But it's also true that people feel uncomfortable and afraid to step outside the boundary and become creative. So, in order for the system to work, surveillance has to be ________. The employer should state clearly what is being assessed. Also, the employer should set the intent for using surveillance and focus on that particular issue instead of trying to oversee every single aspect of the employees' work behavior.

Ⓓ The future of work will involve more employees working remotely with flexible hours, and workplace surveillance will fast become commonplace practice. The rapid change in the workplace environment presents an opportunity for us to reexamine workplace surveillance practices so that both employees and employers can benefit from this evolving system.

• **구조로 보면**

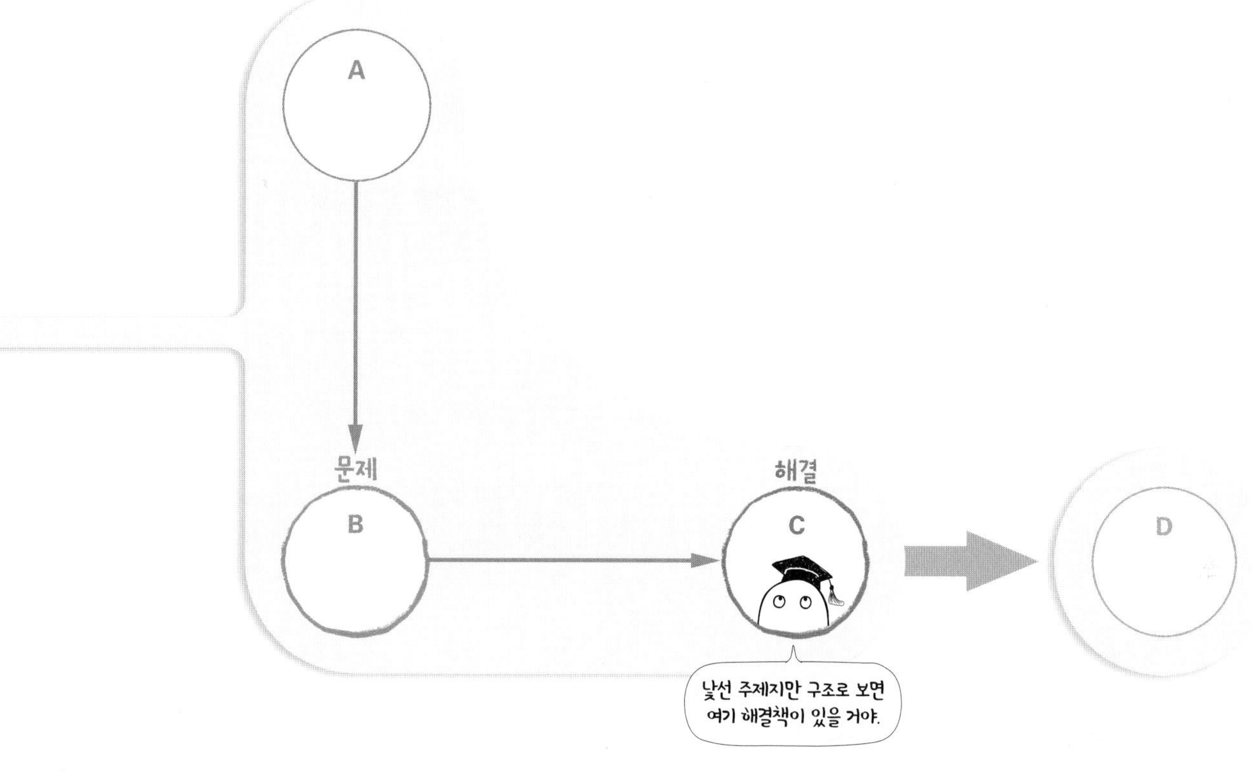

0 **각 단락의 내용을 |보기|에서 고르시오.**

|보기|

ⓐ 감시 소프트웨어의 문제 해결 방안
ⓑ 변화하는 작업 환경에 따른 감시 시스템 재검토 필요성
ⓒ 감시 소프트웨어의 기능과 문제점
ⓓ 작업용 컴퓨터에 대한 감시 가능성

A ________ B ________ C ________ D ________

1 **빈칸에 들어갈 말로 가장 적절한 것은?**

① subjective ② implicit
③ predictive ④ transparent

2 **작업자 감시 관행의 문제점을 해결하는 방안으로 글쓴이가 제시한 것을 우리말로 쓰시오.**

문제-해결, 글의 구조를 보며 내용을 잘 파악하고 있나?

(1) ______________________________

(2) ______________________________

(3) ______________________________

3 **이 글의 내용과 일치하는 것은?**

① Workplace surveillance is illegal.
② Workplace surveillance has become popular only recently.
③ Employers can track activities of employees working from home.
④ Surveillance is most effective when used to monitor all aspects of work behavior.

4 **| 보기 | 의 단어들을 이용하여 글의 주제를 완성하시오.**

| 보기 |

surveillance workplace balance

finding the right __________ for __________ __________

어휘

5 **밑줄 친 표현이 의미하는 바를 B 에서 찾아 쓰시오.** (1단어)

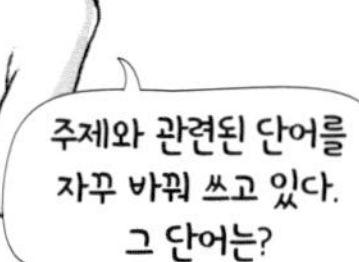
주제와 관련된 단어를
자꾸 바꿔 쓰고 있다.
그 단어는?

> There's a good chance that your employer is <u>keeping a close watch</u> on what you're doing.

> ____________________

어휘

6 **밑줄 친 oversee와 <u>다른</u> 의미로 쓰인 것은?**

> Also, the employer should set the intent for using surveillance and focus on that particular issue instead of trying to <u>oversee</u> every single aspect of the employees' work behavior.

문맥 속 표현들의 의미를
파악할 수 있나?

① A couple of us were assigned to <u>keep an eye on</u> you.
② The police decided to <u>inspect</u> the parked car.
③ I could not afford to <u>overlook</u> such a serious offense.
④ Someone has to <u>supervise</u> the final phase of the construction.

7

de-extinction

202 words

★★★★★

Ⓐ One thing we humans tend to overlook is the crucial role biodiversity plays in our lives. We fail to understand that we are deeply entrenched in it, too, and that if we destroy the environment, it'll come back to bite us.

Ⓑ Traditional conservation methods haven't been able to keep up with the speed of destruction. But it's getting a new ally. Recently, biotechnology has made breakthroughs to ___________, which is also known as "de-extinction." This complex and controversial technology is basically bringing extinct species, or rather their close approximate versions, back to life. These revived species can be returned to the wild and carry out important ecological roles before they became extinct. For example, the woolly mammoth which vanished from the Earth 4,000 years ago may come back to life by adapting the genome of the woolly mammoth's closest living relative, the Asian elephant, through genetic engineering.

Ⓓ However, questions remain because there's so much we don't know about those species. In other words, the speed of technology is outrunning our knowledge about the species and their use in the real world. And the scary thing is that, once we meddle with something so fundamental as recreating species, there's no going back.

• **구조로 보면**

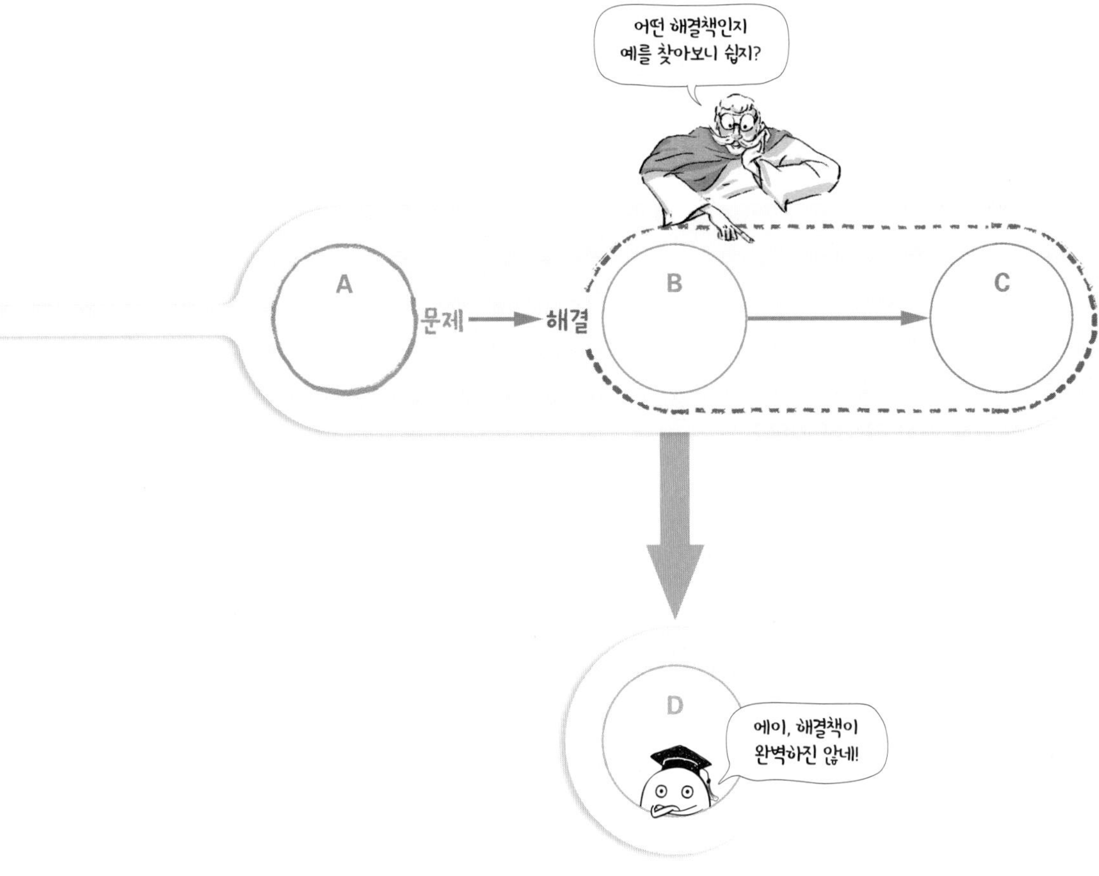

0 **이 글을 네 단락으로 나눌 때 C가 시작되는 부분의 첫 두 단어를 네모 안에 쓰고, 각 단락의 내용을 |보기|에서 고르시오.**

|보기|

ⓐ 멸종 생물 복원 예시
ⓑ 멸종 생물 복원 기술에 대한 우려
ⓒ 복원 방법에 대한 설명과 그것의 이점
ⓓ 환경 파괴에 대한 문제 제기

C [ ]

A ______ B ______ C ______ D ______

1

이 글의 내용과 일치하는 것은?

① Traditional conservation methods have been very successful in protecting biodiversity.
② De-extinction refers to the exact reproduction of the extinct species.
③ Species reproduced through de-extinction are used for research purposes only.
④ Technology is outpacing our ability to understand the role of the revived species.

2

빈칸에 들어갈 말로 가장 적절한 것은?

① create new life
② cure diseases
③ prevent extinction
④ restore species

3

이 글의 제목으로 가장 적절한 것은?

① The Advantages of De-extinction
② The Benefits and Risks of Biotechnology
③ Mother Earth's Rage towards Human Destruction
④ The Success of Traditional Conservation Movements

어휘

4 **밑줄 친 표현과 바꿔 쓸 수 있는 것은?**

> And the scary thing is that, once we <u>meddle with</u> something so fundamental as recreating species, there's no going back.

① keep up with
② interfere with
③ come up with
④ do away with

어법·어휘

5 **밑줄 친 표현과 유사한 의미로 쓰인 단어를 글에서 찾아 각각 어법에 맞게 쓰시오.**

> These (1) <u>revived</u> species can be returned to the wild and carry out important ecological roles before they (2) <u>became extinct</u>.

(1) ____________________

(2) ____________________

이 단어들의 의미가 글에서
반복적으로 사용되는 이유는?

8

GM crops

229 words

★★★★★

Hunger is still one of the greatest global challenges of the twenty-first century. Despite some improvements, more than 800 million people around the world still suffer from malnutrition. Scientists are looking for solutions to cope with this problem, and the use of genetically modified (GM) crops is among the proposed solutions. Is it truly a viable solution? GM crops are plants that have been modified through genetic engineering to alter their DNA sequences to provide some advantageous traits. Genetic engineering can improve crop yield. It can also make crops more pest-resistant. Crops can also be engineered to be more nutritious, providing critical nutrients to populations. On the other hand, there are some obstacles to overcome for GM crops to be a viable solution to hunger. First, the public is worried about the safety of GM foods, though none of their concerns is backed by concrete evidence. Second, GM seeds are produced primarily by a handful of large companies with the intellectual property for genetic variations. From an economic point of view, the transition to GM crops poses a risk to food security, as, if a certain company failed, the crop it provides would cease to be available. Third, the farmers who live in hunger-stricken areas do not have enough education or information, so the introduction of GM crops to these areas is too slow to make any meaningful impact.

• **구조로 보면**

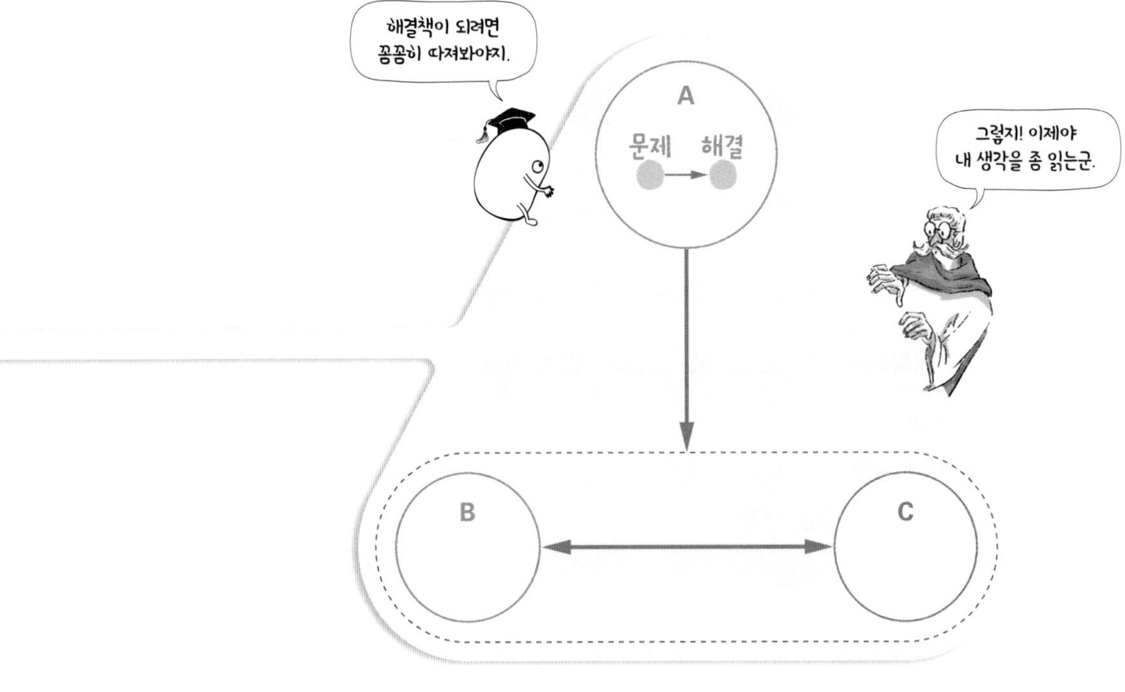

0 **이 글을 세 단락으로 나눌 때 각 단락이 시작되는 부분의 첫 두 단어를 네모 안에 쓰고, 각 단락의 내용을 |보기|에서 고르시오.**

|보기|

ⓐ 유전자 조작 곡물의 문제점

ⓑ 유전자 조작 곡물의 가능성

ⓒ 유전자 조작 곡물의 장점

A ☐ B ☐ C ☐

A ______ B ______ C ______

1 **이 글의 전개 방식에 대한 설명으로 적절한 것은?**

① 새로운 이론을 여러 관점에서 분석하는 글이다.
② 문제점에 대한 해결책을 점검하는 글이다.
③ 문제의 원인과 그에 따른 결과를 제시하는 글이다.
④ 다양한 해결책을 제시하고 이를 비교하는 글이다.

2 **유전자 조작 곡물이 극복해야 하는 난관으로 언급되지 않은 것은?**

① 안전성에 대한 우려
② 적절한 수준의 가격 책정
③ 특허 독점으로 인한 식량 공급 안정성
④ 불충분한 교육과 정보

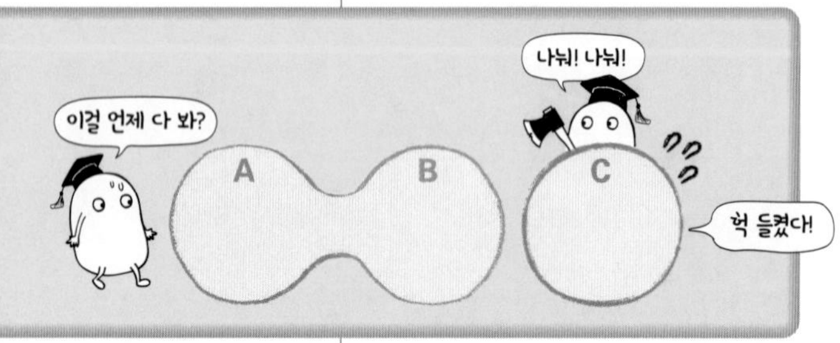

3 **이 글의 제목으로 가장 적절한 것은?**

① The Necessity of GM Crops in Hunger-stricken Areas
② The Viability of GM Crops to Fight Hunger
③ The Development of GM Technique in Food Production
④ The Long-term Danger of GM Crops

어휘

4 밑줄 친 viable의 의미로 가장 적절한 것은?

글 속에서 이 문장들의
의미를 찾을 수 있어?

- Is it truly a viable solution?
- There are some obstacles to overcome for GM crops to be a viable solution to hunger.

① good enough to be noticed
② able to be done or worth doing
③ existing for a long time
④ better when compared with others

어휘

5 밑줄 친 overcome의 의미로 가장 적절한 것은?

주변 단어들을 통해 의미를
파악할 수 있나?

On the other hand, there are some obstacles to overcome for GM crops to be a viable solution to hunger.

① gradually change
② successfully deal with
③ produce or cause
④ make small changes

어휘

6 밑줄 친 handful의 의미로 가장 적절한 것은?

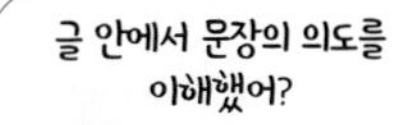

Second, GM seeds are produced primarily by a handful of large companies with the intellectual property for genetic variations.

① powerful influence
② high standard
③ very small number
④ great deal

문제 상황으로 몰아 넣고
해결책을 제시!

관심을 기울이도록 문제 상황부터 먼저!
문제의 원인 속에서 해결책 제시하기.
이게 내가 문제-해결 구조를 택한 이유!

이 챕터에서는

지문에서	문제는	어떻게 해결되었나?
① submarine	한계 상황으로 인한 문제	새로운 관점으로 해석한 구체적인 방안으로
③ Good Samaritan laws		문제 원인을 제거하는 제도 도입으로
② window tax	변화로 인한 문제	문제 원인을 제거하는 제도 도입으로
④ La Boheme and Rent ⑤ exact measurement		문제 원인을 제거한 새로운 방안으로
⑥ workplace surveillance		문제 원인을 제거하고 보완한 방안으로
⑦ de-extinction		새로운 방안을 제시하고 이것에 대한 우려를 점검하도록
⑧ GM crops	대안의 실행 가능성	대안의 장단점을 분석하고 단점을 보완하도록

2017학년도 고1 학력평가

다음 글을 읽고, 빈칸에 들어갈 말을 고르시오.

One real concern in the marketing industry today is how to ________________ in the age of the remote control and mobile devices. With the growing popularity of digital video recorders, consumers can mute, fast-forward, and skip over commercials entirely. Some advertisers are trying to adapt to these technologies, by planting hidden coupons in frames of their television commercials. Others are desperately trying to make their advertisements more interesting and entertaining to discourage viewers from skipping their ads; still others are simply giving up on television advertising altogether. Some industry experts predict that cable providers and advertisers will eventually be forced to provide incentives in order to encourage consumers to watch their messages. These incentives may come in the form of coupons, or a reduction in the cable bill for each advertisement watched.

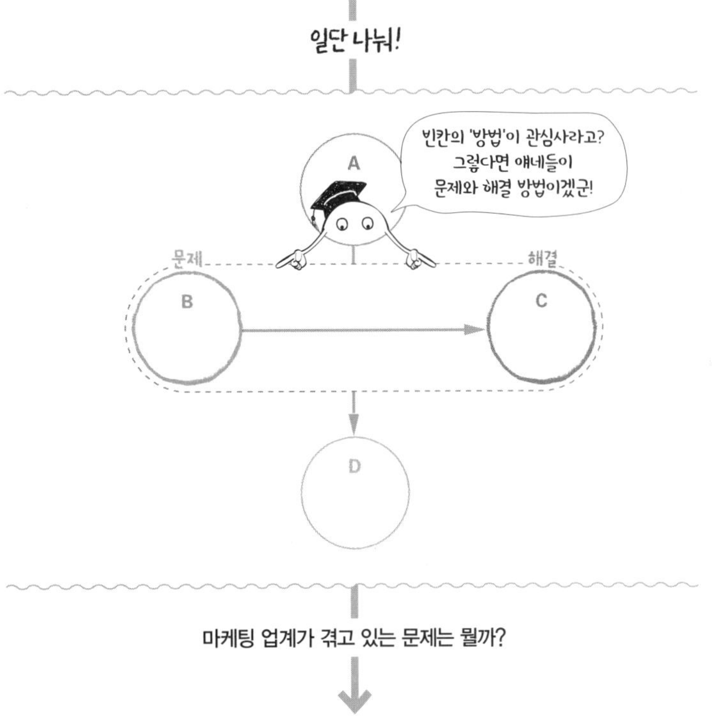

마케팅 업계가 겪고 있는 문제는 뭘까?

① guide people to be wise consumers
② reduce the cost of television advertising
③ keep a close eye on the quality of products
④ make it possible to deliver any goods any time
⑤ win the battle for broadcast advertising exposure

CHAPTER 03

대립

NO!

통념을 꺾고 내 생각을 주장하기!

다음 글을 읽고, 요약문의 빈칸 (A)와 (B)에 들어갈 말을 고르시오.

You'd think that whenever more than one person makes a decision, they'd draw on collective wisdom. Surely, a group of minds can do better than an individual. Unfortunately, that's not always the case. The wisdom of a crowd partly relies on the fact that all judgments are independent. If people guess the weight of a cow and put it on a slip of paper, or estimate the likelihood of a revolution in Pakistan and enter it into a website, the average of their views is highly accurate. But, surprisingly, if those people talk about these questions in a group, the answers that they come to are increasingly incorrect. More specifically, researchers have found an effect of group polarization. Whatever bias people may have as individuals gets multiplied when they discuss things as a group. If individuals lean slightly toward taking a risk, the group leaps toward it.

*polarization 극단화

When people ____(A)____ work with others, the wisdom of the crowd often turns into the ____(B)____ of the group.

	(A)		(B)
①	dependently	······	stupidity
②	dependently	······	superiority
③	independently	······	selfishness
④	independently	······	morality
⑤	accidentally	······	prejudice

구조를 잘 봐야
헤매지 않을 거야!

1

boredom

162 words

★★☆☆☆

Ⓐ When was the last time you were "bored to death"? We often hear that idling away time is bad and that we should try to keep ourselves busy all the time. Many people think that our brain becomes completely inactive when we have nothing to do.

Ⓑ However, studies show that being bored can actually bring out the creativity in us. Boredom is a negative emotion because it is tedious and unpleasant. We feel restless and unchallenged. But it is also a force to motivate us.

Ⓒ Think of all the ideas we come up with when we are doing nothing. In other words, our brain produces creative ideas because we are bored. Bored people are more motivated to try out activities that are meaningful or interesting because they realize their current situation lacks excitement. They push themselves to look for something new.

Ⓓ So, the next time you find yourself ___(A)___, let your thoughts wander. You're probably getting a chance to ___(B)___ interesting ideas.

• **구조로 보면**

A

대립

B

C

D

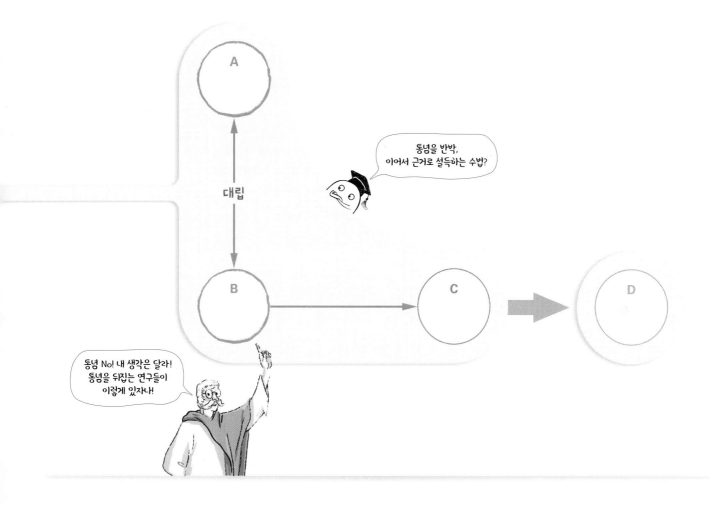

통념을 반박,
이어서 근거로 설득하는 수법?

통념 No! 내 생각은 달라!
통념을 뒤집는 연구들이
이렇게 있자나!

0 **각 단락의 역할을 |보기|에서 고르시오.**

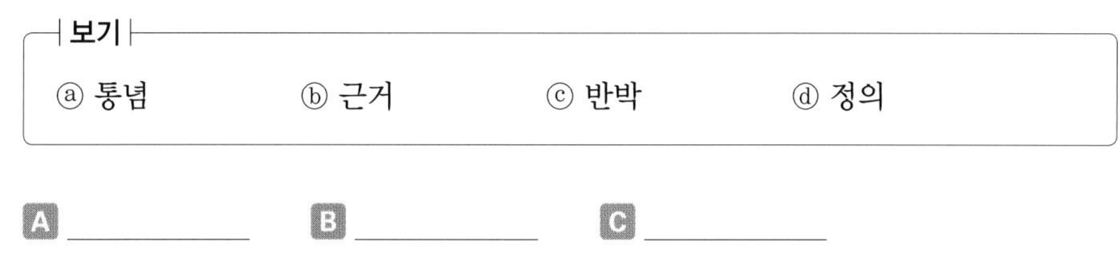

A ____________ B ____________ C ____________

1 글쓴이가 연구 결과를 제시한 의도로 알맞은 것은?

① 지루함의 부정적인 측면을 알려주려고
② 창의력을 저해하는 요인을 제시하려고
③ 지루함에 대해 잘못 알고 있는 바를 반박하려고
④ 창의력과 동기부여 방식의 관계를 설명하려고

통념에 이어 흐름을 반전시키는 연결어가 나왔다면, 다음은 주장이 나올 차례

글쓴이가 사람들이 일반적으로 알고 있거나 당연하다고 생각하는 사실이나 믿음을 먼저 제시한 뒤, 흐름을 반전시키는 연결어를 사용했다면 이어지는 내용에 주목해야 한다. 잘못된 통념을 반박하거나 사람들이 미처 알지 못하는 사실을 언급하기 때문이다. 그것이 바로 글쓴이가 주장하는 바이자 글을 쓴 목적이다.

- 통념을 제시하겠다는 신호: {We / Most[Many] people} think ~ / tend to ~
- 반박을 예고하는 신호: however / yet / still / the truth is ~

2 글쓴이의 생각과 일치하는 것은?

① 아무것도 하지 않을 때 부정적인 생각이 사라진다.
② 창의적인 생각을 할 수 있는 건 지루하기 때문이다.
③ 심심한 사람일수록 현재 상황을 더 잘 받아들인다.
④ 바쁜 사람일수록 항상 새로운 것을 찾기 위해 스스로를 밀어붙인다.

3 빈칸 (A), (B)에 들어갈 말이 알맞게 짝지어진 것은?

	(A)		(B)
①	stressed	······	release
②	bored	······	produce
③	excited	······	block
④	satisfied	······	create

통념과 반박,
근거까지 확인했다면,
결론은?

어휘

4 글의 흐름으로 보아, 빈칸에 들어갈 말로 적절한 것은?

Studies show that being bored can actually bring out the creativity in us. Boredom is a negative emotion because it is tedious and unpleasant. We feel restless and unchallenged. So, we try to find ways to get out of it. ___________, it is a force to motivate us.

① Additionally
② In other words
③ On the other hand
④ Nevertheless

어휘

5 다음은 어떤 글의 일부이다. 빈칸에 들어갈 말로 적절한 것은?

Numbers were invented to describe precise amounts: three teeth, seven days, twelve goats. When quantities are large, ___________, we do not use numbers in a precise way. We approximate using a 'round number' as a place mark. – 고2 기출 –

① for example
② thus
③ however
④ so

2

using cell phones

172 words

★★★☆☆

Ⓐ Recently, using cell phones is causing much trouble at schools. While students prefer to use them during school hours, most teachers won't allow it or even take away students' phones during class.

Ⓑ However, a few teachers in the US are trying to use social media technology via cell phones to encourage discussion in the classroom. Usually, in their classes, only about 30% of the students participated in classroom discussion. Yet, after they allowed their students to use cell phones for class discussion, more than 70% of the students took part in it. Apparently, many students felt more comfortable when they typed their opinions on their cell phones.

Ⓒ Still, most teachers are skeptical about using social media in class. They fear that students may not focus on their studies. They are also worried lest it should lead to inappropriate or rude remarks from students.

Ⓓ In sum, using social media in class discussion is surely an innovative idea, but we still need more time to agree on how to use it properly in class.

• **구조로 보면**

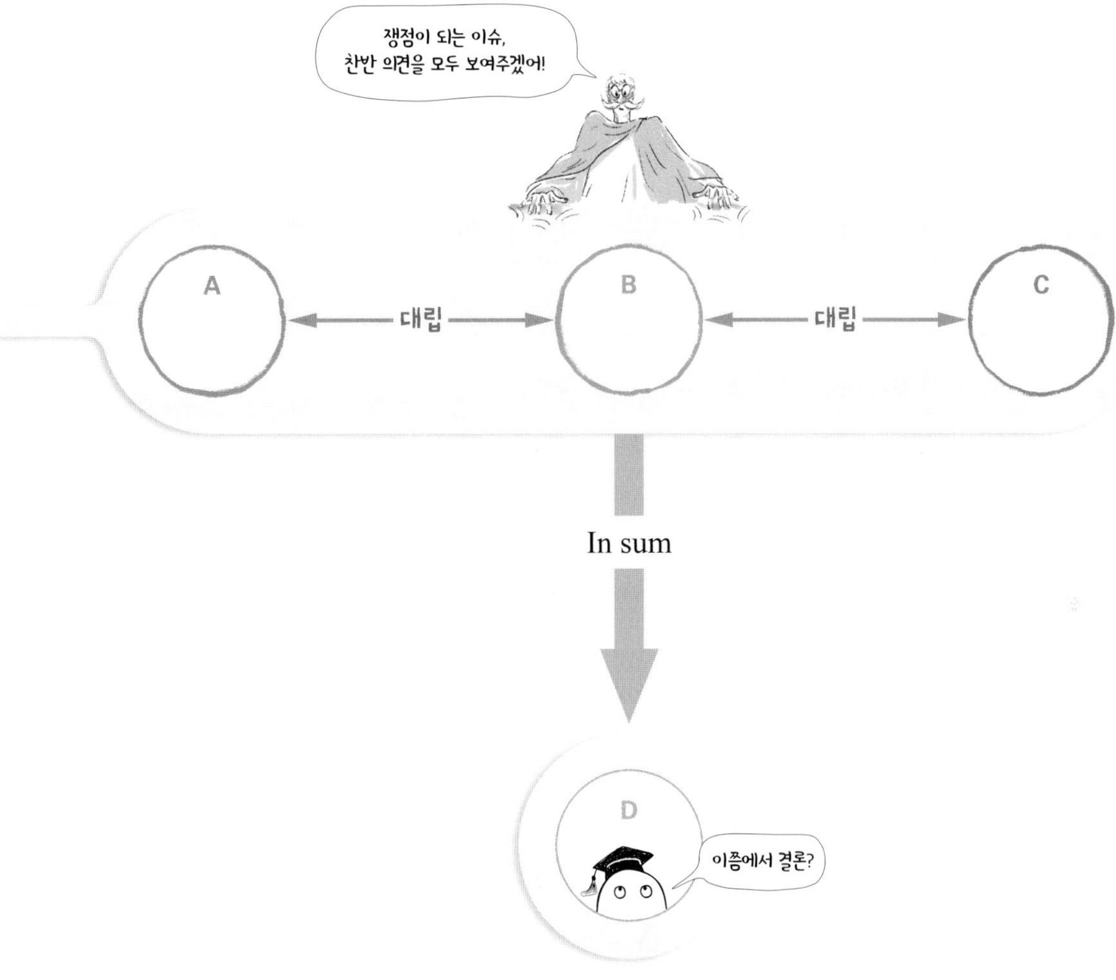

0 **각 단락의 역할을 |보기|에서 고르시오.** (중복 선택 가능)

|보기|
ⓐ 근거 ⓑ 반박 ⓒ 통념 ⓓ 절충 ⓔ 부연

A ________ B ________ C ________ D ________

1 각 단락에 대한 설명으로 적절하지 않은 것은?

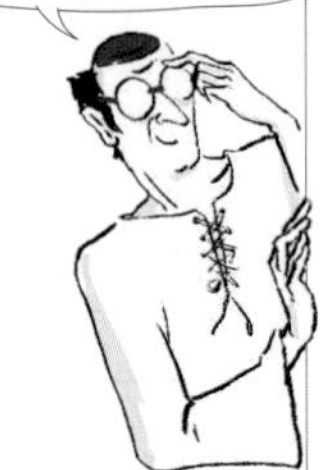

① B는 일반적인 통념과 다른 핸드폰의 긍정적인 활용 사례이다.
② B와 C는 핸드폰 사용에 대한 상반된 입장을 보여준다.
③ C는 핸드폰 사용에 대한 교사와 학생들의 다른 입장을 보여준다.
④ D는 핸드폰 사용에 대한 상반된 입장을 절충한 결론을 제시한다.

2 글쓴이가 말하고자 하는 바로 가장 적절한 것은?

① 수업 집중을 위해 학생들의 핸드폰 사용을 계속 금지해야 한다.
② 수업 시간에 토론 참여도를 높이기 위해 핸드폰 사용을 허용해야 한다.
③ 수업 중 핸드폰 사용에 대해 열린 마음을 갖되 신중한 접근이 필요하다.
④ 토론과 발표에 대한 학생들의 부담감을 낮추어줄 필요가 있다.

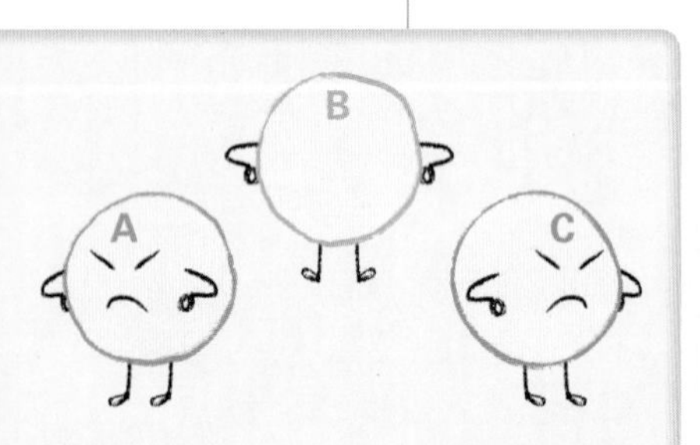

3 이 글의 내용과 일치하는 것은?

① 현재 대부분의 교실에서 핸드폰 사용이 허용되고 있다.
② 평소에 대략 절반 이상의 학생이 토론에 참여한다.
③ 소셜미디어 사용을 허용하자 학생의 토론 참여가 늘어났다.
④ 핸드폰을 이용한 토론 참여가 현재 대세가 되었다.

어휘

4 다음 문장을 두 개의 문장으로 다시 쓸 때, 빈칸에 들어갈 말로 적절한 것은?

> While students prefer to use them during school hours, most teachers won't allow it or even take away students'phones during class.

⬇

> Students prefer to use cell phones in class. ___________, most teachers do not allow it or even take away students' phones during class.

빈칸 앞뒤 문장의
관계를 알까?

① Furthermore
② Otherwise
③ Therefore
④ Still

어휘

5 밑줄 친 skeptical의 의미와 거리가 먼 것은?

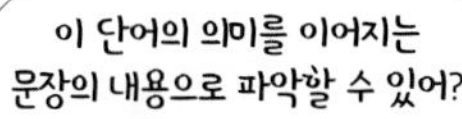

이 단어의 의미를 이어지는
문장의 내용으로 파악할 수 있어?

> Still, most teachers are <u>skeptical</u> about using social media in class. They fear that students may not focus on their studies. They are also worried lest it should lead to inappropriate or rude remarks from students.

① doubtful
② unconvinced
③ negative
④ uncritical

3

women's soccer

210 words

★★★☆☆

Ⓐ Are you a soccer fan? Many fans tend to think that men's soccer is simply more enjoyable to watch than women's soccer. There is no doubt that men are more athletic, run faster and play more powerfully than women.

Ⓑ However, I claim that if you watch the game from different perspectives, women's soccer is more interesting to watch than men's soccer. First, the women's game is more offensive than the men's game. Since women are generally smaller in stature than men, they have to cover more area than men on the ground. This means that there are more open spaces and more chances to shoot the ball. The result is that there are usually more goals in women's games than men's games. It's more exciting to watch a 5−4 game than to watch a boring 1−1 game. Second, women are much slower than men, but this is not a downside. This is actually an attractive point. The slow pace of the women's game allows us to see elegant tactical operations as a team. This ____________ the men's game, where individual talents dominate the game (e.g. Messi, Ronaldo). Women's soccer is slow enough for us to detect an interesting pattern of play, but men's soccer is simply too fast.

• **구조로 보면**

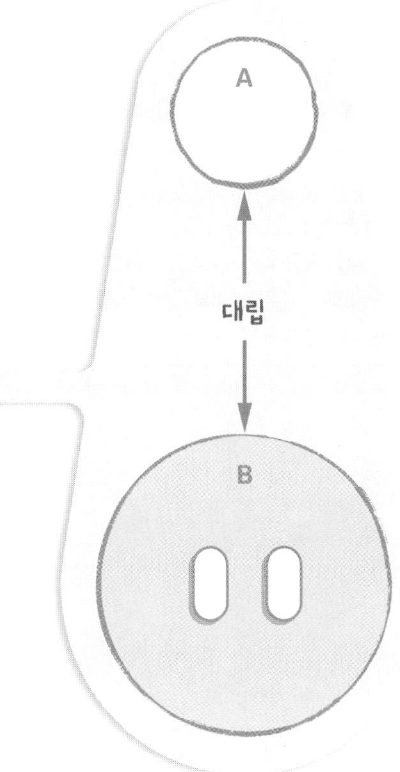

0 **B에 대한 설명으로 적절하지 않은 것은?**

① 두 대상을 비교 · 대조하여 설명하고 있다.
② 통념을 반박하는 주장을 제시하고 있다.
③ 두 대상을 과학적으로 분석하고 있다.
④ 주장을 뒷받침하는 근거를 나열하고 있다.

1

빈칸에 들어갈 말로 가장 적절한 것은?

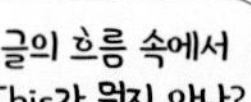

① is related to
② is similar to
③ is contrasted with
④ is compatible with

공통점이나 차이점을 밝혀 말하려는 게 글의 요지

글쓴이는 왜 비교 · 대조를 할까? 글쓴이가 두 대상 사이에 공통점이나 차이점이 있다는 것을 말하고 싶어서일 수도 있고 이를 근거로 하여 주장을 펼치는 것일 수도 있다. 비교 · 대조 글을 볼 때는 이런 이유를 생각하는 것이 중요하다. 이것이 글쓴이가 말하고 싶은 바, 글의 요지이기 때문이다.

2

글쓴이의 주장과 일치하지 않는 것은?

① 남자 축구는 골이 많이 안 나더라도 여자 축구보다 훨씬 더 재미있다.
② 여자 축구가 남자 축구보다 빈 공간이 많아서 골 기회가 더 많이 생긴다.
③ 남자 축구는 개인의 재능이 게임을 좌우한다.
④ 여자 축구의 느린 플레이는 팀 전술을 보고 감상하는 데 유리하다.

어휘

3 밑줄 친 tend to의 의미와 가장 가까운 것은?

> Many fans <u>tend to</u> think that men's soccer is simply more enjoyable to watch than women's soccer.

① House prices <u>are expected to</u> decrease sharply.
② Such jokes <u>are likely to</u> reinforce racial stereotypes.
③ They <u>were forced to</u> stay in separate rooms.
④ I <u>was supposed to</u> watch the documentary about global warming.

어휘

4 밑줄 친 perspectives의 의미와 거리가 <u>먼</u> 것은?

> I claim that if you watch the game from different <u>perspectives</u>, women's soccer is more interesting to watch than men's soccer.

① viewpoints
② angles
③ incidents
④ positions

perspective, 어떤 단어들과 어울릴까?

사물이나 현상에 대한 태도나 방향을 말할 때 perspective를 사용해. 글쓴이 생각을 파악할 수 있는 주요 신호니까 잘 알아두자.

new / different
fresh
wider / broader
historical
global / international
business
\+ perspective

4

learning a language

230 words

★★★☆☆

Ⓐ Many people tend to think that the most difficult part in learning a language is grammar. We often hear learners of German complain about the notorious grammatical system of three genders and four cases. French learners get so frustrated when they have to memorize so many verbal forms.

Ⓑ It is indeed difficult to learn a grammatical system of a language. However, I claim that ______________________________.

Ⓒ It takes time and effort to comprehend the grammar, but the vocabulary takes far longer to learn than the grammar. When you compare learning one word with understanding a grammatical point, the former feels far easier than the latter. However, we should realize that when we need to express our thoughts and feelings, we need at least some hundreds or thousands of words. Then, it definitely takes a tremendous amount of time and effort to reach a decent level of vocabulary power.

Ⓓ Having said all this, my point explains well why the major reason some languages are found easier or harder to learn ____________________. When there are so many similarities in both word form and word meaning in the two languages, it becomes much easier to learn one of the two languages from either side. For speakers of English, French is much easier to learn than an Asian language like Korean or Japanese.

• **구조로 보면**

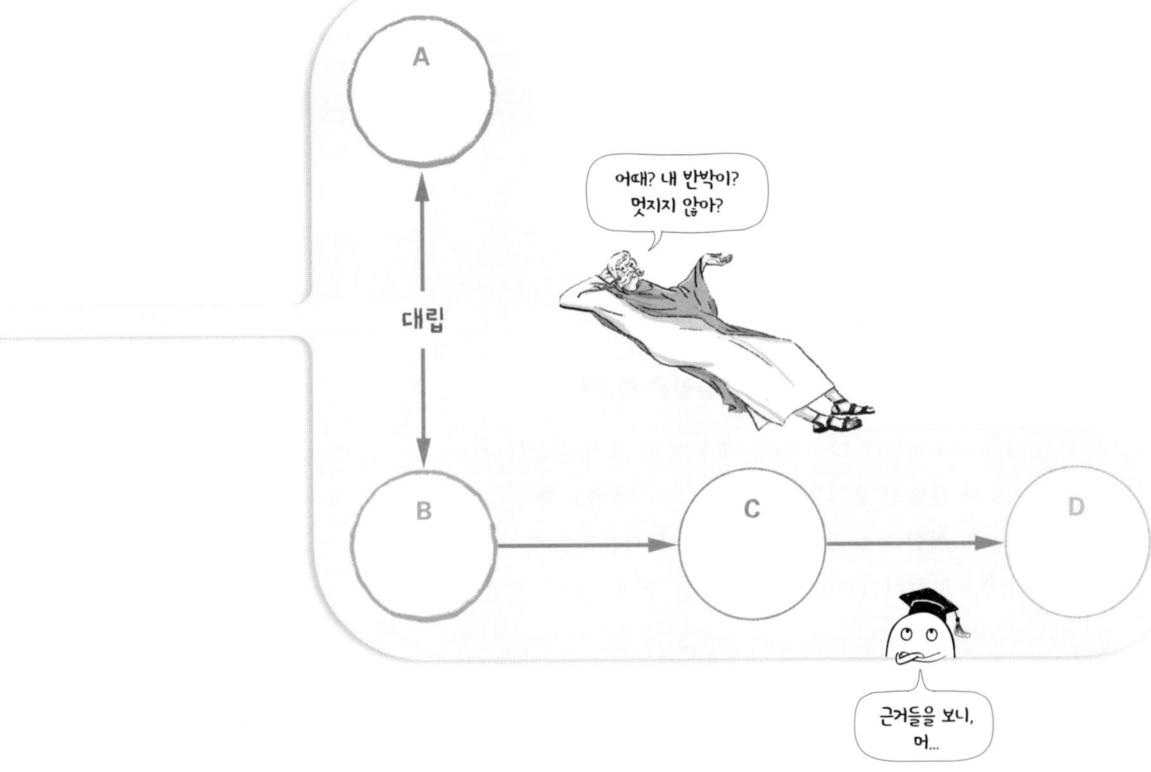

0 **이 글에 대한 설명으로 적절하지 않은 것은?**

① 언어 학습에 대한 일반적인 인식을 소개하고 있다.
② 어휘와 문법 학습을 대조하여 설명하고 있다.
③ 언어 학습에 대한 연구 자료를 근거로 제시하고 있다.
④ 언어 학습 관련 통념에 대한 반박의 근거를 제시하고 있다.

1

B 의 빈칸에 들어갈 말로 가장 적절한 것은?

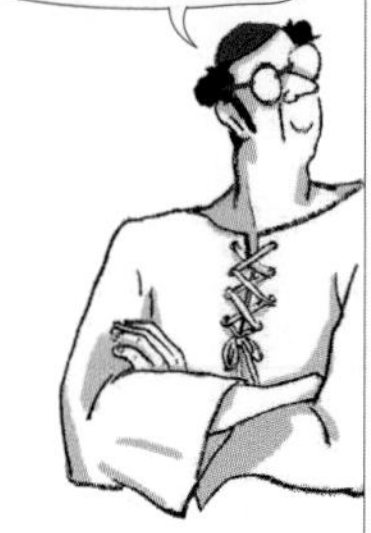

① you can communicate enough just by knowing the vocabulary
② the most difficult part of language learning is vocabulary
③ there is an easy way to understand difficult grammar
④ vocabulary and grammar are the most basic things to know in a language

2

D 의 밑줄 친 this가 가리키는 내용으로 알맞은 것은?

① 문법은 어휘보다 학습의 양이 많아 배우는 데 오래 걸린다.
② 어휘 암기보다 문법적 요점을 이해하는 것이 더 중요하다.
③ 상당한 수준의 어휘력에 도달하려면 엄청난 시간과 노력이 필요하다.
④ 생각과 감정을 표현하기 위한 문법 학습은 오랜 시간이 걸린다.

3

D 의 빈칸에 들어갈 말로 가장 적절한 것은?

① varies from person to person
② lies in non-linguistic factors
③ has a lot to do with grammar
④ is also related to vocabulary

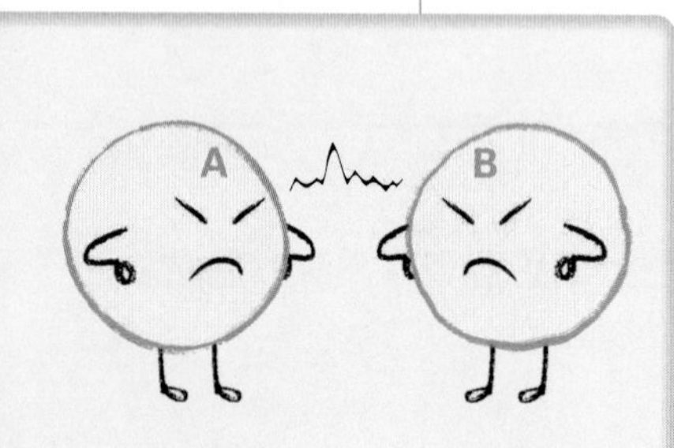

어휘

4 **밑줄 친 tremendous의 의미와 가장 가까운 것은?**

> It definitely takes a tremendous amount of time and effort to reach a decent level of vocabulary power.

① subjective
② imaginable
③ countable
④ considerable

어법

5 **밑줄 친 the former와 the latter가 가리키는 것을 문장에서 찾아 각각 쓰시오.**

> When you compare learning one word with understanding a grammatical point, the former feels far easier than the latter.

• the former: ______________________________

• the latter: ______________________________

어휘

6 **밑줄 친 from either side가 의미하는 바를 우리말로 쓰시오.**

각 단어들의 의미보단
문맥을 파악할 줄 아나?

> When there are so many similarities in both word form and word meaning in the two languages, it becomes much easier to learn one of the two languages from either side.

> ______________________________

5

marketing
187 words
★★★★☆

Ⓐ Many people think of marketing only as selling and advertising, such as television commercials, newspaper ads, or Internet pop-ups.

Ⓑ However, marketing is far more than that. The essence of marketing lies in satisfying customer needs. Many sellers make the mistake of paying too much attention to talking about their products. They see themselves as selling a product rather than approaching their customers. Marketers should appeal to customers, not to the experts who evaluate their products. A manufacturer that produces drill bits may think that the customer needs the most efficient drill bit. However, what the customer really needs is easiness and convenience in making a hole. What customers want is the solution to their daily needs.

Ⓓ Many manufacturers are so occupied with improving the quality of their products that they lose sight of the underlying customer needs. What is most important is to see what problems the customers want to solve in their daily life. They forget that they have made a product to solve a customer's problem. This means then that marketing must focus on ______________________________.

• 구조로 보면

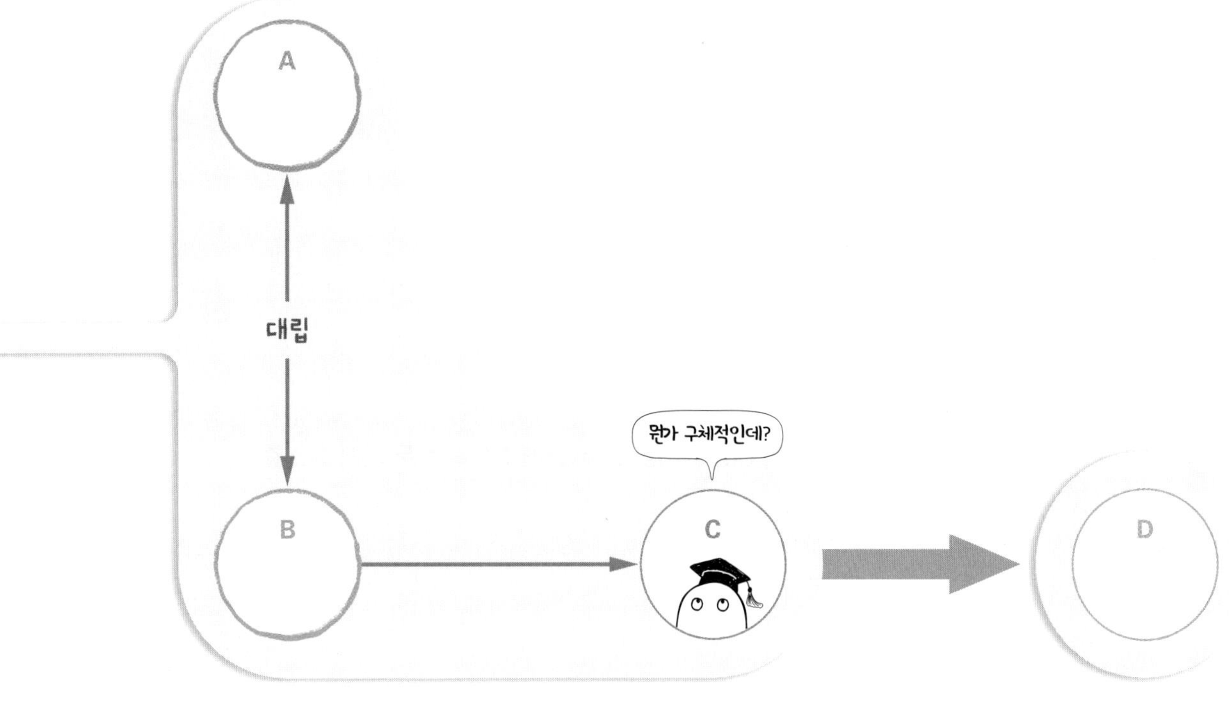

0 **이 글을 네 단락으로 나눌 때 C 가 시작되는 부분의 첫 두 단어를 네모 안에 쓰고, 각 단락의 역할을 | 보기 | 에서 고르시오.**

| 보기 |

ⓐ 예시　ⓑ 반박　ⓒ 주장 재진술　ⓓ 통념　ⓔ 재반박

C [　　　　　　　]

A ________　B ________　C ________　D ________

1

글쓴이가 '무엇'에 관해
주장하고 있는지 구조를 통해
파악할 수 있나?

이 글은 무엇에 관한 내용인가?

① Essence of Marketing
② Methods of Marketing
③ Variety of Customer Needs
④ How to Appeal to Sellers

2

D 에서 언급한 the underlying customer needs에 해당하는 두 가지 요소를 C 에서 찾아 쓰시오.

• ______________________

• ______________________

3

글쓴이가 계속 강조하고
있는 게 뭔지 알아?

이 글의 흐름으로 보아, 빈칸에 들어갈 말로 가장 적절한 것은?

① informing the customers how highly the experts think of their products
② highlighting the difficulty of the manufacturing process to their customers
③ diversifying the channels of advertising to reach as many customers as possible
④ demonstrating how happy customers can be when they use their products

어휘

4 **글쓴이가 생각하는 '마케팅의 핵심'을 설명한 표현으로 적절한 것은?**

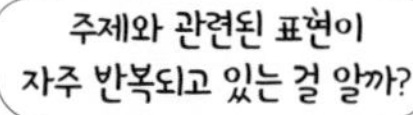
주제와 관련된 표현이
자주 반복되고 있는 걸 알까?

① talking about the products
② evaluating the quality of the products
③ improving the quality of the products
④ solving customers' problems in daily life

어휘

5 **밑줄 친 lose sight of와 의미가 비슷한 동사를 D 에서 찾아 쓰시오.**

문맥 속에서 이 표현을
왜 썼을까?

> Many manufacturers are so occupied with improving the quality of their products that they lose sight of the underlying customer needs.

> ________________

상태와 정도가 '너무 ~해서 나타난 결과'를 말할 때 쓰는 so ~ that

형용사나 부사 앞에 so를 써서 그 정도를 강조한 뒤 결과를 이끄는 접속사 that을 사용하면, 그 상태와 정도가 '너무 ~해서 나타난 결과(that절 이하)'를 표현하는 거야.

Many manufacturers are **so occupied** with improving the quality of their products

결과 원인

that they lose sight of the underlying customer needs.

→ 제품의 품질 향상에 너무 몰두한 결과 소비자들의 근본적인 요구를 놓치게 되는 상황 표현

You are **so beautiful** (**that**) I can't take my eyes off of you.

원인 결과

→ 상대방의 아름다움에 대한 반응과 감정 표현

6

history and historians

183 words

★★★★☆

Ⓐ When reading history books, people think that they tell objective truths about the past. The readers tend to regard them as objective records of the past. So the readers think they can acquire objective knowledge about the past through reading history books.

Ⓑ ______(A)______ Do historians consider it their duty to record past events as objectively as possible without their own evaluation? Benedetto Croce, an Italian philosopher and historian, did not think so. He declared, "All history is contemporary history." It means that history is essentially seeing the past through the subjective eyes of the present. It might sound very strange that history is a(n) ______(B)______. However, if one thinks carefully, the main work of a historian is not to record but to evaluate; for, if a historian does not evaluate, he cannot decide what is worth recording and what is not. Even if history is subjective, it does not lose its value. When reading a history book, one not only learns about the past but also the present and the historian who wrote it.

• **구조로 보면**

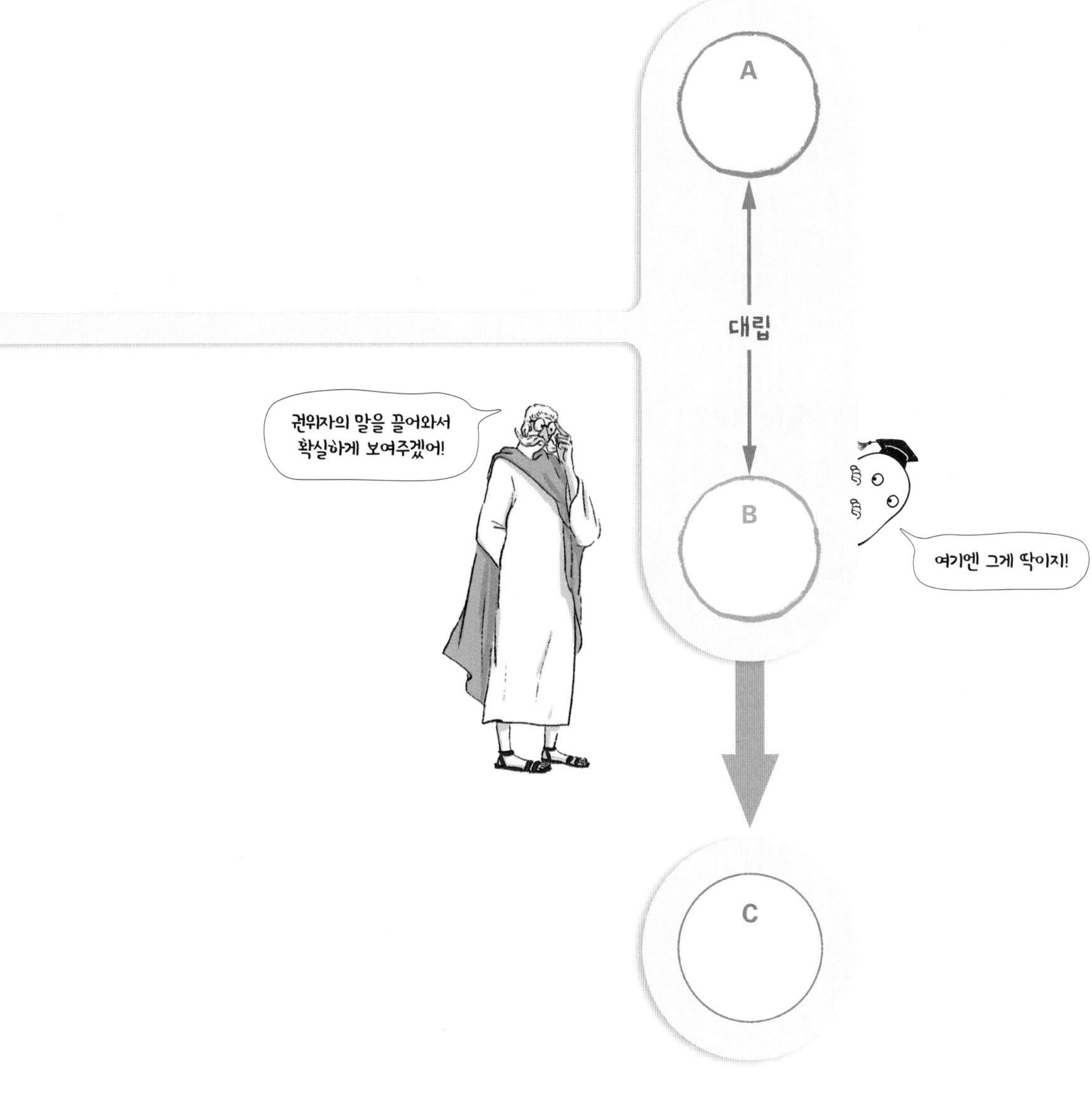

0 **이 글을 세 단락으로 나눌 때 C가 시작되는 부분의 첫 두 단어를 네모 안에 쓰고, 각 단락의 역할을 |보기|에서 고르시오.**

|보기|

ⓐ 결론　　ⓑ 반박과 근거　　ⓒ 통념　　ⓓ 해결책

C [　　　　　　]

A ________　B ________　C ________

1

빈칸 (A)에 들어갈 말로 가장 적절한 것은?

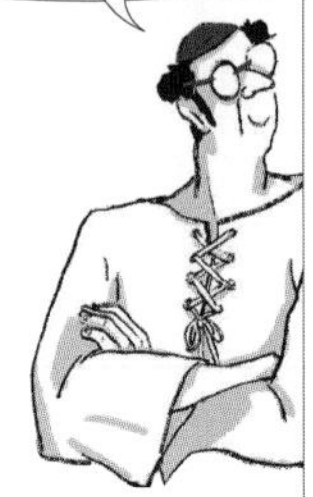

구조로 빈칸 앞뒤 관계를 파악할 수 있나?

① There is no denying that.
② But is that really the case?
③ There are a few exceptions.
④ Do readers read books objectively?

2

빈칸 (B)에 들어갈 말로 가장 적절한 것은?

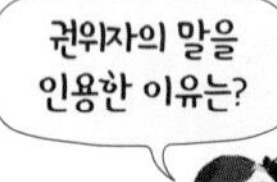

권위자의 말을 인용한 이유는?

① complete record of the past
② subjective retelling of the past
③ false recording of the past
④ worthless evaluation of the past

검증된 내용이나 권위자의 말을 끌어와 주장하기

글쓴이는 전문가의 권위 또는 이미 증명된 내용을 인용해 좀 더 쉽게 자신이 생각하는 바를 설득력 있게 전달할 수 있다. 글에 전문가의 말이나 연구 · 실험 내용이 인용되었다면 그 내용에 주목하자. 그것이 바로 글쓴이의 주장 또는 그것을 뒷받침하는 주요 근거니까.

3

이 글의 제목으로 가장 적절한 것은?

① A Change in Historical Description
② Croce's Role in Historical Description
③ The Importance of Records in History
④ The Subjectivity of a Historical Narrative

어휘

4 글쓴이가 생각하는 '역사가의 역할'을 설명한 부분이다. 역사가가 하는 일을 다른 단어로 표현하면?

However, if one thinks carefully, the main work of a historian is not to record but to evaluate; for, if a historian does not evaluate, he cannot decide what is worth recording and what is not.

① to note ② to erase ③ to estimate ④ to highlight

어휘

5 어떤 글의 주제문과 결론이다. 빈칸에 들어갈 말로 적절한 것은?

여기서 글쓴이가 주목하고 있는 내용은?

We become more successful when we ________________________.

– 중략 –

It turns out that our brains are literally programmed to perform at their best not when they are negative or even neutral, but when they are positive. – 고1 기출 –

① are careful about various risks
② get along well with others
③ are the best at what we do
④ are happier and more positive

not A but B = B, not A
A와 B를 대조하면서 B를 강조할 때 사용하는 구문

통념을 꺾고!
내 생각을 주장하기!

일반적인 통념을 먼저,
NO! 내 생각은 달라!
탄탄한 근거로 멋들어지게 설득하기!
이게 내가 대립 구조를 선택한 이유!

이 챕터에서는

지문에서	통념을	어떻게 반박하고 있나?
① boredom	다수의 생각, 지배적 견해	연구 내용으로 반박
③ women's soccer ④ learning a language		새로운 관점으로 접근한 구체적 설명과 사례로 반박
⑤ marketing		본질을 보여주는 구체적 사례로 반박
⑥ history and historians		권위자의 말을 인용하여 반박
② using cell phones	쟁점이 되는 이슈	찬반 의견의 근거와 절충안으로 주장

2016학년도 고2 학력평가

다음 글을 읽고, 요약문의 빈칸 (A)와 (B)에 들어갈 말을 고르시오.

You'd think that whenever more than one person makes a decision, they'd draw on collective wisdom. Surely, a group of minds can do better than an individual. Unfortunately, that's not always the case. The wisdom of a crowd partly relies on the fact that all judgments are independent. If people guess the weight of a cow and put it on a slip of paper, or estimate the likelihood of a revolution in Pakistan and enter it into a website, the average of their views is highly accurate. But, surprisingly, if those people talk about these questions in a group, the answers that they come to are increasingly incorrect. More specifically, researchers have found an effect of group polarization. Whatever bias people may have as individuals gets multiplied when they discuss things as a group. If individuals lean slightly toward taking a risk, the group leaps toward it.

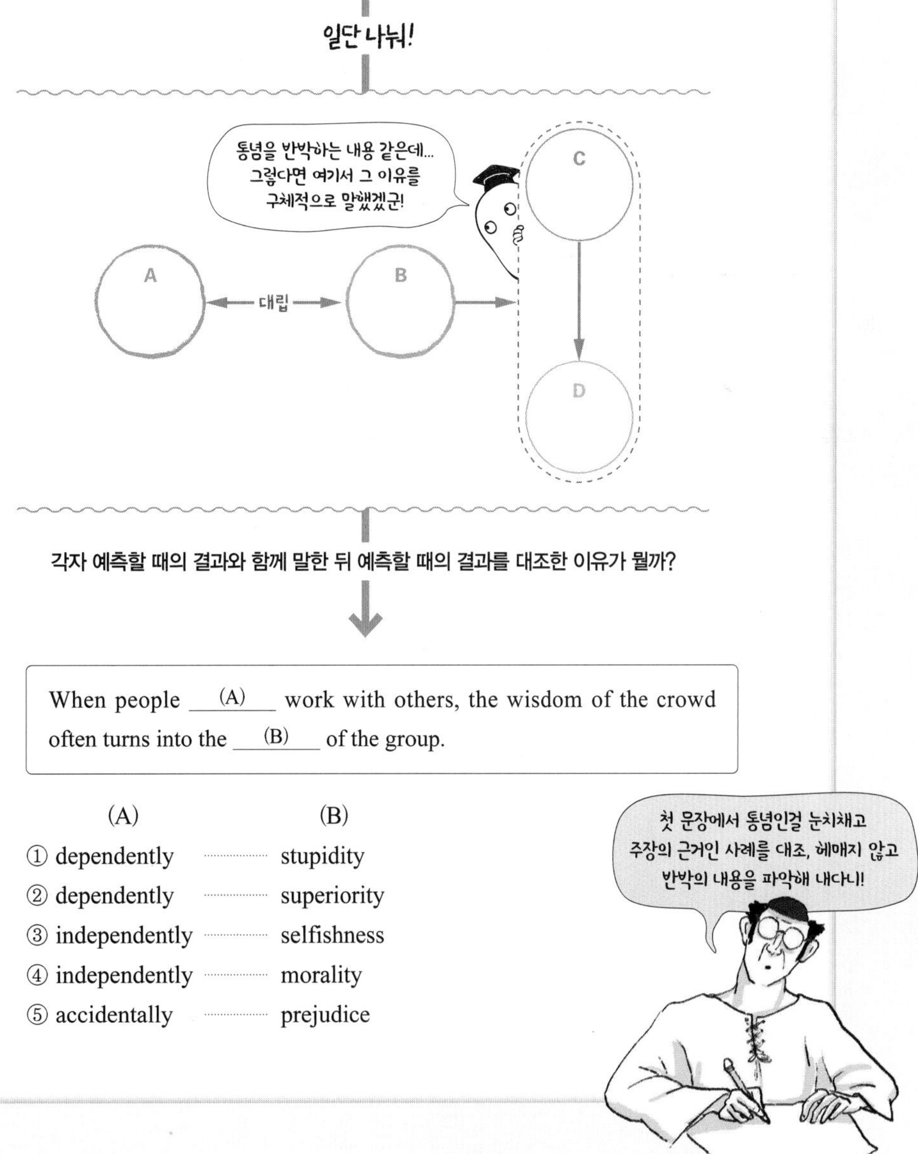

When people ___(A)___ work with others, the wisdom of the crowd often turns into the ___(B)___ of the group.

	(A)		(B)
①	dependently	········	stupidity
②	dependently	········	superiority
③	independently	········	selfishness
④	independently	········	morality
⑤	accidentally	········	prejudice

궁금하게 질문부터! 내 생각은 답에서!

다음 글을 읽고, 빈칸에 들어갈 말을 고르시오.

When you're eager to get your slice of the pie, why would you be interested in giving a hand to other people so that they can get their piece? If Ernest Hamwi had taken that attitude when he was selling zalabia, a very thin Persian waffle, at the 1904 World's Fair, he might have ended his days as a street vendor. Hamwi noticed that a nearby ice-cream vendor ran out of bowls to serve to his customers. Most people would have sniffed, "Not my problem," perhaps even hoping the ice-cream vendor's misfortune would mean more customers for them. Instead, Hamwi rolled up a waffle and put a scoop of ice cream on top, creating one of the world's first ice-cream cones. He ____________________ and, in the process, made a fortune.

*vendor 상인 **sniff 콧방귀를 뀌며 말하다

① opened a new shop
② helped his neighbor
③ joined the big event
④ kept his recipe secret
⑤ learned from his failure

질문의 의도가
구조 속에서 보여?

1

pencil

187 words

★★☆☆☆

Ⓐ We all use pencils. Pencils have been around for almost 500 years. Have you ever wondered when and why we first started using pencils?

Ⓑ (①) Pencils got their name from the Latin word *penicillum*, whose meaning is "little tail." The ancient Romans used "little tails" ⓐ that were made from various animal hairs to write letters and documents. The problem was ⓑ that it took so long to write because they had to dip the "little tail" in ink first. (②) In order not to ruin the writing, they had to wait until the ink dried completely. Otherwise, the letters and documents became messy.

Ⓒ (③) Legend has it ⓒ that it all started with a powerful windstorm. One day in the mid-1500s, a strong storm knocked over a large oak tree in England. (④) Afterwards, a mysterious black substance was revealed in its roots. Those who found it wondered what they should do with it. When they rubbed the black substance over paper, they were excited to see ⓓ that they could make a dark, dry line with it. This was ________.

• **구조로 보면**

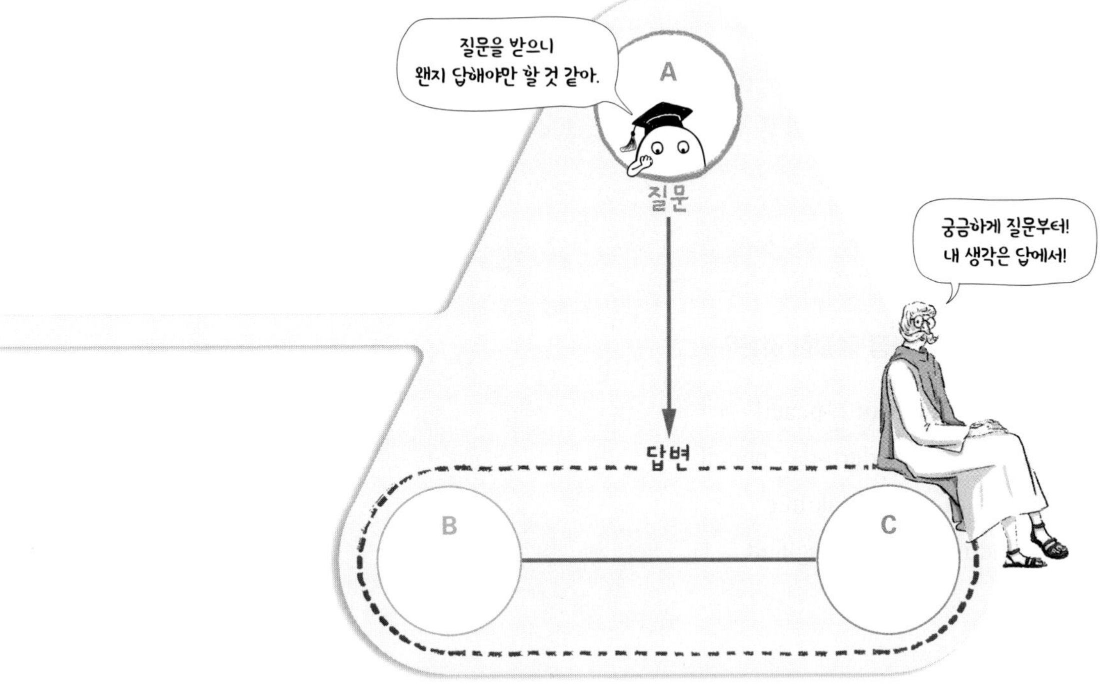

0 **B, C의 내용을 |보기|에서 모두 고르시오.**

|보기|

ⓐ 검은 물질 발견　　ⓑ 필기도구 가능성 확인
ⓒ pencil 명칭의 기원　　ⓓ 기존 필기도구의 단점

B ____________　　C ____________

1 **이 글의 흐름으로 보아, 다음 문장이 들어갈 가장 적절한 곳은?**

구조로 질문에 맞는
답을 찾을 수 있어?

Then, how did we get the modern-day pencil?

① ② ③ ④

2 **빈칸에 들어갈 말로 가장 적절한 것은?**

① the origin of the word ‘pencil’
② the birth of the modern-day pencil
③ the power of a large oak tree
④ the founding myth of England

질문은 주제, 답변이 요지.

글쓴이가 읽는 사람들의 관심을 집중시키고 글의 주제를 미리 제시하기 위해 질문으로 시작할 때가 있다. 이런 글에서 글쓴이는 질문에 대한 답을 제시하는데, 그 답에는 주제에 대해 글쓴이가 알려주고 싶은 핵심 내용 또는 주제에 대한 글쓴이의 견해, 즉 글의 요지가 포함되어 있다. 질문에 대한 답에 주목해서 읽어야 하는 이유이다.

---

3 **이 글의 내용과 일치하지 않는 것은?**

① ‘pencil’이라는 단어는 라틴어에서 왔고 ‘작은 꼬리’라는 뜻이다.
② 고대 로마 사람들은 동물의 털을 잉크에 묻혀 편지나 문서를 썼다.
③ 현대적인 연필이 처음 생기게 된 유래는 고대 로마가 배경이다.
④ 폭풍에 쓰러진 떡갈나무 뿌리에서 발견된 검은 물질이 연필이 되었다.

어휘

4 **밑줄 친 ruin의 의미와 가장 가까운 것은?**

In order not to ruin the writing, they had to wait until the ink dried completely.

① create ② damage
③ hinder ④ prevent

어법

5 **밑줄 친 that과 쓰임이 같은 것은?**

The cars that they make in this factory are exported all over the world.

① ⓐ ② ⓑ ③ ⓒ ④ ⓓ

명사에 구체적 정보를 덧붙일 때 사용하는 관계대명사 that

명사 뒤에 이어지는 that은 그 명사에 대해 필요한 정보를 전달해 주겠다는 신호야.
해당 인물 또는 사물의 특징을 밝히거나 구체적인 정보를 제공해야 그 의미가 분명해질 때,
관계대명사 that을 사용하지. 두 문장을 비교해 볼까?

As technology has been developing rapidly, ideas have become realities these days.
기술이 빠르게 발전하면서, 아이디어들은 요즘 현실이 되었다.

기술 발달로 생긴 변화를 말하는 거 같은데, ideas가 뭘 말하는지 모호하지?

As technology has been developing rapidly, ideas that seemed impossible in the past have become realities these days.
기술이 빠르게 발전하면서, 과거에는 불가능해 보였던 아이디어들이 요즘엔 현실이 되었다.

that이 이끄는 관계대명사절을 붙여주니 어때? ideas의 의미가 분명해졌지?

2

driving on the left and right

240 words

★★★☆☆

Ⓐ Why do some countries drive on the right and others on the left? About 65% of the world drives on the right, and 35% drives on the left.

Ⓑ In feudal societies, almost all people traveled on the left side of the road because that was a sensible way to cope with sudden violence. (①) As 85–90% of humans are right-handed, swordsmen had to keep to the left to have their right arm nearer to opponents. (②) In 1835, the British Government made it a law for horse riders, coachmen and people to drive on the left. (③) This is how Britain and its former colonies came to drive on the left. (④)

Ⓒ However, it was different in France and the United States. In the late 1700s, drivers of big wagons in these countries began hauling products. As these wagons had no driver's seat, the driver used to sit on the left rear horse to keep his right arm free to lash the horses. As he sat on the left, the driver wanted everybody to pass on the left to keep clear of the oncoming wagon's wheels. Therefore, the drivers in France and the United States began to drive on the right. This is how the countries that have had some influence from France and the United States came to drive on the right.

• **구조로 보면**

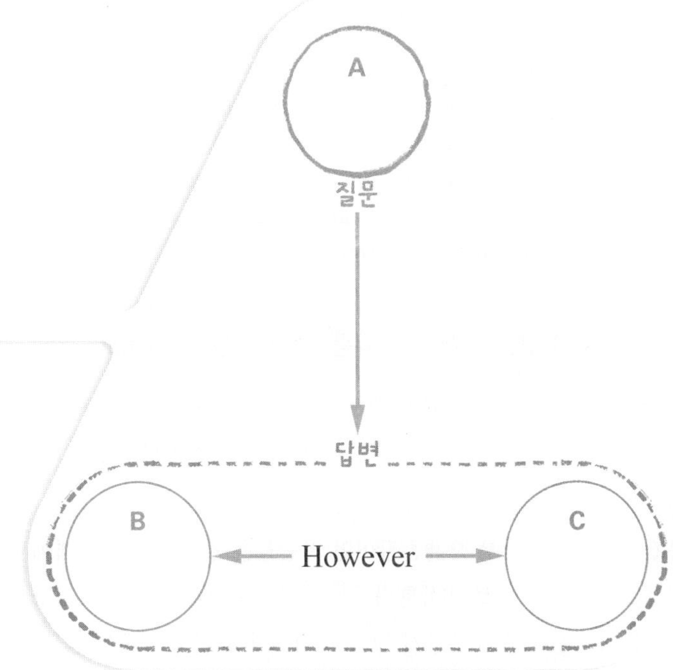

0 이 글의 전개 방식에 대한 설명으로 가장 적절한 것은?

① 좌측 통행과 우측 통행이 생긴 이유를 비교해서 설명하고 있다.
② 좌측 통행과 우측 통행으로 생기는 문제와 해결책을 제시하고 있다.
③ 좌측 통행과 우측 통행의 장단점을 비교해서 설명하고 있다.
④ 통행 방식의 시대적 변화를 비교한 뒤 합리적인 방식을 제안하고 있다.

1 이 글의 흐름으로 보아, 다음 문장이 들어갈 가장 적절한 곳은?

same reason.
앞으로 가서 같은 내용을
찾으라는 신호! 알고 있어?

For the same reason, the knights preferred to keep their horses to the left to be ready for a sudden fight.

① ② ③ ④

2 좌측 통행과 우측 통행을 하게 된 이유를 |보기|에서 고르시오.

|보기|

ⓐ 기사들은 갑작스러운 싸움에 대비하기 위해 그들의 말을 왼쪽에 두는 것을 선호했다.

ⓑ 봉건사회에서 대부분 오른손잡이인 사람들은 갑작스러운 폭력에 대응하기 위해 도로의 왼쪽으로 이동했다.

ⓒ 마부는 오른손으로 자유롭게 말을 채찍질하기 위해 왼쪽에 앉았고, 왼쪽에 앉았을 때 반대편에서 오는 마차의 바퀴를 잘 피할 수 있었다.

좌측 통행 이유	우측 통행 이유

3 이 글의 제목으로 가장 적절한 것은?

① The Government's Regulation on Driving
② The Effect of Feudal Violence on Driving on the Left
③ The Origin of Driving on the Left and Right
④ The Influence of the Development of Transportation

어휘

4 단어들의 관계가 나머지와 다른 것은?

① cope with − deal with
② hauling − transporting
③ keep clear of − avoid
④ oncoming − approving

어휘

5 밑줄 친 sensible의 의미와 거리가 먼 것은?

In feudal societies, almost all people traveled on the left side of the road because that was a sensible way to cope with sudden violence. As 85–90% of humans are right-handed, swordsmen had to keep to the left to have their right arm nearer to opponents.

Q. 각각의 의미는?
- sensible advice
  ▶
- a soap for sensitive skin
  ▶
- a book by Jane Austen *Sense and Sensibility*
  ▶

① wise
② reasonable
③ sensitive
④ proper

3

a blessing in disguise

181 words

★★★☆☆

Ⓐ Americans often use the expression "a blessing in disguise." Can you guess what it means? We can disguise our faces by wearing a mask, but can a blessing be disguised?

Ⓑ The following is a true story of "a blessing in disguise." Max O'Rourke, 17, was a high school football player in California. As a star player on his team, he played quarterback, which is the most important position in American football. He was very popular not only in his school but also in his town.

Ⓒ ________, in one game, he got his leg broken and was sidelined for the rest of the season. After his injury and hospitalization, he became disappointed and depressed. Then, his doctor told him something very surprising. According to the doctor, the X-ray revealed that a large tumor had been growing inside his leg. He went through an operation, and the tumor was successfully removed.

Ⓓ After the operation, Max's parents said, "This is truly a blessing in disguise. We were very sad because of his injury, but it led to the miraculous discovery that saved his life."

• **구조로 보면**

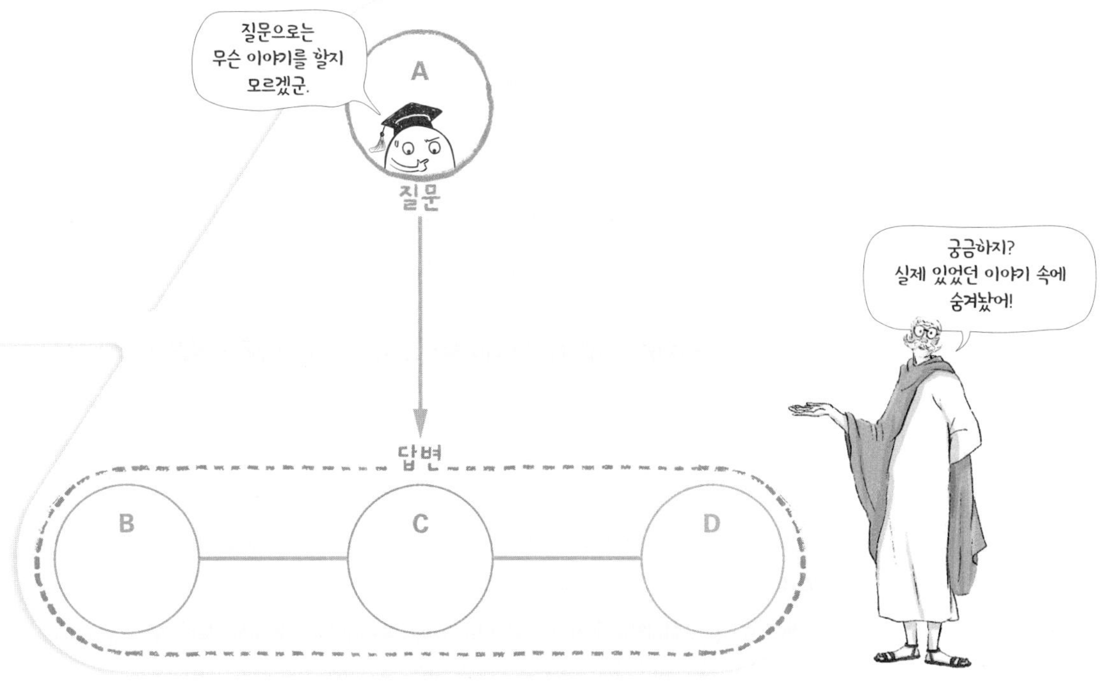

0 **각 단락의 역할을 |보기|에서 고르시오.** (중복 선택 가능)

|보기|

ⓐ 질문으로 화제 도입　　ⓑ 질문으로 문제 제기

ⓒ 일화 제시　　ⓓ 통념 제시

A ________　B ________　C ________　D ________

1 빈칸에 들어갈 말로 가장 적절한 것은?

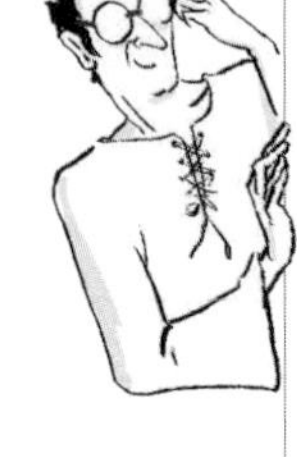

① Ironically
② Strangely
③ Interestingly
④ Unfortunately

2 Max의 이야기가 'a blessing in disguise'인 이유가 무엇인지 우리말로 쓰시오.

> ____

일화의 교훈이 글쓴이의 주장

때로는 주장을 직접 표현하는 것보다 간접적으로 암시하는 것이 더 효과적일 때가 있다. 그래서 글쓴이는 일화를 제시하기도 한다. 일화 앞, 뒤에 직접 주장을 언급하는 경우도 있지만, 일화에 어떤 교훈이 있는지 글쓴이가 일화를 통해 말하고자 하는 것이 무엇인지 파악해 낼 수 있어야 한다. 일화의 교훈이 바로 글쓴이가 주장하려는 내용이기 때문이다.

3 이 글의 내용과 일치하는 것은?

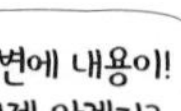

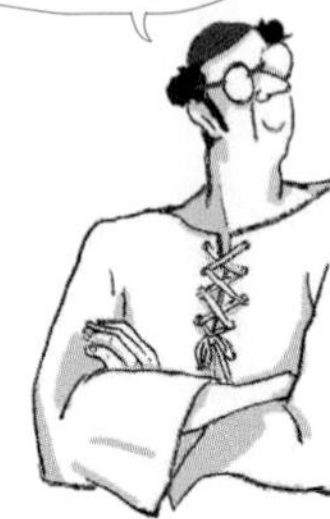

① Max는 대학 미식축구팀에서 가장 중요한 선수였다.
② Max는 시합 중 다쳤지만 다행히 큰 부상이 아니었다.
③ Max는 부상을 당한 후 실망하고 슬퍼했다.
④ Max는 부상 후 팀원들과의 관계가 더욱 좋아졌다.

어휘

4 밑줄 친 removed의 의미와 가장 가까운 것은?

He went through an operation, and the tumor was successfully removed.

① released
② eliminated
③ discovered
④ performed

어법·어휘

5 빈칸에 들어갈 적절한 단어를 |보기|에서 골라 문장을 완성하시오.

|보기|

disappointed	disappointing	depressed
depressing	surprised	surprising

(1) I went to the restaurant with her. The food was very __________. I will never go there again.

(2) The new drug is being tested on a group of severely __________ patients.

(3) It's __________ how quickly you get used to it.

the ravens in the Tower of London

213 words

★★★☆☆

Ⓐ Do you know why the ravens in the Tower of London cannot fly? The answer can be found in the history of the Tower of London. The Tower of London is one of the most famous buildings in London. Originally, it was built as a fortress by William the Conqueror, and later it served as a storehouse for weapons and a prison as well.

Ⓑ The Tower became famous for its history as a prison and execution ground. In 1483, 12-year-old Prince Edward and his younger brother Richard were imprisoned by their uncle, the Duke of Gloucester (later Richard III). Never were they seen again. Among many well-known people who lost their lives in the Tower are Sir Thomas More, the author of *Utopia*, and Anne Boleyn, Henry VIII's second wife.

Ⓒ (①) Not to repeat the bloody history of the Tower, seven "captive ravens" were introduced to the Tower in the reign of Charles II. (②) It has been believed that if the ravens in the Tower of London fly away, the Crown will fall and Britain with it. (③) Whether superstitious or not, there has been no bloody political unrest since the ravens were made "captive." (④)

• 구조로 보면

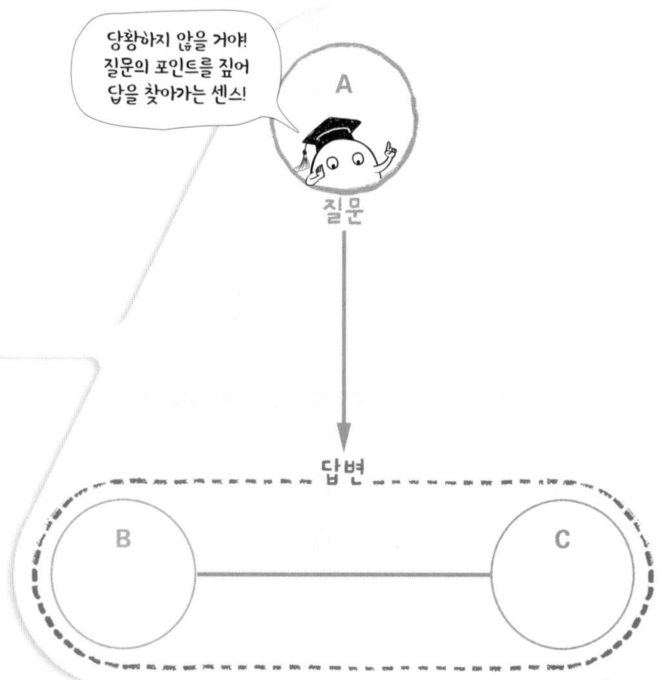

0 각 단락의 내용을 |보기|에서 고르시오.

|보기|

ⓐ The introduction of captive ravens in the Tower of London

ⓑ The bloody history of the Tower of London

ⓒ A brief introduction about the Tower of London

A ________ B ________ C ________

1

이 글의 제목으로 가장 적절한 것은?

① The Bloody History of the Tower of London
② The Origin of the Captive Ravens in the Tower of London
③ The Various Uses of the Tower of London
④ The Superstition in the Construction of the Tower of London

2

이 글의 흐름으로 보아, 다음 문장이 들어갈 가장 적절한 곳은?

> So the seven ravens raised in the Tower are made unable to fly a long distance by removing some of their feathers.

①　　②　　③　　④

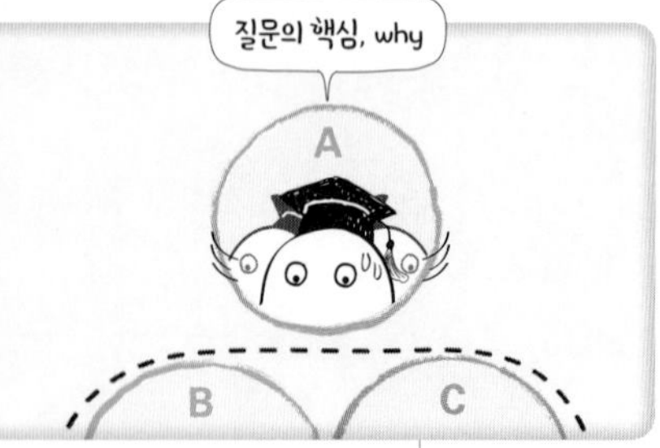

3

이 글의 내용과 일치하지 않는 것은?

① 런던탑을 건설한 사람은 정복자 William이다.
② 런던탑은 현재에도 요새와 감옥으로 사용되고 있다.
③ Richard 3세의 조카들은 런던탑에 투옥되었다.
④ 런던탑의 까마귀들은 정치적 격변을 피하기 위해 도입되었다.

어법

4 다음 두 문장을 참고하여, 각 네모 안에서 어법상 알맞은 것을 고르시오.

- Never were they seen again.
- Among many well-known people who lost their lives in the Tower are Sir Thomas More, the author of *Utopia*, and Anne Boleyn, Henry VIII's second wife.

(1) Never before [have / has] consumers had so great a power.

(2) Deep within the jungle of the southeast Indonesian province of Papua [live / lives] the Korowai tribe.

(3) Only recently [have / has] humans created various languages and alphabets to symbolize these "picture" messages.

(4) Beyond the learning zone [lie / lies] the courage zone.

부정어나 부사구를 문장 맨 앞에 써서 강조하고 싶을 때, 사용하는 도치

부정어나 부사구를 문장 맨 앞에 써서 강조할 때, 주어와 동사의 순서를 뒤바꿔 쓰는 걸 '도치'라고 해.

❶ Never were they seen again.

그들을 다시는 볼 수 없었다는 사실을 강조

부정어를 강조하면서 주어와 동사가 도치된 경우야.

❷ Among many well-known people who lost their lives in the Tower are Sir Thomas More, the author of *Utopia*, and Anne Boleyn, Henry VIII's second wife.

런던탑에 갇혀 있다 목숨을 잃은 사람들 가운데 많은 사람들이 잘 알려진 사람이었음을 강조하면서 그 중, 두 인물을 예로 든 문장

부사구를 강조하면서 주어와 동사가 도치된 경우야. 이 문장에서는 관계사절과 동격 표현 등이 함께 사용되어 주어를 파악하는 것이 힘들 수 있어. 하지만 동사(are)가 도치되어 주어가 둘 이상 제시될 거라는 걸 알 수 있어.

어휘

5 밑줄 친 political unrest와 바꿔 쓸 수 있는 것은?

Whether superstitious or not, there has been no bloody <u>political unrest</u> since the ravens were made "captive."

① political compromise
② political disorder
③ political development
④ political agreement

5

super-sized meal

218 words

★★★☆☆

Ⓐ Have you ever heard of a "super-sized meal"? It is a strategy to sell bigger portions of burgers, fries, and sodas for a slightly increased price. McDonald's first used this term to sell more of their food to their customers. Sure enough, many people prefer them over the reqular-sized meals. Then, how did this selling strategy first begin? When David Wallerstein was working at a theater, he found that the sale of popcorn and Coke was essential for the profit of the theater. However, no matter what he tried, he could not increase the sales of popcorn.

Ⓒ One day, he noticed that even though people wanted to eat more popcorn, none of them bought two boxes of popcorn per person. (①) So, he made larger popcorn boxes and raised the price only a little. (②) The result was outstanding! (③) People not only bought more popcorn, but they consumed more Coke. (④) Accordingly, the profit increased rapidly. When Wallerstein moved to McDonald's, he used the same tactics in selling fries. He introduced bigger bags of French fries, and the sales rose dramatically, too.

Ⓓ After Wallerstein's success, many other franchisees used this "super-sized meal" strategy and succeeded in increasing their profit. Today's jumbo-sized burgers and various set menus are also the outcomes of <u>this strategy</u>.

• 구조로 보면

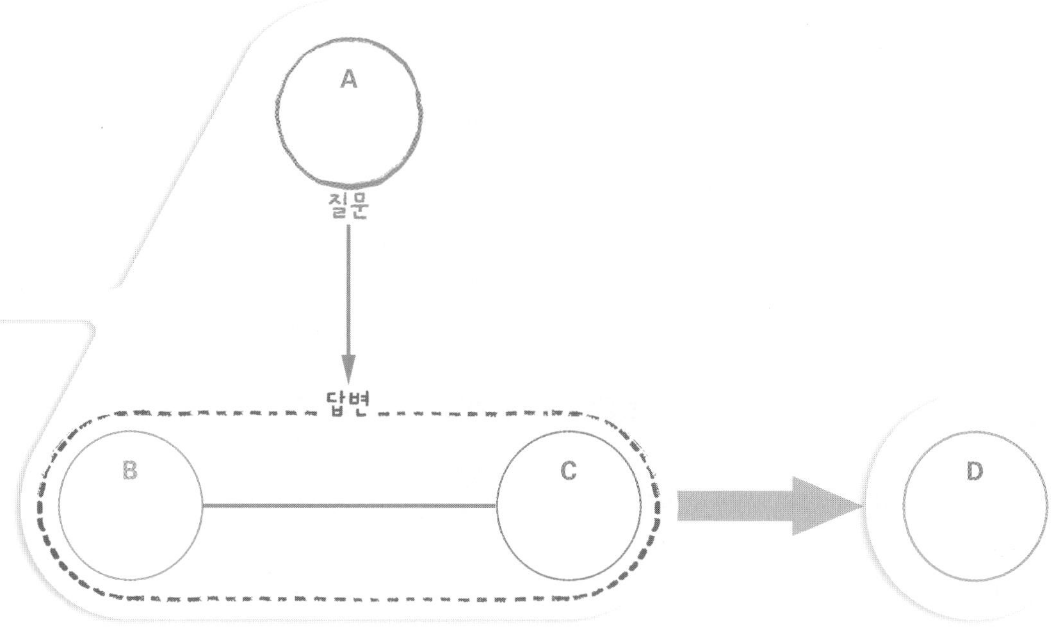

0 이 글을 네 단락으로 나눌 때 B가 시작되는 부분의 첫 두 단어를 네모 안에 쓰고, 다음 질문에 대한 답이 직접 언급된 단락을 쓰시오.

Then, how did this selling strategy first begin?

B [ ]

> ______________________

1 **이 글에 대한 설명으로 적절하지 않은 것은?**

① B와 C는 일화를 통해 용어의 유래를 설명하고 있다.
② B는 문제를 제시하고, C는 그 해결 과정을 보여주고 있다.
③ C에서 개인의 일화였던 것이 D에서는 기업의 전략으로 확장되고 있다.
④ C는 super-sized meal의 과거 사례를, D는 기업들의 미래 계획을 언급하고 있다.

2 **이 글의 흐름으로 보아, 다음 문장이 들어갈 가장 적절한 곳은?**

> They did not want to look too hungry.

① ② ③ ④

3 **이 글의 제목으로 가장 적절한 것은?**

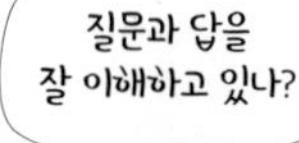

① The Profitable Marketing Strategy of McDonald's
② Wallerstein's Successful Career in the Franchise Business
③ Balance Between Profit and Health in Super-Sized Meals
④ The Origin and History of the "Super-Sized Meal" Strategy

4 **D의 밑줄 친 this strategy의 구체적인 내용을 A에서 찾아 우리말로 쓰시오.**

> ______________________________

어휘

5 밑줄 친 term과 동일한 의미로 쓰인 것은?

> McDonald's first used this term to sell more of their food to their customers.

문맥 속에서 쓰인 의미를 아나?

① As a freshman at college, his first term was disastrous.
② The term "renewable energy" applies to natural resources.
③ The CEO has one year left in his three-year term.
④ I want to be on good terms with my neighbor.

어휘

6 단어들의 관계가 나머지와 다른 것은?

① outstanding – striking
② strategy – tactic
③ essential – optional
④ rapidly – dramatically

단어들의 의미를 파악했나?

6

Black Friday

227 words

★★★★☆

Black Friday, the Friday after Thanksgiving, is famous for the shopping spree taking place all over the world. The Friday after Thanksgiving has been the unofficial beginning of the holiday season, so people started spending a lot of money on shopping on that day. Originally, Black Friday was only for Americans. However, as online shopping becomes more common, people all over the world are enjoying Black Friday. Then, how did Black Friday get its name? "Black" has certain negative connotations, especially when it is associated with a stock market crash. Black Thursday occurred on Oct. 24, 1929, and it marked the beginning of the Great Depression. Black Monday occurred on Oct. 19, 1987, and on that day the Dow Jones lost almost 22% in a single day. However, the "black" in Black Friday has a ________ meaning. With many offers of deep discounts available only on that day and all the shopping activity taking place, the day became the most profitable day of the year for retailers. As accountants use black to indicate a profit and red to signify a loss, the day became known as Black Friday, the day when retailers see huge earnings and profits in the black. Nowadays, there are similar days that provide discount offers, such as Cyber Monday and Green Monday, but the importance of Black Friday continues in the retail business.

• **구조로 보면**

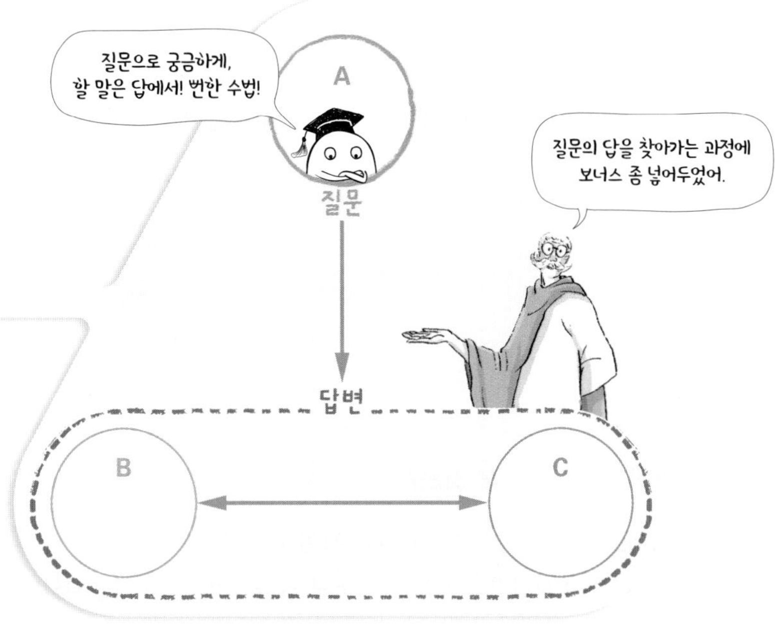

0 **이 글을 세 단락으로 나눌 때, 각 단락이 시작되는 부분의 첫 두 단어를 쓰시오.**

A

B

C

1 **빈칸에 들어갈 말로 적절한 것을 모두 고르시오.**

답변에서, 빈칸
앞뒤 관계를 파악했나?

보기			
same	different	similar	positive

> ____________________

2 **이 글의 내용과 일치하지 않는 것은?**

① Black Friday는 미국의 추수감사절과 관련이 있다.
② 'Black'은 미국 주식시장의 붕괴가 일어난 날을 일컫는 데 사용되었다.
③ 회계에서 black은 이익을, red는 손실을 의미한다.
④ 최근에는 다른 행사 때문에 Black Friday의 중요성이 많이 감소하였다.

3 **이 글의 제목으로 가장 적절한 것은?**

구조가 글쓴이의
생각이라는 거, 이젠 알지?

① The Shopping Spree on Black Friday
② The History of the Stock Market Crash
③ The Various Meanings of the Color Black
④ The Origin of Black Friday

어휘

4 **이 글의 내용으로 보아, 빈칸에 들어갈 수 없는 것은?**

빈칸의 공통점을
문맥 속에서 파악했어?

> As accountants use black to ____________ a profit and red to ____________ a loss, the day became known as Black Friday, the day when retailers see huge earnings and profits in the black.

① mean ② indicate
③ signify ④ maintain

어법·어휘

5 **다음 문장의 빈칸에 들어갈 말을 |보기|에서 골라 어법에 맞게 쓰시오.**

|보기|

find pay for take place

(1) With many offers of deep discounts available only on that day and all the shopping activity __________, the day became the most profitable day of the year for retailers.

(2) The test paper __________ on the desk made my mother very angry.

(3) The receipt attached to the business trip report represents the total amount __________ the trip to an overseas branch.

왜 질문 답변 구조로 썼을까?

궁금하게 질문부터!
내 생각은 답에서!

궁금하게 질문부터!
내가 하고 싶은 말은 답에서.
이게 내가 질문–답변 구조를 택한 이유야!

이 챕터에서는

지문에서	질문은	어떻게 답을 끌어내고 있나?
① pencil ⑤ super-sized meal ⑥ Black Friday	유래에 대한 질문	역사 속 유래로 실제 사례로
② driving on the left and right ④ the ravens in the Tower of London	이유에 대한 질문	역사 속 유래로 실제 사례로
③ a blessing in disguise	의미에 대한 질문	실제 사례로

2016학년도 고1 학력평가

다음 글을 읽고, 빈칸에 들어갈 말을 고르시오.

When you're eager to get your slice of the pie, why would you be interested in giving a hand to other people so that they can get their piece? If Ernest Hamwi had taken that attitude when he was selling zalabia, a very thin Persian waffle, at the 1904 World's Fair, he might have ended his days as a street vendor. Hamwi noticed that a nearby ice-cream vendor ran out of bowls to serve to his customers. Most people would have sniffed, "Not my problem," perhaps even hoping the ice-cream vendor's misfortune would mean more customers for them. Instead, Hamwi rolled up a waffle and put a scoop of ice cream on top, creating one of the world's first ice-cream cones. He ______________ and, in the process, made a fortune.

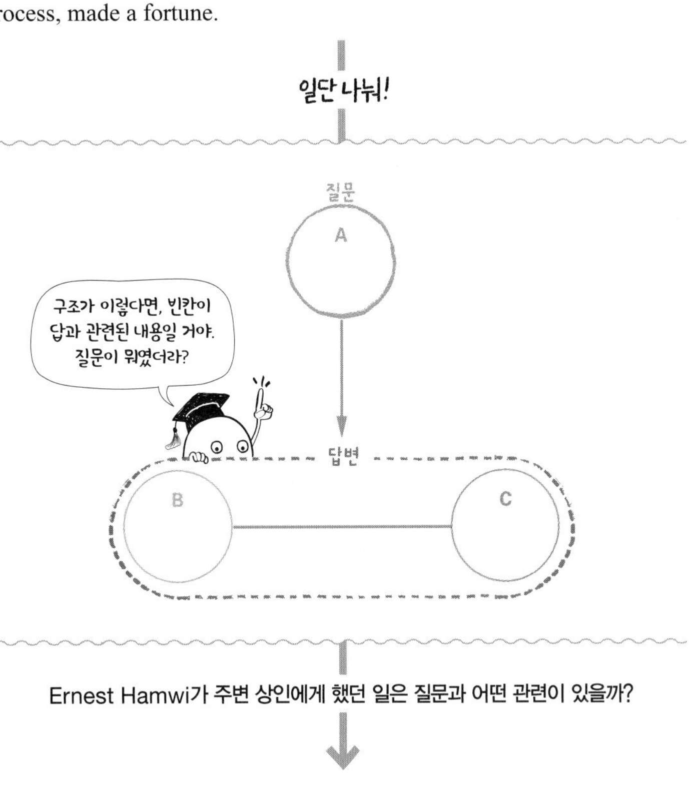

Ernest Hamwi가 주변 상인에게 했던 일은 질문과 어떤 관련이 있을까?

① opened a new shop
② helped his neighbor
③ joined the big event
④ kept his recipe secret
⑤ learned from his failure

정답과 해설 I

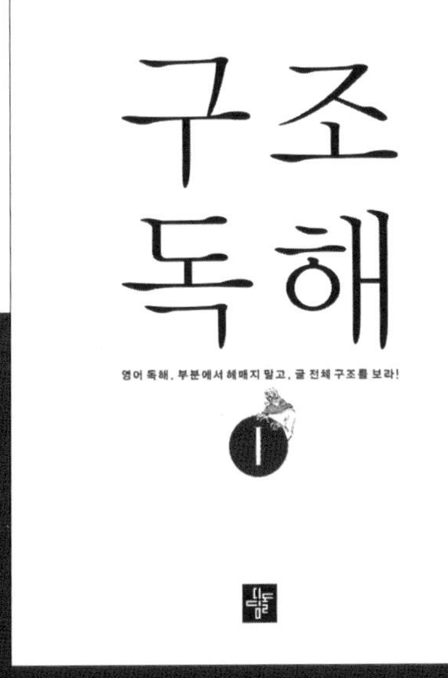

구조
독해
영어 독해, 부분에서 헤매지 말고, 글 전체 구조를 보라!
I

구조독해 I
정답과 해설

본문 10쪽

1

0 A ⓒ B ⓐ C ⓐ D ⓐ

1 (1) salt (2) miniatures of fine metal tools (3) deer skins, horns

2 valuable, items, money

3 (1) salt (2) salt (3) salarium (4) salary

4 (1) precious (2) Valuable

A In today's world, we use coins and bills as money. Before coins and bills came to exist, all kinds of different materials were used for trade. Usually, valuable items were used for money.

B Salt has one of the longest histories as a form of money. The Romans paid salt to soldiers and officers, and the Latin word "salarium" became a word meaning military pay. In fact, the English word "salary" meaning "monthly payment from your employer" comes from this word. Later, in many parts of Africa where salt was precious, bars of salt were used for trade. In Tibet, cakes of salt are still used like coins among nomads.

C More than 4,000 years ago, the Chinese used miniatures of fine metal tools, which later became the first modern-day coins.

D Perhaps, the most interesting story about the history of money is found in the history of Colonial America. At that time, deer skins and horns were valuable items for Native Americans. Early white settlers sold these things to Native Americans, and the term "bucks," meaning "deer skin," was used to count them. This is the origin of the slang word "bucks" for "dollars" in today's American English.

이 글의 구조와 요약

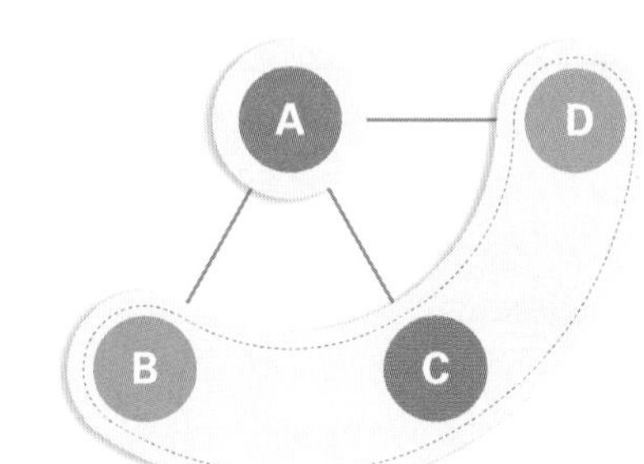

일반 (주제)	A	돈으로 사용된 귀한 물품
구체 (사례)	B	소금 – 로마인들은 군인과 장교들에게 소금을 급료로 지급(salary의 유래) – 아프리카에서 무역을 위해 쓰인 소금 막대 – 티베트에서 여전히 소금 덩어리를 동전처럼 사용
	C	정교한 금속 도구의 축소 모형 – 사천 년 이상 전에 중국인들이 사용
	D	사슴 가죽과 뿔 – 미국 원주민에게 귀중한 물건 (bucks의 유래)

전문해석

A 오늘날, 우리는 돈으로 동전이나 지폐를 사용한다. 동전과 지폐가 등장하기 전에는 온갖 다양한 재료가 무역에 사용되었다. 일반적으로, 귀한 물품이 돈으로 사용되었다.

B 소금은 돈의 형태로서 가장 오래된 역사를 가지고 있는 것 중 하나이다. 로마인들은 군인과 장교들에게 (급여로) 소금을 지급했고, 라틴어 'salarium'은 군인의 급여를 의미하는 단어가 되었다. 사실, '고용주로부터 월급을 받는 것'을 의미하는 영단어 'salary'는 이 단어에서 온 것이다. 이후에, 소금이 귀한 아프리카의 많은 지역에서 막대 모양의 소금이 무역에 사용되었다. 티베트에서는, 유목민들 사이에서 소금 덩어리가 아직도 동전처럼 사용된다.

C 4,000여 년 전에, 중국인은 정교한 금속 도구의 축소 모형을 사용했는데, 이는 나중에 최초의 현대 동전이 되었다.

D 아마도, 돈의 역사에 대한 가장 흥미로운 이야기는 식민지 미국의 역사에서 찾을 수 있을 것이다. 그 당시, 사슴 가죽과 뿔은 미국 원주민에게 귀중한 물건이었다. 초기 백인 정착민들은 이것들을 미국 원주민에게 팔았고, '사슴 가죽'을 의미하는 'bucks'라는 용어가 그것을 세는 데 사용되었다. 이것이 오늘날 미국 영어에서 '달러'를 뜻하는 속어 'bucks'의 기원이다.

0 동전과 지폐가 통용되기 이전, 귀한 물품들이 돈으로 사용되었다는 글의 주제를 A에서 제시하고, 그러한 물품들의 예를 B, C, D에서 소개하고 있는 구조이다.

1 세부내용 파악

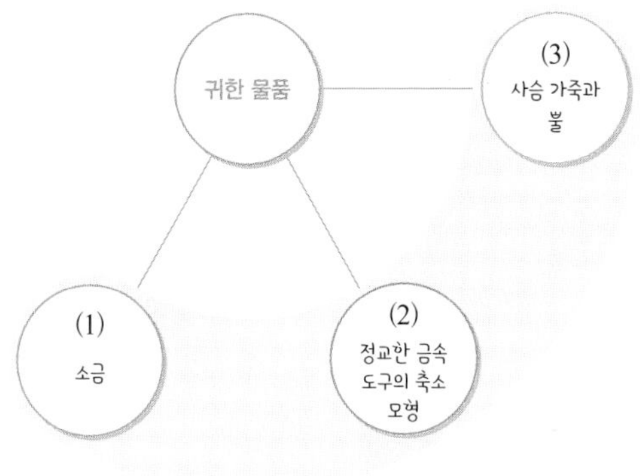

2 주제 파악

주제: 돈으로 사용된 귀한 물품의 역사

동전과 지폐가 생기기 전, 돈으로 사용된 귀한 물품에 대한 내용이므로 valuable items(귀한 물품)와 money(돈)를 써서 주제를 완성할 수 있다.

3 빈칸 추론

오늘날, (1)소금은 요리를 하거나 음식을 보존할 때만 사용되지만, 로마 제국 시대에 로마 병사들은 (급여로) (2)소금을 받았다. 라틴어 (3)'salarium'은 'salt'라는 단어에서 유래했다. 그리고 이것으로부터 오늘날 우리가 사용하는 단어인 (4)'salary'를 갖게 된 것이다.

4 유의어

	valuable	precious
유사점	가치가 큰	
차이점	매우 비싼	희소성과 애정

(1) 그녀는 여동생들을 부양하기 위해 그녀의 소중한 청춘을 희생했다.
희소성과 애정이 담겨서 '소중하다'는 의미이므로 precious가 알맞다.
(2) 광산에 있는 바위에서 귀중한 광물이 채취된다.
매우 비싸서 '귀중하다'는 의미이므로 valuable이 알맞다.

어휘 · 구문

A

- material (주로 복수형) 재료
- trade 무역, 거래
- valuable 귀중한, 값비싼

B

- pay A to B A를 B에게 지급하다
- military 군의, 군대의
- employer 고용주, 고용자
- precious 소중한, 가치가 있는
- bar 막대기, 방해하다, 반대하다
- nomad 유목민, 방랑자

- Later, in many parts of Africa **where** salt was precious, bars of salt were used for trade.: 선행사 many parts of Africa를 관계부사 where가 이끄는 형용사절이 수식하고 있다.

C

- miniature 축소 모형
- fine 정교한, 양질의, 멋진, 맑은
- modern-day 현대의, 오늘날의

- More than 4,000 years ago, the Chinese used miniatures of fine metal tools, **which** later became the first modern-day coins.: which는 miniatures of fine metal tools를 지칭하여 추가 설명하고 있다.

D

- Colonial 식민지의
- sell A to B A를 B에게 팔다
- be used to ~하기 위해 사용되다
- count 계산하다, (수를) 세다, 중요하다

2

본문 14쪽

0 A ⓑ B ⓒ C ⓐ

1 ④ 2 절반 가격으로 서비스를 제공하는 GPS가 장착된 공유 차량과 경쟁해야 한다. 3 ④

4 For, "Veronica's" 5 ③

A Driving through London's complicated streets can be quite challenging. However, London's taxi drivers are famous for knowing all the roads and places. For over 150 years, all new cab drivers in London have had to pass an exam called the "Knowledge" in order to drive a cab.

B Passing the exam is extremely difficult, and students spend at least three years learning the roads. As a result, London's taxi drivers know instantly where the customer wants to go when they hear the destination. For example, if you ask the driver, "Take me to a restaurant on Hereford Road with a lady's name," they would immediately come up with the name of the restaurant, "Veronica's." Drivers in training attend classes, but they take to the streets after classes. They combine classroom knowledge with the real world. As they say, seeing is believing. They learn bit by bit until they have mastered the entire map of London.

C Nowadays, technology presents London's cab drivers with new challenges; they compete with rideshare vehicles equipped with GPS, offering rides at half the price. But London taxi drivers are confident that their city knowledge gives them an edge because they can get passengers to their destinations much more quickly and efficiently. These drivers know exactly where they are going.

이 글의 구조와 요약

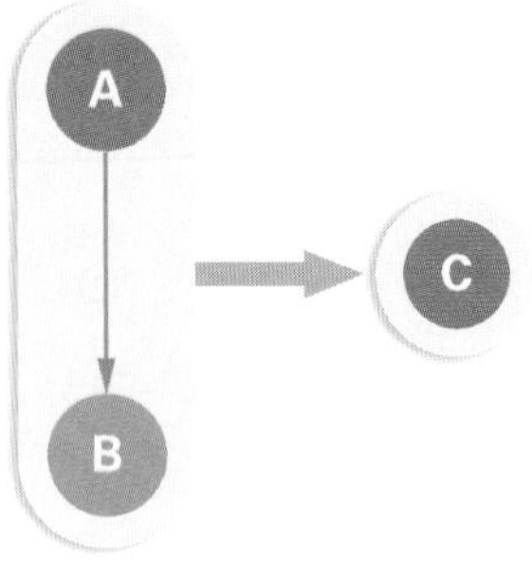

일반 (주제)	A	What are London's taxi drivers known for? (런던 택시 기사들은 무엇으로 유명한가?) – 길에 대한 해박한 지식으로 유명한 런던의 택시 기사
구체	B	How are London's taxi drivers so knowledgeable about the roads? (런던 택시 기사들은 어떻게 도로에 대해 그렇게 잘 알 수 있는가?) – 수업과 실전 훈련을 통한 오랜 학습의 결과, 손님들의 목적지를 정확하게 알고 있는 런던의 택시 기사
결론	C	How do London's taxi drivers feel about the new challenges? (런던 택시 기사들은 새로운 도전에 대해 어떻게 느끼는가?) – 가격 경쟁력과 최신 기술을 가진 경쟁 대상에 자신감을 보이는 런던의 택시 기사

전문해석

A 런던의 복잡한 거리를 운전하는 것은 상당히 어려울 수 있다. 그러나 런던의 택시 기사들은 모든 도로와 장소를 아는 것으로 유명하다. 150년 이상 동안 런던의 모든 신규 택시 기사는 택시를 운전하기 위해 'Knowledge'라는 시험에 합격해야 했다.

B 시험에 합격하는 것은 매우 어렵고 학생들은 도로를 익히는 데 적어도 3년을 보낸다. 그 결과, 런던의 택시 기사들은 목적지를 듣는 순간 고객이 가려는 곳을 즉시 알 수 있다. 예를 들어, 기사에게 "Hereford 가(街)에 있는 여자 이름으로 된 레스토랑에 데려다 주세요."라고 요청하면 운전사는 즉시 'Veronica's'라는 레스토랑 이름을 생각해낸다. 훈련 중인 기사는 수업에 참석하지만 수업이 끝나면 거리로 나간다. 그들은 교실 지식을 실제 세계와 결합한다. 그들이 말하듯이, 보는 것이 믿는 것이다. 그들은 런던의 전체 지도를 완전히 익힐 때까지 조금씩 배운다.

C 오늘날 기술은 런던의 택시 기사에게 새로운 도전 과제를 제시한다. 그들은 승차를 절반 가격에 제공하면서 GPS가 장착된 승차 공유 차량과 경쟁한다. 그러나 런던의 택시 기사는 승객을 목적지까지 훨씬 빠르고 효율적으로 도착하게 할 수 있기 때문에 도시에 대한 지식이 그들에게 유리하다고 확신한다. 이 기사들은 자신이 어디로 가고 있는지 정확히 알고 있다.

1 내용 일치

④ 런던 택시 기사는 경쟁자들에 의해 제공되는 가격 인하로 인해 어려움을 겪고 있다.
→ 런던 택시 기사들이 반값에 서비스를 제공하는 공유 차량들과 경쟁해야 한다고 했으므로 글의 내용과 일치한다. (they compete ~ at half the price.)
① 런던의 거리는 복잡해 보이지만 사실은 아주 단순하다.
→ 런던의 복잡한 거리를 운전하는 것은 상당히 어려울 수 있다고 했으므로 거리가 단순하지 않다.
(Driving through London's complicated streets can be quite challenging.)
② 학생들은 3년 이내에 시험을 통과해야만 한다.
→ 학생들은 적어도 3년 동안 도로를 익힌다고 했을 뿐 합격 시한에 대한 언급은 없다.
(~ students spend at least three years learning the roads)
③ 시험을 통과하고 나면, 기사들은 그들의 지식을 도로에서 적용시킨다.
→ 시험을 통과한 후가 아니라 훈련 중에도 수업이 끝나면 거리로 나가 교실 지식을 실제 세계와 결합한다고 했다.
(~, but they take to the streets after classes. They combine classroom knowledge with the real world.)

2 중심어에 담긴 내용 파악

new challenges 뒤의 세미콜론(;)은 앞에 제시된 내용을 설명할 때 쓰이므로 new challenges에 대한 내용은 세미콜론 뒤에 나오는 they compete with rideshare vehicles equipped with GPS, offering rides at half the price이다.

3 제목 파악

런던 택시 기사들은 도로에 관한 해박한 지식을 바탕으로 새로운 도전 과제에 대해서도 자신들이 우위에 있다고 생각한다는 내용이므로 제목은 ④가 가장 적절하다.
① 승차 공유와 GPS가 런던의 거리를 지배한다
② The knowledge: 런던의 전설적인 택시 기사 시험
③ 런던 택시 기사들의 놀라운 암기력
④ 런던 택시 기사들은 그들의 도시 지식에 자신감을 유지한다

4 문맥 추론

런던의 택시 기사들이 목적지를 듣는 순간 고객이 가려는 곳을 '즉시 안다는 것'을 구체적으로 보여주는 문장은 B의 세 번째 문장 For example 이후에 언급되고 있다.

5 다의어

런던 택시 기사가 도시에 대한 지식을 통해 승객을 더 빠르고 효율적으로 모실 수 있는 것은 경쟁자들에 대한 '우위(edge)'가 생기는 것임을 추론할 수 있다.
① 자르는 칼의 날 부분: (칼 등의) 날
② 사물이나 장소가 시작되고 끝나는 부분: 경계
③ 다른 것에 대한 우위: 우위, 우세
④ 날의 예리함: 날카로움

어휘 · 구문

A

- complicated 복잡한
- challenging 어려운, 도전적인
- be famous for ~로 유명하다
- cab 택시

B

- extremely 매우, 극도로
- instantly 즉시, 즉각
- destination 목적지
- take A to B A를 B로 데려가다
- come up with ~을 생각해내다
- take to ~로 옮기다, ~로 가다
- combine A with B A와 B를 결합하다
- bit by bit 서서히, 하나씩
- master ~에 숙달[통달]하다

- **Passing the exam** is extremely difficult, and students **spend at least three years learning** the roads.: Passing the exam은 동명사구 주어로 단수 취급하여 단수 동사 is가 쓰였고, 「spend+시간+(in)+-ing」구문이 쓰였다.

C

- present A with B A에게 B를 제시하다[제공하다]
- compete with ~와 경쟁하다
- rideshare 승차 공유
- equipped with ~이 장착된
- edge 우위, 가장자리, 경계, 날카로움

3

본문 18쪽

0 A ⓒ B ⓐ C ⓐ

1 ② 2 (1) 변기에 버려진 악어가 하수구에서 살아남아 하수도 노동자들과 시민들을 공격했다. (2) 낮은 기온과 박테리아 때문에 악어는 하수구에서 생존할 수가 없다. 3 ① 4 (1) convincing (2) convinced

5 (1) varies (2) variety (3) various (4) variation

A An urban legend is a modern folktale. It is a fictional story spread through word of mouth. Some stories sound so convincing that many people believe them to be true. Oddly, however, the events always happened to 'a friend of a friend,' and the source is impossible to trace. The story has many versions, or variations, and it often contains a warning or a moral lesson.

B There is one urban legend that keeps many New Yorkers awake at night. According to the story, alligators live in the sewers of New York City. A family living in New York went on a vacation to Florida, and they brought back a baby alligator. When the alligator grew too big and became a burden, the family flushed it down the toilet. The abandoned alligator survived and years later, it began attacking sewage workers and citizens.

C This claim has persisted for several decades. However, the fact is that alligators simply cannot survive in sewers due to low temperatures and bacteria. The sewer bureau of New York City even made an announcement in 1982 to confirm this fact. However, some people simply refuse to believe the official statement, and remain unconvinced. They continue to believe that the giant monster exists.

D Now, what do you think is the lesson of this urban legend?

이 글의 구조와 요약

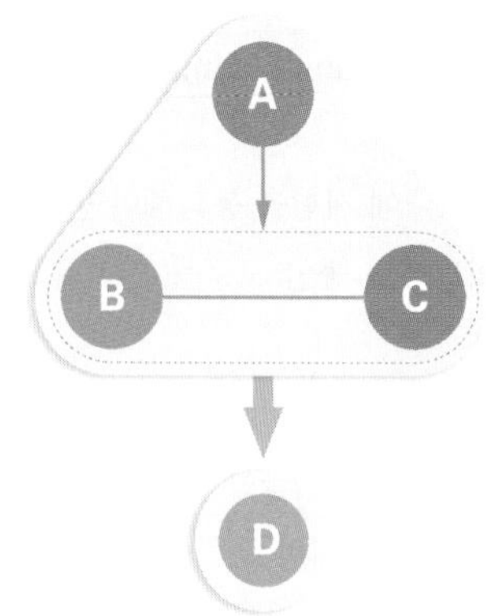

일반 (주제)	A	도시 전설의 속성 – 구전으로 전해짐 – 근원 미상 – 다양하게 변형됨
구체 (사례)	B	버려진 새끼 악어가 살아남아 사람들을 공격한다는 뉴욕의 도시 전설
	C	거짓이라는 발표에도 불구하고 여전히 사실이라고 믿는 시민들
결론	D	뉴욕 도시 전설의 교훈은?

전문해석

A 도시 전설은 현대 민담이다. 말로 퍼진 허구의 이야기다. 어떤 이야기는 너무 설득력이 있어 많은 사람들은 그것이 사실이라고 믿는다. 하지만 이상하게도 사건은 항상 '친구의 친구'에게 일어났고, 출처를 추적하는 것은 불가능하다. 이야기는 여러 버전 또는 변형이 있으며 종종 경고나 도덕적 교훈을 포함한다.

B 많은 뉴욕시 시민들을 잠 못 들게 하는 한 가지 도시 전설이 있다. 그 이야기에 따르면, 악어가 뉴욕시의 하수구에 산다. 뉴욕에 사는 한 가족이 플로리다로 휴가를 갔다가 악어 새끼 한 마리를 데려왔다. 악어가 너무 커져서 짐이 되자 그 가족은 그것을 변기에 버렸다. 그 버림받은 악어는 살아남았고 몇 년 후 하수도 노동자와 시민들을 공격하기 시작했다.

C 이러한 주장은 수십 년 동안 지속되었다. 그러나 사실은 악어는 낮은 온도와 박테리아로 인해 하수구에서 절대로 생존할 수가 없다. 뉴욕시 하수도국은 심지어 이 사실을 확증하기 위해 1982년에 공표하기도 했다. 그러나 일부 사람들은 그저 그 공식 발표를 믿는 것을 거부하고 납득하지 못한 채로 있다. 그들은 계속해서 그 거대한 괴물이 존재한다고 믿고 있다.

D 자, 당신은 이 도시 전설의 교훈이 무엇이라고 생각하는가?

0 A는 도시 전설의 속성에 대해 설명하고 있고, B, C는 뉴욕 악어의 예시를 들어 도시 전설의 구체적 사례를 제시하고 있다.

1 내용 불일치

② 도시 전설은 실제로 일어난 사건을 기초로 형성된다.
→ A의 두 번째 문장 It is a fictional story ~에서 도시 전설은 허구의 이야기임을 알 수 있으므로 글의 내용과 일치하지 않는다.

2 지칭 추론

This claim은 앞 단락 B에 제시된 내용, 즉 변기에 버려진 악어가 하수구에서 살아남아 하수도 노동자들과 시민들을 공격했다는 내용을 가리키고, the official statement는 뉴욕시 하수국이 발표한 사실, 즉 낮은 기온과 박테리아 때문에 악어는 하수구에서 생존할 수 없다는 것을 가리킨다.

3 제목 파악

이 글은 구전으로 다양하게 변형되어 전해지는 도시 전설의 속성에 대해 언급한 후, 구체적인 사례를 통해 도시 전설이 어떻게 생겨나고 오랫동안 믿어져 오는지를 보여주고 있다. 따라서 제목으로 가장 적절한 것은 ①이다.
① 무엇이 도시 전설을 만드는가?
② 도시 전설과 무서운 이야기
③ '도시 전설'이라는 용어의 기원
④ 왜 도시 전설이 그 어느 때보다 더 강력한가

4 분사형 형용사

(1) 그의 이론을 뒷받침할 설득력 있는 증거가 없다.
(2) 아버지의 모든 주장에도 불구하고, 나는 여전히 설득되지 않았다.
convince는 '설득하다, 납득시키다'의 의미로, 현재분사 convincing은 '설득하는, 설득력 있는'의 뜻이고 과거분사 convinced는 '설득당하는'의 뜻이 된다.

5 파생어

(1) 이 꽃병들은 수작업으로 만들어져서 각각 조금씩 다르다.
→ 문맥상 '다르다'의 의미를 가진 동사가 필요한데 단수 주어이므로 varies를 쓴다.
(2) 이 식당은 다양한 채식주의자용 요리를 제공한다.
→ 관사 뒤에는 명사가 와야 하고 문맥상 '다양한'의 의미가 되어야 하므로 명사 variety가 알맞다. (a variety of: 다양한~)
(3) 여러 가지 모양과 크기의 탈것들이 차고에 주차되어 있다.
→ 명사 앞이므로 '여러 가지의'라는 의미를 가진 형용사 various가 온다.
(4) 이번 선적 직물의 품질에 변화가 있다.
→ 관사 뒤에 명사가 와야 하고 문맥상 '변화'의 의미가 되어야 하므로 variation이 알맞다.

어휘 · 구문

A

- urban 도시의, 도심의
- legend 전설
- folktale 민담, 민간 설화
- fictional 허구의, 지어낸
- word of mouth 말로, 구두로
- convincing 설득력 있는
- variation 변형, 변이
- moral 도덕적인, 교훈적인

- keep ~ awake at night ~를 잠 못 들게 하다
- sewer 하수구, 하수도, 재봉사
- flush 물로 씻어내리다, (얼굴이) 붉어지게 하다
- flush ~ down the toilet ~를 변기에 버리다
- abandoned 버림받은
- sewage 오수, 하수

- There is one urban legend **that keeps** many New Yorkers **awake** at night.: that은 주격 관계대명사로 one urban legend를 수식하고, 「keep+목적어+목적격 보어」 구문이 쓰여 목적격 보어 자리에 형용사 awake가 왔다.

- claim 주장, (손해 배상 등의) 청구, 요구
- persist 지속되다, 계속되다
- simply (부정어 앞에서) 절대로(결코), 그저, 단순히, 솔직히
- due to ~로 인해
- bureau (관청의) 국, 사무소
- make an announcement 공표하다
- confirm 확증하다, 확실히 하다
- refuse 거부하다, 거절하다
- unconvinced 납득하지 않은, 설득되지 않은

본문 22쪽

0 A ⓐ B ⓒ C ⓑ

1 Quick, Easy, 터키, 중국, 전쟁모에 얇은 고기를 끓여 먹음, 만두를 구워 먹음, 요리 시간을 줄이고 연료를 아낄 수 있음

2 ③

3 It is / 그런 천상의 진미가 전쟁의 지옥에서 탄생되어야 한다는 것은 아이러니하다.

4 (1) 의미하다 (2) 수단

A Napoleon once said, "An army marches on its stomach." He knew that an army must have satisfying food to be effective. While soldiers cannot win battles on an empty stomach, the battlefield isn't the place for them to enjoy a five-course meal, either. Therefore, quick-and-easy but satisfying meals were invented for soldiers during wartime.

B Interestingly, some of the foods we enjoy today come from these war foods. Kebab, for example, is a Turkish word which means "grilled meat on a stick." The Ottoman Turks used their swords to grill meat over open-field fires. The meat cut into small pieces reduced cooking time and needed less firewood, which was scarce in the desert. Another popular dish, shabu-shabu, came from the Mongolian battlefield in the thirteenth century. Genghis Khan used his war helmet as a pot to boil thinly sliced meat and fed it to his soldiers. As with the kebab, using sliced meat helped reduce cooking time and saved fuel. "Hotteok," which Koreans also enjoy, originated from China, and it was first made as a replacement for steamed dumplings during wartime. Hotteok was baked, not steamed, so it was easy to cook and store.

C Soldier food, created as a means of survival and out of urgency, made its way to civilian cultures around the world. Ironic that such heavenly delicacies should be born from the hell of war.

이 글의 구조와 요약

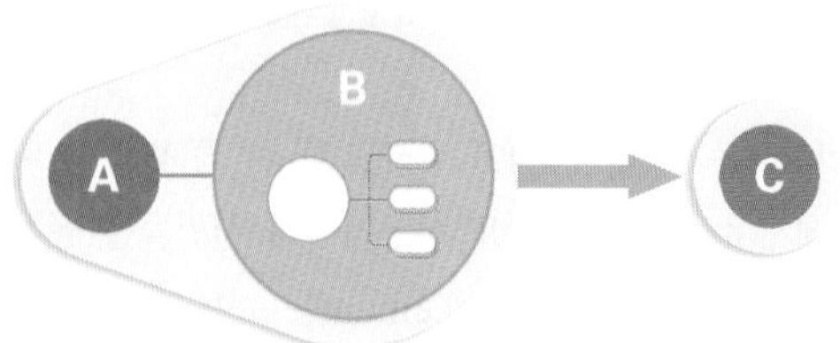

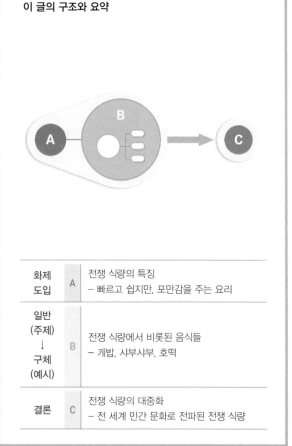

화제 도입	A	전쟁 식량의 특징 – 빠르고 쉽지만, 포만감을 주는 요리
일반 (주제) ↓ 구체 (예시)	B	전쟁 식량에서 비롯된 음식들 – 케밥, 샤부샤부, 호떡
결론	C	전쟁 식량의 대중화 – 전 세계 민간 문화로 전파된 전쟁 식량

전문해석

A 나폴레옹은 "군대는 뱃심으로 행군한다"라고 말한 적이 있다. 그는 군대가 효율적이 되려면 만족스러운 음식을 먹어야 한다는 것을 알고 있었다. 병사들이 배가 고픈 상태에서 전투에 승리할 수는 없지만, 전장은 다섯 코스 요리를 즐길 수 있는 장소도 아니다. 따라서 전시 중에 병사들을 위해 빠르고 간편하지만, 만족스러운 식사가 고안되었다.

B 흥미롭게도, 오늘날 우리가 즐기는 음식들 중 일부는 이러한 전쟁 식량에서 유래한다. 예를 들어, 케밥은 '막대기에 구운 고기'를 의미하는 터키 단어다. 오스만 투르크인들은 칼을 사용하여 드넓은 들판의 불 위에 고기를 구웠다. 작은 조각으로 자른 고기는 요리 시간을 줄이고 사막에서 부족한 장작을 덜 필요로 했다. 또 다른 인기 있는 요리인 샤부샤부는 13세기 몽골 전장에서 유래했다. 징기스칸은 전쟁모를 냄비로 사용하여 얇게 썬 고기를 끓여서 병사들에게 먹였다. 케밥과 마찬가지로 얇게 썬 고기를 사용하는 것은 요리 시간을 줄이는 데 도움이 되었고 연료를 절약할 수 있었다. 한국인들도 즐기는 '호떡'은 중국에서 유래한 것으로, 전시 중에 찐만두의 대체물로서 처음 만들어졌다. 호떡은 (만두처럼) 찐 것이 아니라 구워졌고, 그래서 요리하고 보관하기가 쉬웠다.

C 생존의 수단이자 긴박감 속에서 만들어진 군인 식량은 전 세계의 민간 문화로 나아갔다. 그런 천상의 진미가 전쟁의 지옥에서 탄생되어야 한다는 것은 아이러니하다.

1 세부내용 파악

전쟁 식량들: 빠르고, 간편하고, 만족감을 줌

	케밥	샤부샤부	호떡
원조 국가	터키	몽골	중국
만드는 방법	작은 조각으로 자른 고기를 칼에 꽂아 야외에서 구워 먹음	전쟁모에 얇은 고기를 끓여 먹음	만두를 구워 먹음
장점	요리 시간을 줄이고 연료를 아낄 수 있음		요리하기 쉽고 저장이 쉬움

2 제목 파악

'전쟁 식량에서 비롯된 우리가 즐기는 음식들'에 대해 언급하고 있으므로 글의 제목은 ③이 적절하다. 글의 제목은 구체적인 일부 내용이 아닌 전체적인 글의 내용을 담고 있어야 하므로 ①은 정답이 될 수 없다.

① 대중화된 전쟁 식량의 조리법
② 군인들이 먹어야 했던 충격적인 전쟁 식량
③ 전쟁이 전 세계의 요리법에 어떻게 영향을 미쳤는가
④ 군인들은 무엇을 먹었고 전쟁터에서 어떻게 싸웠는가

3 It is ironic that ~: 가주어-진주어 구문

Ironic that ~은 「it ... that ~」 가주어-진주어 구문이 쓰인 문장으로 Ironic 앞에 it is가 생략되었다. '(that절)은 아이러니하다'로 해석한다.

4 형태가 같지만 다른 단어

(1) 주격 관계대명사 뒤에 동사로 쓰였으므로, 동사 mean은 '의미하다'라는 뜻을 나타낸다.
(2) means는 명사로 '수단, 방법'의 의미이며, a means of ~는 '~의 수단으로'라는 뜻을 나타낸다.

어휘 · 구문

A

- march 행진하다, 행군하다
- satisfying 만족스러운, 만족감을 주는
- effective 효과적인, 효율적인
- on an empty stomach 공복으로

B

- reduce 줄이다, 단축하다
- scarce 부족한, 희귀한
- thinly 얇게, 가늘게
- sliced (얇게) 자른, 썬
- feed A to B A를 B에게 먹이다
- as with ~와 마찬가지로
- originate from ~에서 나오다[비롯되다]
- replacement for ~의 대체물, 대체품

- Interestingly, some of the foods **we enjoy today** come from these war foods.: we enjoy today는 some of the foods를 수식하는 관계사절로 목적격 관계대명사 which[that]가 생략되었다.
- The meat **cut into small pieces** reduced cooking time and needed less firewood, **which** was scarce in the desert.: cut into small pieces는 The meat을 수식하는 과거분사구이다. which 앞에 콤마(,)가 쓰일 경우, 앞 내용을 which가 받아 추가로 설명하는데, 여기서는 which가 firewood를 선행사로 받아 추가 설명하고, 동사도 firewood에 맞추어 was가 쓰였다.

C

- as a means of ~의 수단으로서
- survival 생존
- urgency 긴박함, 위급, 절박
- make its way 나아가다, 출세하다
- delicacy (특정 지역의) 진미[별미], 섬세함, 연약함

본문 26쪽

0 A ⓒ B ⓐ C ⓑ

1 ④ 2 (1) 동남아와 북미 화교와의 밀접한 관계 형성 (2) 대만, 홍콩과 접해 있어 막대한 자본 유입 (3) 미국, 일본, 유럽 기업들의 많은 투자 3 ③ 4 ④ 5 poor : deprived, privilege : benefit

A China suffers from regional economic disparities. The communist government attempted to lessen this problem by giving privileges to individuals from poor places. Such efforts were not wholly successful, and the government initiated market reforms. Unfortunately, since the reforms, regional economic disparities have become worse. Poor provinces have been deprived, and rich provinces have become richer.

B Since the economic reforms in China, most of the benefits have flowed to the coastal region and to the capital city of Beijing as well. The southern provinces of Guangdong and Fujian have had the most benefit.

C This coastal region has long been noted for overseas trade. Guangdong and Fujian areas have been enjoying a geographical blessing. They have had their close connections with the overseas Chinese communities of Southeast Asia and North America. These areas are also close to Taiwan and Hong Kong. Vast amounts of capital have flowed to the south coastal region from Chinese business networks through these two channels. American, Japanese and European firms have also invested heavily in the region.

이 글의 구조와 요약

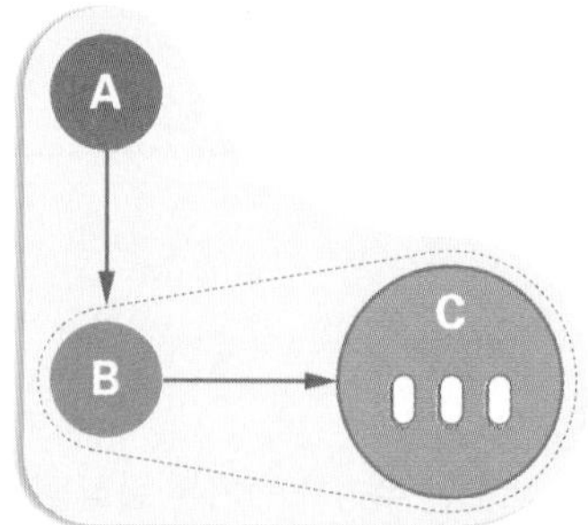

일반 (주제)	A	a wider gap in the local economy (지역 경제의 더 큰 격차) – 시장 개혁의 노력에도 지역 경제 불균형이 심화되고 있는 중국
구체 (사례)	B	the benefits of some regions (경제적 특혜를 받는 지역들) – 베이징, 광둥과 푸젠을 포함한 해안 지역
	C	geographical advantages (지리적 이점) – 동남아와 북미 화교와의 밀접한 관계 형성 – 대만, 홍콩과 접해 있어 막대한 자본 유입 – 미국, 일본, 유럽 기업들의 많은 투자

전문해석

A 중국은 지역 경제 격차를 겪고 있다. 공산 정부는 가난한 지위의 사람들에게 특권을 주어 이 문제를 줄이려고 했다. 이러한 노력은 완전히 성공하지는 못했고 정부는 시장 개혁에 착수했다. 불행히도, 개혁 이후 지역 경제 격차는 더욱 악화되었다. 가난한 지역은 박탈당하고 부유한 지역은 더 부유해졌다.

B 중국의 경제 개혁 이후, 대부분의 혜택은 해안 지역과 수도인 베이징으로도 흘러갔다. 남부 광둥성과 푸젠성이 가장 큰 혜택을 받았다.

C 이 해안 지역은 오랫동안 해외 무역으로 유명했다. 광둥성과 푸젠성 지역은 지리적 혜택을 누려오고 있다. 그곳은 동남아시아와 북미의 화교 공동체와 긴밀한 관계를 가지고 있다. 이 지역들은 대만과 홍콩과도 가깝다. 방대한 양의 자본이 이 두 경로를 통해 중국 비즈니스 네트워크에서 남해안 지역으로 유입되었다. 미국, 일본 및 유럽 기업들도 이 지역에 막대한 투자를 하고 있다.

1 전개 방식 이해

B에서 경제 개혁의 가장 큰 혜택을 받은 지역을 해안 지역의 광둥성과 푸젠성으로 좁힌 후, C에서는 this region, these areas, the region 등으로 앞서 말한 지역이 가장 큰 혜택을 받은 이유에 대해 설명하고 있으므로 전개 방식으로는 ④가 가장 적절하다.

2 세부내용 파악

해안 지역의 '지리적 혜택'에 해당하는 내용이 C의 세 번째 문장부터 제시되고 있다.

3 빈칸 추론

빈칸 앞에서 경제 개혁 이후 지역 경제 격차는 더욱 악화되었다고 제시하고 있고 B에서 경제 개혁으로 혜택받은 광둥성과 푸젠성을 소개하며 그 지역이 경제적으로 성장할 수 있었던 구체적 요인을 C에서 제시하고 있으므로 A의 빈칸에는 ③의 내용이 들어가는 것이 알맞다. 이 글이 일반적 내용에서 구체적 내용으로 전개되고 있다는 것을 파악하면, B, C의 구체적 내용을 통해 A의 빈칸을 유추할 수 있다.

① 그 지역에 살고 있는 사람들은 이주해야만 했다
② 부유한 지역은 빈곤한 지역을 도왔다
③ 부유한 지역은 더 부유해졌다
④ 정부는 빈곤한 지역에 더 많은 지원을 제공해왔다

4 유의어

> 비록 인도가 신흥경제를 이루었지만, 사회적 격차는 지속되고 있다.

disparities가 '(특히 한쪽에 불공평한) 차이, 격차'의 의미로 쓰였으므로 ④ independence(독립, 자립)는 거리가 멀다.

① 불평등 ② 모순, 불일치 ③ 불균형

5 단어 관계

빈곤한 : 결핍된 / 특권 : 혜택

어휘 · 구문

A

- regional 지역의
- communist 공산주의의, 공산당의
- lessen 줄이다
- initiate 착수하다, 시작하다
- province 지역, 지방
- disparity 격차, 차이, 불균형
- attempt to ~를 시도하다
- privilege 특권, 혜택
- reform 개혁; 개혁하다
- deprive 빼앗다, 박탈하다

B

- flow to ~로 흘러가다, 흐르다
- as well ~도 또한, 마찬가지로
- coastal region 해안 지역
- benefit 혜택

- **Since** the economic reforms in China, most of the benefits **have flowed** to the coastal region and to the capital city of Beijing as well.: since는 '~이후로'라는 의미의 전치사로 쓰였고, '(계속해서) ~해 오고 있다'라는 의미의 현재완료(have flowed)가 쓰였다.

C

- be noted for ~로 유명하다
- overseas Chinese 화교
- vast amounts of 방대한 양의 ~
- channel 경로, 해협, 수로
- invest 투자하다
- geographical 지리적인
- community 공동체
- capital 자본, 수도; 중요한
- firm 기업, 회사; 확고한

본문 30쪽

6

0 ④

1 ② 2 socioeconomic and political factors 3 ① 4 ① 5 외적인 6 have been

Ⓐ Since when did humans begin to wear shoes? We can hypothesize that humans must have invented some kind of footwear to protect their feet against cold weather around 40,000 years ago. In fact, the earliest example of actual footwear was a pair of sandals found in California about 9,000 years ago. In Europe, the first shoes were a sort of moccasin made of deerskin and bearskin. Thus, the first shoes were made differently for functional reasons.

Ⓑ Now, we choose shoes to show off our taste and wealth, as well as to protect our feet. However, it took a long time for humans to be able to buy shoes to their liking. As the history of shoes is a part of a larger history, socioeconomic and political factors as well as climate and weather influenced the trend of shoes in each age.

Ⓒ For example, in ancient Rome, shoes were a symbol of social class. Soldiers, aristocrats, and common people wore sandals, but each class had different styles of sandals. Likewise, in the Middle Ages, when class and social positions were unchangeable, shoes revealed the wearer's social rank. After the Middle Ages, class barriers have gradually weakened, and wealth has become a more important standard. Eventually, in the modern age, money, not class, has become more important in determining which shoes to buy and wear.

이 글의 구조와 요약

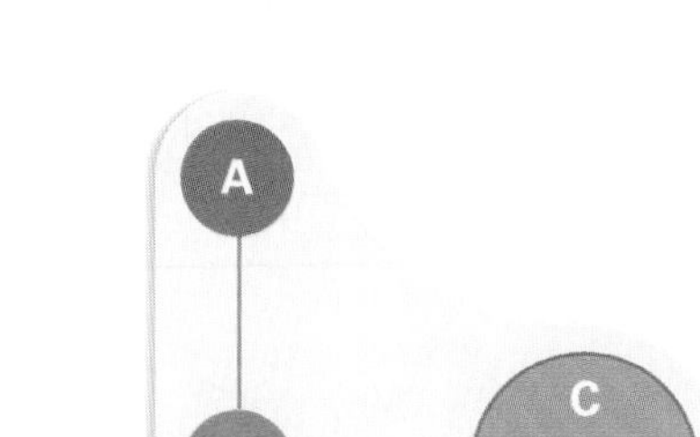

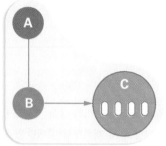

도입	A	신발의 유래 – 기능적 측면이 고려되었던 최초의 신발
일반 (주제)	B	각 시대의 신발 유행에 사회경제적, 정치적 요인이 영향을 미침
구체 (예시)	C	– 사회 계급의 상징인 고대 로마의 신발 – 사회적 지위를 드러내는 중세시대 신발 – 중세 이후 계급 장벽 약화, 부가 중요 기준 – 계급이 아닌 부로써 결정되는 현대 신발

전문해석

Ⓐ 인간은 언제부터 신발을 신기 시작했을까? 우리는 인간이 약 40,000년 전에 추운 날씨로부터 발을 보호하기 위해 일종의 신발을 발명했음에 틀림없다고 가정할 수 있다. 사실상, 실제 신발의 가장 초기 사례는 약 9,000년 전 캘리포니아에서 발견된 샌들이었다. 유럽에서 최초의 신발은 사슴 가죽과 곰 가죽으로 만든 일종의 모카신이었다. 이렇듯 초기의 신발들은 기능적인 이유로 다르게 만들어졌다.

Ⓑ 이제, 우리는 우리의 취향과 부를 과시하고 발을 보호하기 위해 신발을 선택한다. 하지만 인간이 자신의 기호에 맞는 신발을 사기까지는 오랜 시간이 걸렸다. 신발의 역사는 더 큰 역사의 일부이기 때문에 기후와 날씨뿐 아니라 사회경제적, 정치적 요인도 각 시대에 신발의 유행에 영향을 미쳤다.

Ⓒ 예를 들어, 고대 로마에서 신발은 사회 계급의 상징이었다. 군인, 귀족, 평민들은 샌들을 신었지만, 계급마다 신는 샌들의 모양이 달랐다. 마찬가지로, 계급과 사회적 지위가 불변하던 중세 시대에는, 신발은 신는 사람의 사회적 지위를 드러냈다. 중세 이후에는, 계급 장벽이 점차 약화되었고, 부는 더욱 중요한 기준이 되었다. 결국, 현대에는 계급이 아니라 돈이 어떤 신발을 사서 신을지 결정하는 데에 있어 더 중요해졌다.

0 **A**에서 일반적인 신발의 유래 및 기능적 측면이 고려되었던 인류 최초의 신발에 대해 언급하고, **B**에서는 사회경제적, 정치적 요인이 신발에 영향을 끼쳤다는 글의 주제를 밝힌 뒤, **C**에서 이에 적절한 예시를 고대 로마, 중세시대, 중세 이후, 현대로 이어서 들고 있다.

1 연결어 추론

빈칸 뒤에 사회경제적, 정치적 요인이 신발에 영향을 미친 구체적 예시가 이어지므로 ② For example(예를 들어)이 가장 적절하다.

① 게다가 ③ 한편 ④ 그런데도

2 요약문 완성

> 역사적으로 신발은 기후와 날씨뿐만 아니라 사회경제적, 정치적 요인에 의해서도 영향을 받았다.

신발은 기후로 인한 기능적 요인뿐만 아니라 사회경제적, 정치적 요인에도 영향을 받았다고 **B**의 마지막 문장에서 언급하고 있으므로 빈칸에는 socioeconomic and political factors가 적절하다. 요약문에 쓰인 not only A but also B(A뿐만 아니라 B도)는 B를 강조하는 표현으로, 글쓴이가 강조하고 싶은 내용은 socioeconomic and political factors이다.

3 내용 불일치

① 가장 오래 남아 있는 인류의 신발은 40,000년 전으로 거슬러 올라간다.

→ **A**의 두 번째 문장을 보면, hypothesize는 가설을 세워 '가정하다'는 의미이므로 사실이 아니라 강한 추측에 해당한다. 실제로 발견된 것은 약 9,000년 전의 샌들이 가장 초기의 신발이다.

② 고대 로마인들은 계급에 따라 샌들을 신었다.

③ 중세시대에는 계급 간 장벽이 높고 견고했다.

④ 현대에는 신발이 신는 사람의 사회적 지위보다는 부를 나타낸다.

4 유의어

functional과 유사한 의미의 단어는 ① practical(실용적인, 유용한)이다.

② 사회적인 ③ 장식용의 ④ 경제의

5 A as well as B: B뿐만 아니라 A도(A를 강조)

> 자아는 내적으로 뿐 아니라 외적으로도 바라봄으로써 사회적인 힘에 의해 형성된다. 다른 사람들이 당신의 모습을 형성하는 한 가지 방법은 Leon Festinger의 이론에 의해 설명된다.

A as well as B 구문이 쓰인 문장으로 by looking outwards as well as inwards에서 강조되는 부분은 outwards(외적으로)이다.

6 must have pp: 과거 상황에 대한 강한 추측

> 머릿속 지도를 구성할 수 있는 능력은 초기 인류에게 분명히 필수적이었을 것이다. 이리저리 돌아다니며 사는 부족민들은 갈증으로 죽지 않고 안전하게 사막을 건널 수 있는 방법을 알 필요가 있었다.

the early humans로 보아, 과거 상황에 대한 추측임을 알 수 있다. 따라서 must have been이 적절하다.

어휘 · 구문

A

- hypothesize 가정하다, 가설을 세우다
- protect A against B A를 B로부터 보호하다
- sandal 샌들, 고대 그리스인 · 로마인이 신은 낮은 신발
- moccasin 모카신(부드러운 가죽으로 만든 납작한 신)
- deerskin 사슴 가죽
- functional 기능적인, 실용적인

B

- show off 자랑하다, 뽐내다
- taste 취향, 기호
- one's liking ~의 기호, 취향
- socioeconomic 사회경제적
- political 정치적
- factor 요인, 요소
- influence 영향을 미치다

C

- aristocrat 귀족
- common people 평민, 일반인
- likewise 마찬가지로
- unchangeable 불변하는
- reveal 드러내다, 폭로하다
- gradually 점차, 서서히
- weaken 약화되다
- A, not B (A를 강조하여) B가 아니라 A
- determine 결정하다

- Eventually, in the modern age, money, not class, has become more important in determining [**which** shoes to buy and wear].: [ ]는 「which(의문 형용사)+명사+to부정사」로 determining의 목적어로 쓰였다.

본문 34쪽

7

0 A ⓓ B ⓑ C ⓐ

1 ②　　2 ③　　3 ①　　4 monochronic cultures: ⓐ, ⓓ, ⓕ / polychronic cultures: ⓑ, ⓒ, ⓔ

A Being on time and sticking to an original schedule are valued concepts in American culture. However, these values can be unimportant in other cultures where the idea of time is less structured.

B Some cultures are monochronic, which means that they are interested in completing one thing before progressing to the next. In contrast, polychronic societies try to do many tasks at the same time. In fact, in such cultures, people value multitasking, but not to the exclusion of personal relationships. Courtesy and kindness are more important than deadlines in polychronic cultures.

C This cultural difference explains why Americans often have difficulty in working with those from polychronic cultures. Most Americans, as they are monochronic, may consider some polychronic behaviors as rude, such as interrupting a face-to-face conversation for a phone call. Yet no disrespect is intended; they just have a different approach to their tasks at hand.

이 글의 구조와 요약

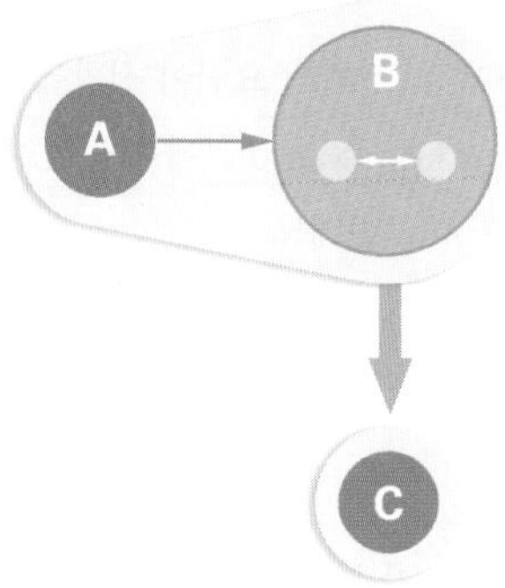

일반 (주제)	A	시간 엄수를 중시하는 미국 문화와 그렇지 않은 문화
구체 (이론)	B	시간 개념에 대한 두 문화 비교 – 단일 시간형 문화: 다음 단계로 가기 전에 한 가지 일 완료 – 다중 시간형 문화: 한 번에 여러 일을 하며 예의와 친절이 마감일보다 중요
결론	C	이러한 문화적 차이가 미국인들이 다중 시간형 문화권 사람들과 일하는 데 어려움을 겪는 이유임

전문해석

A 시간을 정확히 지키고 원래의 일정을 고수하는 것은 미국 문화에서 가치 있는 개념이다. 그러나 이러한 가치는 시간 개념이 덜 구조화된 다른 문화에서는 중요하지 않을 수 있다.

B 일부 문화는 단일 시간형이며, 이는 다음으로 진행하기 전에 한 가지를 완료하는 데 관심이 있음을 의미한다. 대조적으로, 다중 시간형 사회는 동시에 많은 일을 하려고 한다. 사실, 그러한 문화에서 사람들은 멀티태스킹(동시에 여러 가지 일을 하는 능력)을 중요시하지만, 대인 관계를 배제할 만큼은 아니다. 다중 시간형 문화에서는 예의와 친절이 마감일보다 더 중요하다.

C 이러한 문화적 차이는 왜 미국 사람들이 종종 다중 시간형 문화를 가진 사람들과 일하는 데 어려움을 겪는지 설명한다. 대부분의 미국인은 단일 시간형이기 때문에 전화 통화를 위해 대면 대화를 중단하는 것과 같은 일부 다중 시간형 행동을 무례한 것으로 간주할 수 있다. 그러나 무례한 의도는 없다. 그들은 그저 임박한 작업에 대해 다른 접근법을 가지고 있을 뿐이다.

0 **A**에서는 '시간 엄수를 중시하는 미국 문화와 그렇지 않은 다른 문화'라는 주제를 제시하고, **B**에서는 이를 설명하는 단일 시간형/다중 시간형 문화의 상반된 이론을 소개한다. **C**에서는 앞에서 제시한 두 문화의 차이를 언급하며 왜 미국인들이 다중 시간형 문화를 가진 사람들과 일하는 데 어려움을 겪는지를 설명하면서 결론 내리고 있다.

1 연결어 추론

하나씩 차례로 일을 진행하는 monochronic과 동시에 많은 일을 진행하는 polychronic의 내용이 대조적임을 파악하면, 빈칸에 ② In contrast(대조적으로)가 가장 적절함을 알 수 있다.

① 게다가 ③ 예를 들어 ④ 다시 말해서

2 내용 불일치

③ 시간을 정확히 지키는 것은 모든 문화에서 존중받는 보편적 가치이다.

→ 시간을 정확히 지키는 것은 미국 문화에서는 중요하지만, 시간이 덜 구조화된 다른 문화에서는 중요하지 않을 수 있다.

① 단일 시간형 문화에서 사람들은 한 번에 한 가지 일에 접근한다.

② 미국 사람들은 일부 다중 시간형인 행동을 무례하다고 생각한다.

④ 인간관계와 관련된 가치는 다중 시간형 문화에서 중요하다.

3 유의어

문장에서 interrupting은 '중단하는'의 의미로 쓰였으므로 동일한 의미인 ① suspending이 적절하다.

② 개선하는 ③ 유지하는 ④ 완료하는

4 세부내용 파악

단일 시간형 문화:

ⓐ 한 번에 한 가지 일하기

ⓓ 계획을 세우고 일정대로 진행하기

ⓕ 과업 중심

다중 시간형 문화:

ⓑ 동시에 여러 가지 일하기

ⓒ 계획은 세우되 융통성 있게 변경하기

ⓔ 관계 중심

어휘 · 구문

A

- be on time 시간을 정확히 준수하다
- stick to ~를 고수하다
- concept 개념, 생각
- unimportant 중요하지 않은, 대수롭지 않은
- structure 구조화하다, 체계화하다

- monochronic 단일 시간형인
- complete 완료하다, 완성하다
- progress 진행하다, 나아가다
- polychronic 다중 시간형인
- at the same time 동시에
- not to the exclusion of ~을 배제할 만큼은 아닌
- courtesy 예의, 공손함
- deadline 마감일

- Some cultures are monochronic, **which** means [**that** they are interested in completing one thing before progressing to the next].: which가 monochronic을 선행사로 받아 추가 설명하고 있으며, 명사절 접속사 that이 쓰인 [ ]는 means의 목적어 역할을 하고 있다.

- have difficulty in ~하는 데 어려움을 겪다
- consider A as B A를 B로 간주하다
- interrupt 중단하다, 방해하다
- disrespect 무례, 실례
- intended 의도하는
- approach 접근(법); 다가가다
- at hand 임박한, 가까이에

- This cultural difference explains **why** Americans often have difficulty in working with those from polychronic cultures.: why는 '~하는 이유'라는 의미의 관계부사로 쓰여 뒤에 완전한 문장이 왔고, why 앞에 the reason은 생략되었다.

- Most Americans, **as** they are monochronic, may **consider** some polychronic behaviors **as** rude, such as interrupting a face-to-face conversation for a phone call.: 첫 번째 as는 '~ 때문에'라는 의미의 접속사로 쓰였고, 두 번째 as는 「consider A as B」구문의 전치사로 쓰였다.

본문 38쪽

8

1 ④ 2 ③ 3 ④ 4 ① 5 ③

Ⓐ We humans are social animals. We express and share our emotions with others. Scientists have long been interested in how people understand the emotional state of others. Most of the research on this topic has focused on linguistic factors and facial expressions.

Ⓑ A team of Japanese scientists made a new experiment and found an interesting result. They made a video of actors saying a phrase with a neutral meaning—"Is that so?"—in two different ways: in an angry voice tone with a happy face and in a happy voice tone with an angry face. This was done in two languages, Japanese and Dutch. Then, volunteers from the two countries watched the videos and were asked whether the person was happy or angry. They found that Japanese people paid more attention to the voice tone than Dutch people did, while Dutch people were more sensitive to facial expressions than Japanese people.

Ⓒ The result of the study shows two important discoveries. One is that voice tone is also an important factor in understanding the emotional state of others, in addition to language and facial expressions. The other is that there are ethnic differences in the weight of importance among these three factors.

이 글의 구조와 요약

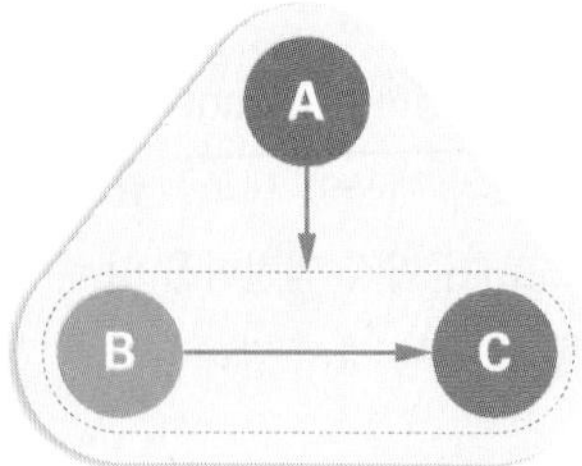

일반 (주제)	A	다른 사람의 감정 상태를 파악하는 방법 – 언어와 얼굴 표정
구체 (실험)	B	같은 문장으로 실험 – 행복한 표정, 화난 목소리 – 화난 표정, 행복한 목소리
	C	실험 결과(주장) – 목소리 톤도 다른 사람의 감정을 파악하는 데 있어 중요한 요인임 – 인종에 따라 세 요인의 중요도가 다름

전문해석

Ⓐ 우리 인간은 사회적 동물이다. 우리는 감정을 표현하고 다른 사람들과 공유한다. 과학자들은 사람들이 다른 사람의 감정 상태를 이해하는 방법에 오랫동안 관심을 가져왔다. 이 주제에 대한 대부분의 연구는 언어적 요인과 얼굴 표정에 중점을 두어왔다.

Ⓑ 일본 과학자팀이 새로운 실험을 했고 흥미로운 결과를 발견했다. 그들은 배우들이 중립적인 의미의 "그랬어?"라는 문구를 두 가지 다른 방법으로 말하는 동영상을 만들었는데 그것은 행복한 표정의 화난 목소리와 화난 표정의 행복한 목소리이다. 이것은 일본어와 네덜란드어의 두 가지 언어로 행해졌다. 그러고 나서, 양국 자원봉사자들은 영상을 보고 그 사람이 행복한지 화가 났는지 질문받았다. 그들은 일본 사람들이 네덜란드 사람들보다 목소리 톤에 더 주의를 기울이는 반면에, 네덜란드 사람들은 일본 사람들보다 얼굴 표정에 더 민감하다는 것을 발견했다.

Ⓒ 연구 결과는 두 가지 중요한 발견을 보여준다. 하나는 언어와 표정 외에 목소리 톤도 다른 사람의 감정 상태를 이해하는 데 중요한 요소라는 것이다. 다른 하나는 이 세 가지 요소 사이의 중요성에 대한 비중에 민족적 차이가 있다는 것이다.

1 주제 파악

주제는 전체 내용을 포괄하고 있어야 한다. A에서 언급한 내용과 B, C에서 제시된 실험 내용은 모두 다른 사람의 감정 상태를 어떻게 파악하는지에 대해 다루고 있으므로 ④가 가장 적절하다.

① 사람들이 동물들과 어떻게 소통하는가
② 과학자들은 감정에 대하여 어떻게 연구하는가
③ 사람들은 얼굴 표정으로 어떻게 소통하는가
④ 사람들은 다른 사람들의 감정 상태를 어떻게 이해하는가

2 빈칸 추론

B에 소개된 일본 과학자팀의 실험 결과를 요약한 것이 C의 빈칸이므로 실험의 내용을 하나씩 살펴보면서 빈칸을 추론한다. 실험의 변수는 voice tone, facial expression과 Japanese people, Dutch people인데, 빈칸 (A)가 들어간 문장의 끝부분에 language와 facial expressions가 나왔으므로 빈칸 (A)에는 voice tone(목소리 톤)이 들어가고, 빈칸 (B)에는 나머지 변수인 Japanese people, Dutch people에 해당하는 ethnic differences(민족적 차이)가 들어가는 것이 적절하다. 빈칸을 완성한 뒤 문장을 다시 한번 전체적으로 해석하여 답을 확인하도록 한다.

① 태도 – 다양한 방법
② 종족 – 새로운 변화
④ 소리 – 언어적 차이

3 내용 추론

B의 They found that Japanese people paid more attention ~ than Japanese people에서 ④의 내용을 유추할 수 있다.

① 사람이 미소 짓고 있을 때, 그 사람의 목소리는 행복한 톤으로 바뀐다.
② 비디오 자료를 갖춘 실험을 하는 것은 많은 준비가 필요하다.
③ 민족적 차이에 관한 연구는 민감한 접근법과 방법이 요구된다.
④ 감정 상태는 민족적 차이에 따라 다르게 인지될 수 있다.

4 유의어

sensitive는 '민감한'의 의미로 ① attentive(주의 깊은, 세심한)와 의미가 가장 가깝다.

② 믿을 만한, 확실한
③ ~할 마음이 있는, 기울어진
④ 다양한, 가지각색의

5 while

while이 ①, ②, ④에서는 둘 사이의 대조를 나타내지만 ③에서는 '~하는 동안'의 의미를 가진다.

① 사람들은 반대되는 증거는 무시하는 반면, 자신의 관점을 지지하는 정보에는 관심을 기울인다.
② 우리는 모두 같은 양의 돈을 가지고 있지 않은 반면, 매일 같은 24시간을 이용할 수 있다.
③ 고양이는 가끔 자는 동안 으르렁거리거나 가르랑거리는 소리를 들을 수 있다.
④ 우리는 종종 읽기, 쓰기, 그리고 생각하는 것이 두뇌를 발달시키는 반면, 운동은 몸을 발달시킨다고 자주 듣는다.

어휘 · 구문

A

- express 표현하다, 나타내다
- share A with B A를 B와 공유하다
- focus on 중점을 두다
- linguistic 언어적인, 언어학의
- facial expression 얼굴 표정

B

- phrase 문구, 관용구
- neutral 중립의, 애매한
- be done 행해지다, 끝나다
- volunteer 자원봉사자
- whether A or B A인지 B인지
- pay attention to ~에 주의를 기울이다
- be sensitive to ~에 민감하다, 세심하다

- Then, volunteers from the two countries watched the videos and were asked **whether** the person was happy **or** angry.: 'A인지 B인지'의 의미인 「whether A or B」 구문이 쓰였다.

C

- discovery 발견
- One is that ~. The other is that ~. (둘 중) 하나는 ~, 다른 하나는 ~.
- in addition to ~에 더하여, ~일 뿐 아니라
- ethnic 민족의, 민족 고유의, 인종적인
- weight 비중, 무게

왜 일반 구체 구조로 썼을까?

기출문제 정답

본문 42쪽

②

Ⓐ Interestingly, in nature, the more powerful species have a narrower field of vision. The distinction between predator and prey offers a clarifying example of this.

Ⓑ The key feature that distinguishes predator species from prey species isn't the presence of claws or any other feature related to biological weaponry. The key feature is *the position of their eyes*. Predators evolved with eyes facing forward—which allows for binocular vision that offers accurate depth perception when pursuing prey. Prey, on the other hand, often have eyes facing outward, maximizing peripheral vision, which allows the hunted to detect danger that may be approaching from any angle.

Ⓒ Consistent with our place at the top of the food chain, humans have eyes that face forward. We have the ability to gauge depth and pursue our goals, but we can also miss important action on our periphery.

이 글의 구조와 요약

A → (B → C)

일반	A	강한 종이 좁은 시야를 갖고 있음
구체	B	포식자와 먹잇감을 구별하는 특징 – 포식자의 눈의 위치: 양안시 – 먹잇감의 눈의 위치: 주변시
	C	먹이 사슬의 꼭대기에 있는 인간 – 앞쪽을 향하는 눈을 가짐

전문해석

Ⓐ 흥미롭게도 자연에서 더 강한 종들은 더 좁은 시야를 갖고 있다. 포식자와 먹잇감의 차이는 이에 대한 명확한 예를 제공한다.

Ⓑ 포식자 종과 먹잇감 종을 구별하는 주요 특징은 발톱의 존재나 생물학적 무기와 관련된 다른 어떤 특징도 아니다. 주요 특징은 '눈의 위치'이다. 포식자는 눈이 앞을 향하도록 진화했고, 이것은 사냥감을 쫓을 때 정확한 거리 감각을 제공하는 양안 시력을 가능하게 한다. 반면, 먹잇감은 보통 바깥쪽을 향하는 눈을 갖고 있어서 주변 시야를 극대화하는데, 이것은 사냥감이 어떤 각도에서든 접근하고 있을지 모를 위험을 감지할 수 있게 한다.

Ⓒ 먹이 사슬의 꼭대기에 있는 우리의 위치와 일치하는 것으로, 인간은 앞쪽을 향하는 눈을 갖고 있다. 우리는 거리를 측정하고 목표물들을 추격할 수 있는 능력이 있지만, 주변의 중요한 행동을 놓칠 수도 있다.

출제의도

빈칸 추론 ► 빈칸이 포함된 문장의 역할을 파악했는가?

A Interestingly(흥미롭게도)로 보아, 글쓴이가 빈칸 포함 문장에 주목하고 있음을 파악한다. 빈칸 뒤 문장에서 The distinction between predator and prey offers a clarifying example of this. 라고 했기 때문에, 앞으로 나올 내용에서는 '포식자와 먹잇감의 차이'를 설명할 것이고 이것은 앞 문장 this의 '명확한 예'라고 했기 때문에, 빈칸 포함 문장이 이 글의 주제문임을 알 수 있다.

B 주제문에 대한 예로 포식자와 먹잇감의 차이(눈의 위치)를 언급했으므로, 둘의 차이점에 주목해서 내용을 파악해야 한다.

Predator	Prey
• eyes facing forward	• eyes facing outward
• binocular vision	• peripheral vision
• for pursuing prey	• for detecting danger

포식자와 먹잇감의 상반된 특징을 on the other hand(대조의 연결어)로 나열하고 있다. 포식자는 사냥감을 쫓을 때 정확한 거리 감각을 제공하도록 눈이 앞쪽을 향해 있고, 그와 반대로 먹잇감은 주변 시야를 최대한 활용하여 모든 위험을 감지할 수 있도록 눈이 바깥을 향해 있다는 내용이다.

C 앞에서 언급한 특징을 먹이 사슬의 꼭대기에 있는 포식자 '인간'의 예를 통해 더 구체화하고 있다.

결국, 글의 구조에 집중하여 빈칸의 역할이 무엇이었는지를 보고 선택지를 판단했다면 보기의 내용이 답의 일부에 해당하거나 반대 내용으로 서술한 보기의 함정에 빠지지 않았을 것이다.

① 바깥을 향해 있는 눈은 사냥의 성공과 연관되어 있다
❷ 더 강한 종들은 더 좁은 시야를 갖고 있다
③ 앞을 향해 있는 인간의 눈은 인간이 위험을 감지할 수 있게 해 준다
④ 시력은 약한 종들의 멸종과 밀접한 관계가 있다
⑤ 동물들은 시력을 이용해 그들 종의 구성원들을 식별한다

어휘 · 구문

A

- distinction 차이[대조], 구분
- predator 육식 동물, 포식자
- prey (육식 동물의) 먹이
- clarify 분명하게 하다

B

- species (생물의) 종
- claw 발톱
- feature 특징
- biological 생물의
- weaponry 무기(류)
- evolve 진화하다
- binocular 두 눈으로 보는
- accurate 정확한
- pursue 추격하다
- on the other hand 반면에
- maximize 최대화하다
- detect 감지하다
- Prey, on the other hand, often have eyes facing outward, maximizing peripheral vision, **which** allows the hunted to detect danger that may be approaching from any angle.: 콤마(,)와 함께 사용된 which는 앞에 있는 문장의 전체 내용을 가리키고, 단수로 받아 allows가 쓰였다.

C

- consistent 일관된, 일치하는
- gauge 측정하다

본문 46쪽

1

0 A ⓒ B ⓑ C ⓐ D ⓓ

1 maximizing the available space, sharing the limited space 2 "double-duty" policy

3 ② 4 ② 5 폐소공포증 / 닫힌 곳에 대한 공포 6 ④

A Life on a submarine is tough! One of the most difficult problems is space. Since many sailors must live together in such a small space, every space is precious. As a battleship, a submarine must carry many weapons, computers, and other equipment. Then, there must be a living space for sailors, too.

B They have come up with a good idea for maximizing the available space. It is sharing the limited space for many purposes at the same time.

C The living space should function as a bedroom, a dining room, and a resting place as well. For a bedroom, sailors sleep in a capsule whose size is smaller than a closet. They don't have enough room to roll over. They also keep their personal things in tiny lockers and put their clothes beneath narrow mattresses. To efficiently use space, they have the so-called "double-duty" policy. It means that many spaces are used for more than one function. The dining room serves as the movie theater. The restroom also functions as a storage area for food.

D As life on a submarine is so tough and stressful, sailors are regularly tested by psychologists. They make sure that sailors do not have anxiety issues such as claustrophobia, the fear of enclosed spaces.

이 글의 구조와 요약

A → B → C + D

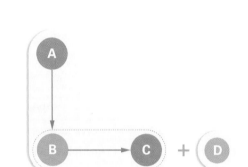

문제점	A	잠수함의 힘든 생활 – 가장 어려운 문제 중 하나는 좁은 공간
해결책	B	해결 방안 – 제한된 공간의 다목적 이용
사례	C	공간을 효율적으로 사용하기 위한 double-duty 정책
부연	D	힘든 잠수함 생활에 필요한 심리 치료

전문해석

A 잠수함에서의 삶은 험난하다! 가장 어려운 문제 중 하나는 공간이다. 이렇게 좁은 공간에 많은 선원들이 함께 살아가야 하기 때문에 모든 공간이 소중하다. 전함으로서 잠수함은 많은 무기, 컴퓨터 및 기타 장비를 탑재해야만 한다. 게다가, 선원들을 위한 생활 공간도 있어야만 한다.

B 그들은 이용할 수 있는 공간을 최대화하는 좋은 아이디어를 생각해냈다. 그것은 제한된 공간을 동시에 여러 목적으로 공유하는 것이다.

C 생활 공간은 침실, 식당, 휴식 공간으로도 기능해야 한다. 침실의 경우 선원은 옷장보다 작은 크기의 캡슐에서 잠을 잔다. 그들은 뒹굴 공간이 충분하지 않다. 그들은 또한 작은 사물함에 개인 물건을 보관하고 좁은 매트리스 아래에 옷을 넣는다. 공간을 효율적으로 사용하기 위해 소위 '이중 기능' 정책이 있다. 그것은 많은 공간이 한 가지 이상의 기능으로 사용된다는 것을 의미한다. 식당은 영화관으로 이용할 수 있다. 화장실은 음식을 저장하는 공간으로도 사용된다.

D 잠수함에서의 삶은 너무 고되고 스트레스가 많기 때문에 선원들은 정기적으로 심리학자들에게 검사를 받는다. 그들은 선원들이 폐소공포증, 즉 밀폐된 공간에 대한 두려움과 같은 불안 문제를 갖지 않도록 확실히 한다.

1 일반적 진술 파악

부족한 공간을 효율적으로 사용하여 문제를 해결하려는 구체적 예시가 제시된 단락이 C이므로 이를 포괄하는 표현은 B에서 언급된 maximizing the available space와 sharing the limited space이다. 구체적 사례를 통해 일반적 진술을 파악하는 문제이다.

2 중심어 파악(재진술)

제한된 공간을 동시에 여러 목적으로 공유한다는 주어진 문장의 내용을 두 단어로 간략하게 표현한 것은 “double-duty” policy이다.

3 주어진 문장 넣기

많은 공간이 한 가지 이상의 기능을 한다는 것을 의미하는 주어 It이 지칭하는 것이 “double-duty” policy이므로 주어진 문장은 ②에 들어가는 것이 적절하다.

4 유의어

주어진 문장에서 come up with는 ‘생각해내다, 제안하다’의 의미로 ② suggested(제안하다)로 바꿔 쓸 수 있다.

① 활용하다

③ 그만두다, 버리다

④ 주장하다, 유지하다

5 의미 추론

닫힌 공간에 대한 두려움(the fear of enclosed spaces)을 갖는 불안 문제는 폐소공포증이다.

6 문맥 추론

빈칸에는 ‘기능하다’의 의미가 들어가야 하는데 의미가 유사한 단어는 works, serves, functions이며 ④ carries는 ‘나르다, 휴대하다’의 의미이므로 적절하지 않다.

어휘 · 구문

A

- submarine 잠수함
- tough 험난한, 고된, 거친
- battleship 전함
- equipment 장비, 설비
- then 또, 게다가(정보를 추가로 덧붙일 때)

- maximize 최대화하다
- available 이용할 수 있는, 시간이 있는
- limited 제한된
- purpose 목적, 용도

- function as ~로서의 기능을 하다
- capsule 캡슐
- roll over 뒹굴다, 굴러가다
- personal 개인의, 개인적인
- narrow 좁은
- efficiently 효율적으로
- policy 정책, 방침
- serve as ~로 이용할 수 있다
- storage 저장, 보관

- For a bedroom, sailors sleep in a capsule **whose** size is smaller than a closet.: whose는 소유격 관계대명사로 선행사 a capsule을 수식하고 있다.

- regularly 정기적으로
- psychologist 심리학자
- make sure that 확실히 ~하다
- anxiety 불안
- claustrophobia 폐소공포증
- enclosed 밀폐된, 폐쇄된, 동봉된

2

본문 50쪽

0 A ⓓ B ⓑ C ⓐ D ⓒ

1 ②, ③, ④, ①　　2 ④　　3 ②　　4 ②　　5 집이 클수록 창문이 더 많다.

A Window tax was first introduced in England in 1696. Glass was expensive in those days, and thus was a symbol of wealth; bigger homes had more windows, which proved that their owners could afford to pay more taxes.

B Houses with more than six windows were taxed. Houses with seven to nine windows paid two shillings, and those with ten to nineteen windows paid four shillings. The British government continued raising taxes. Collecting window tax was relatively easy because windows were clearly visible from the street. To avoid the tax, some British homeowners began boarding up the windows of their homes. Soon, building houses with fewer windows became popular. Some people even lived in houses without windows.

C As cities became crowded, however, this created problems. Dark and damp homes caused health problems. The window tax was also criticized as a "tax on health" and a "tax on light and air." It was also viewed as being an unequal tax which placed burden on the middle and lower classes.

D This widely unpopular tax was eventually replaced by a house tax in 1851. However, spotting old buildings without windows is not difficult in England even today.

이 글의 구조와 요약

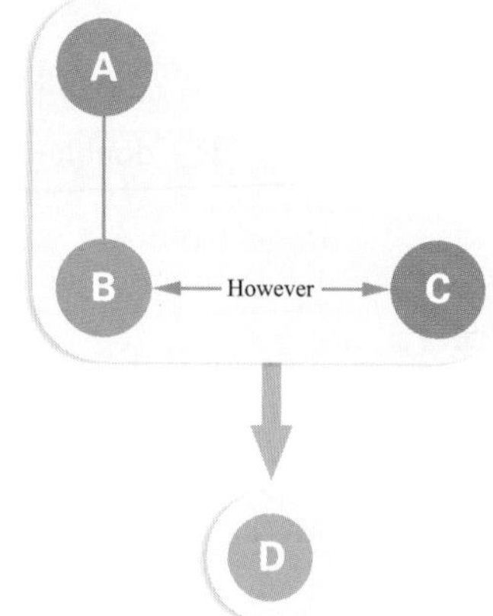

도입	A	창문세 도입 계기
상황 제시	B	창문세 과세 방법과 집 소유주들의 대응 – 창문세를 줄이기 위해 창문을 줄이고 아예 없애기도 함
문제점	C	창문세의 부작용 – 창문 없는 환경에서의 거주로 인한 건강 문제 – 중산층과 하층민에게 불공평한 세금이라는 인식
해결책	D	해결 방안 – 창문세가 주택세로 바뀜

전문해석

A 창문세는 1696년 영국에서 처음 도입되었다. 그 당시 유리는 비싸서 부의 상징이었다. 즉, 더 큰 집에는 더 많은 창문이 있어 소유주가 더 많은 세금을 낼 여유가 있음을 증명했다.

B 창문이 6개 이상 있는 집에 세금이 부과되었다. 7~9개의 창문이 있는 집은 2실링을 지불하고, 10~19개의 창문이 있는 집은 4실링을 지불했다. 영국 정부는 계속해서 세금을 인상했다. 창문세를 징수하는 것은 거리에서 창문이 잘 보이기 때문에 비교적 쉬웠다. 세금을 피하기 위해 일부 영국 주택 소유자는 집 창문을 판자로 막기 시작했다. 곧, 창문이 적은 집을 짓는 것이 대중화되었다. 어떤 사람들은 창문이 없는 집에서 살기도 했다.

C 그러나 도시가 복잡해짐에 따라 문제가 발생했다. 어둡고 눅눅한 집은 건강 문제를 일으켰다. 창문세도 '건강에 대한 세금', '빛과 공기에 대한 세금'이라는 비판을 받았다. 그것은 또한 중산층과 하층민에게 부담을 주는 불평등한 세금으로 여겨졌다.

D 폭넓은 지지를 받지 못한 이 세금은 결국 1851년에 주택세로 대체되었다. 그러나 오늘날에도 영국에서는 창문이 없는 오래된 건물을 찾는 것이 어렵지 않다.

1 내용 순서 파악

② 집주인들은 창문을 없앴다.

③ 어둡고 눅눅한 집은 건강 문제를 일으켰다.

④ 창문세는 날카로운 비판에 맞부딪혔다.

① 창문세는 주택세로 대체되었다.

②는 창문세에 대한 집주인들의 대처 방안으로 B에서 제시되고, ③, ④는 창문세의 문제점으로 C에서 언급되고 있으며, ①은 창문세에 대한 해결책으로 D에서 제시되고 있다.

2 제목 파악

창문세가 무엇이며 이것이 어떤 부작용 때문에 주택세가 되었는지를 설명하는 글이다. 따라서 제목은 ④가 가장 적절하다. 창문세가 건축에 영향을 미치긴 했지만(창문이 없는 집과 창문이 적은 집), 이것을 중심 내용으로 볼 수 없으므로 ③은 제목이 될 수 없다.

① 창문세에 대한 찬반양론

② 창문세의 경제적 효과

③ 창문세와 그것이 건축에 미친 영향

④ 창문세의 의도치 않은 결말

3 내용 일치

② 창문세를 징수하기 쉬웠던 이유는 B의 네 번째 문장 ~ because windows were clearly visible from the street에서 확인할 수 있다.

① 창문세는 창문이 6개 이상 있는 건물에 부과되었다.
(Houses with more than six windows were taxed.)

③ 대저택을 보유한 상류층이 창문세에 거센 저항을 했다는 내용은 제시되어 있지 않다.

④ 오늘날에도 영국에서 창문이 없는 오래된 건물을 찾는 것은 어렵지 않다고 했다.
(However, spotting old buildings without windows is not difficult in England even today.)

4 다의어

주어진 문장에서 collect는 '(세금 · 집세 등을) 징수하다'의 의미로 쓰였다. 따라서 ②가 가장 적절하다.

① 그는 우표를 수집한다.

② 그 주는 교통 벌금으로 120만 달러를 징수했다.

③ 그녀는 오래된 찻주전자 모으는 것을 즐긴다.

④ 그 회사는 소비자에 대한 정보를 모은다.

5 which

밑줄 친 which는 앞의 콤마와 함께 쓰인 계속적 용법의 관계대명사로, bigger homes had more windows를 의미한다.

어휘 · 구문

A

- introduce 도입하다, 소개하다
- prove 증명하다, 입증하다
- afford to ~할 여유가 있다

B

- continue -ing 계속해서 ~하다
- raise taxes 세금을 인상하다
- collect (세금 · 집세 등을) 징수하다, 모으다
- relatively 상대적으로
- visible (눈에) 보이는
- board up (문 · 창문 등을) 판자로 막다

- **Collecting window tax** was relatively easy because windows were clearly visible from the street.: Collecting window tax는 동명사구 주어로 단수 취급하여 단수 동사 was가 쓰였다.

C

- as ~함에 따라(become, get, grow 등의 동사와 함께)
- damp 축축한, 습기 찬
- cause (문제를) 일으키다, ~의 원인이 되다
- be criticized as ~라는 비판을 받다
- be viewed as ~로 간주되다
- unequal 불평등한
- place burden on ~에게 부담을 주다

- It was also viewed as being an unequal tax **which** placed burden on the middle and lower classes.: which는 주격 관계대명사로 쓰여 선행사 an unequal tax를 수식하고 있다.

D

- widely 폭넓게, 널리
- unpopular 평판이 나쁜, 인기가 없는
- eventually 결국
- be replaced by ~에 의해 대체되다
- spot 찾다, 발견하다, 알아채다

본문 54쪽

3

0 Good Samaritan laws

1 ④ **2** ① **3** ④ **4** ④ **5** hesitation

A Have you ever come across someone who needed medical help? Let's suppose that you come upon someone who is having a heart attack. You need to start CPR (cardiopulmonary resuscitation) right away before it is too late.

B However, the truth is that you may injure him and you may be in trouble. His ribs may break while you compress his chest. You may be sued for the injury you caused despite your good intentions. That you helped him with good intentions may not be known to him or his family.

C However, do not hesitate. Good Samaritan laws, which are in force in many countries such as the United States, France, Germany, Japan, and Korea, are there to give legal protection to people who help someone in an emergency. The name "Good Samaritan" came from a parable of a Samaritan in the Bible who offered unconditional help to a person in great distress. Good Samaritan laws prevent a voluntary rescuer from being sued. Thus, Good Samaritan laws enable people to help someone in distress without any hesitation.

이 글의 구조와 요약

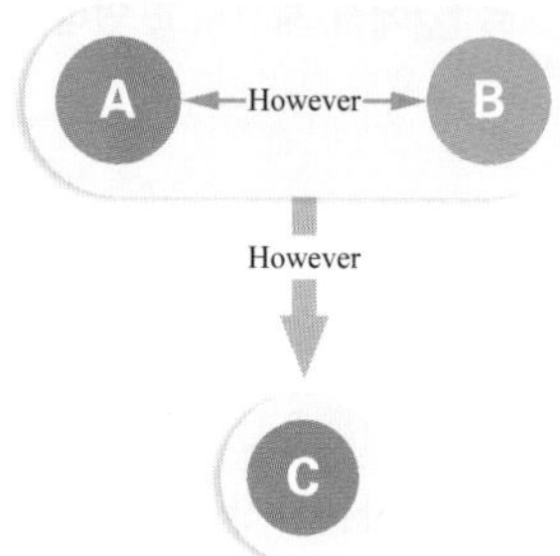

상황 제시	A	아프거나 다친 사람에게 도움을 줘야 하는 상황 – 심폐소생술이 필요한 심장마비 환자
문제점	B	도움을 준 행동이 좋지 않은 결과를 가져올 수 있음 – 아프거나 다친 사람에게 해가 되거나, 도움을 준 행동으로 인해 자신이 곤경에 처할 수 있음
해결책	C	선한 사마리아인 법 – 아프거나 다친 사람들을 돕는 행동을 법적으로 보호해 주는 법 – 곤경에 처한 사람들에게 도움을 주는 행동을 망설이지 말아야 함

전문해석

A 당신은 의학적 도움이 필요한 사람을 만난 적이 있는가? 당신이 심장마비를 앓고 있는 사람을 우연히 만났다고 가정해 보자. 당신은 너무 늦기 전에 즉시 CPR(심폐소생술)을 시작해야 한다.

B 그러나 사실은 당신이 그에게 상처를 입힐 수도 있고 당신이 곤경에 처할지도 모른다. 그의 가슴을 압박하는 동안 그의 갈빗대가 부러질지도 모른다. 당신의 좋은 의도에도 불구하고 당신이 일으킨 부상에 대해 고소를 당할 수도 있다. 당신이 선의로 그를 도왔다는 사실이 그와 그의 가족에게 알려지지 않을 수도 있다.

C 그러나 주저하지 말라. 미국, 프랑스, 독일, 일본, 한국과 같은 많은 국가에서 시행 중인 선한 사마리아인 법은 비상시에 사람을 도와주는 사람들에 대한 법적인 보호를 위해 존재한다. '선한 사마리아인'이라는 명칭은 큰 환난에 처한 사람에게 무조건적인 도움을 주었던 성경의 한 사마리아인의 비유에서 왔다. 선한 사마리아인 법은 자발적인 구조자가 고소당하는 것을 방지한다. 따라서 선한 사마리아인 법은 사람들이 조금의 망설임도 없이 곤경에 처한 사람을 도울 수 있게 해준다.

1 연결어 추론

빈칸에 들어갈 말은 전후 단락을 연결하는 접속사로 각 단락의 내용을 살펴 그 관계를 확인한다. A와 B는 응급 상황에서 시행한 심폐소생술이 오히려 그 대상을 다치게 하고 본인을 곤경에 빠트릴 수도 있다는 내용으로 연결되고(반대의 상황), B와 C는 그러함에도 주저하지 말고 곤경에 빠진 사람을 도우라는 내용으로 연결되므로(반대의 상황) 빈칸에 공통으로 들어갈 말은 역접의 접속사 ④ However(그러나)이다.

① 그 다음에 ② 또한 ③ 그러므로

2 주어진 문장 넣기

주어진 문장은 심폐소생술 중 갈빗대가 부러질 수도 있다는 내용이므로 ① 뒤에 나오는 the injury you caused로 연결되고 있다. 따라서 ①에 들어가는 것이 가장 적절하다.

3 요지 파악

도움을 준 행동이 아픈 사람에게 피해를 끼쳐, 본인이 곤란한 상황에 처해질 수도 있지만, 선한 사마리아인 법으로 타인에게 도움을 준 행동이 보호받을 수 있으니 아픈 사람을 돕는 것을 망설이지 말라고 언급하고 있다. C의 첫 문장과 마지막 문장을 통해 글쓴이의 주장을 추론할 수 있다. 따라서 ④가 가장 적절하다.

① 소송을 당하지 않으려면 심폐소생술을 하지 마라.
② 선한 사마리아인 법은 자발적인 구조자를 위한 것이 아니다.
③ 곤경에 빠진 사람을 돕지 말고 그저 도움이 도착할 때까지 기다려라.
④ 곤경에 빠진 사람을 돕는 것에 주저하지 마라.

4 유의어

주어진 문장에서 in force는 '시행 중인'이라는 뜻으로, working, in operation, in effect와 같은 의미이다. ④ invalid는 '무효한, 효력 없는'이라는 뜻으로 in force와 반대 의미를 나타낸다.

5 문맥 추론

주어진 문장은 글의 마지막에 위치하여 결론에 해당하는 내용이다. '주저함 없이' 곤경에 빠진 사람을 도우라는 선한 사마리아인 법의 시행 취지에 맞도록 빈칸에 hesitation이 적절하다.

어휘·구문

A

- suppose 가정하다, 상상하다
- come upon ~를 우연히 만나다
- heart attack 심장마비
- CPR 심폐소생술

B

- the truth is that 사실은 ~이다
- be in trouble 곤경에 처하다
- rib 갈빗대, 늑골
- compress 압박하다, 누르다
- be sued for ~로 고소를 당하다
- despite ~에도 불구하고
- intention 의도
- be known to ~에게 알려지다

- [**That** you helped him with good intentions] may not be known to him or his family.: 접속사 that이 이끄는 명사절인 [ ]가 문장의 주어로 쓰였고, 동사는 may not be ~가 쓰였다.

C

- hesitate 주저하다, 망설이다
- be in force 시행되고 있다
- legal 법적인, 합법의
- protection 보호, 보안
- in an emergency 비상시에
- parable 비유, 우화
- offer 주다, 제공하다, 제안하다
- unconditional 무조건적인, 절대적인
- distress 곤경, 불행
- prevent A from B A가 B하는 것을 방지하다[막다]
- voluntary 자발적인, 자원봉사의
- rescuer 구조자, 구출자
- enable+목적어+to부정사 (목적어)가 ~하는 능력[자격]을 주다, ~할 수 있게 하다

- Good Samaritan laws, [**which** are in force in many countries such as the United States, France, Germany, Japan, and Korea], are there to give legal protection to people [**who** help someone in an emergency].: 두 개의 [ ] 모두 주격 관계대명사 which와 who가 쓰인 관계사절로 각각 앞의 선행사 Good Samaritan laws와 people을 수식하고 있다.

4

본문 58쪽

0 A ⓒ B ⓐ C ⓑ

1 ①　2 ②　3 ④　4 ①

A Puccini's opera *La Boheme* is a masterpiece and is considered as one of the greatest operas among classical music lovers. It is also often recommended as the "perfect first opera" for newcomers to the art. Yet many people, especially the younger generation, regard operas as extremely boring.

B Recently, one artist has successfully helped today's young audiences connect with this timeless opera. A composer named Jonathan Larson created *Rent*, a rock musical based on *La Boheme*. The details of the plot are different from the original, but the overall storyline and characters of *Rent* take after those of *La Boheme*. The names of the characters of both pieces are similar or identical. The characters also have similar jobs. To reflect the times, however, Mimi, one of the characters in *La Boheme* who suffers from tuberculosis, has AIDS instead of tuberculosis in *Rent*. *La Boheme* takes place in Paris in the 1830s, but the stage for *Rent* is New York in the 1990s.

C While both shows present their stories through different types of music, the scenes deliver the same message: living as an artist and finding true love in a big city is still a challenge.

이 글의 구조와 요약

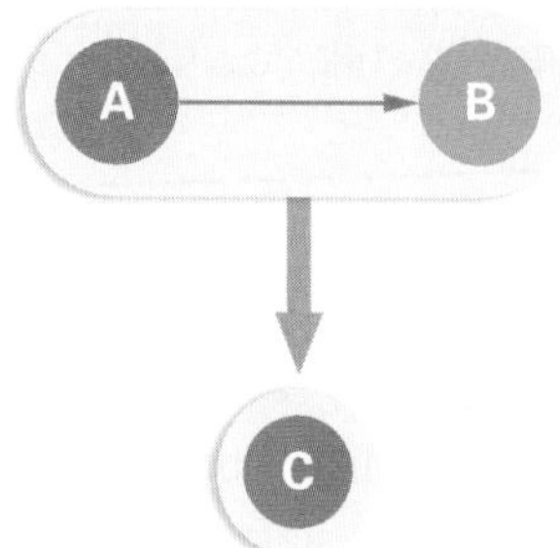

문제 제기	A	오페라에 대한 젊은 세대들의 부정적 인식 – '라보엠'은 위대한 오페라 중 하나로 여겨짐 – 젊은 세대는 오페라를 극도로 지루하게 여김
해법	B	오페라와 젊은 세대를 연결하는 다른 방식의 등장 – '라보엠'을 바탕으로 한 록 뮤지컬 '렌트'를 만듦
결론	C	다른 음악이지만 동일한 주제를 담고 있는 '라보엠'과 '렌트' – '대도시에서 예술가로서 사는 것과 진정한 사랑을 찾는 것은 도전'이라는 동일한 메시지를 전달하고 있음

전문해석

A 푸치니의 오페라 '라보엠'은 걸작으로, 클래식 음악 애호가들 사이에서 가장 위대한 오페라 중 하나로 여겨진다. 그것은 또한 그 예술(오페라)에 신참자를 위한 '완벽한 첫 번째 오페라'로도 종종 추천된다. 그러나, 많은 사람들, 특히 젊은 세대는 오페라를 극도로 지루하게 여긴다.

B 최근에, 한 예술가가 오늘날의 젊은 관객들과 시대를 초월한 이 오페라를 연결하는 것을 성공적으로 도왔다. 작곡가 Jonathan Larson은 '라보엠'을 기반으로 한 록 뮤지컬 '렌트'를 만들었다. 줄거리의 세부 사항은 원작과 다르지만, '렌트'의 전반적인 줄거리와 등장인물은 '라보엠'의 그것과 닮았다. 두 작품의 등장인물 이름이 비슷하거나 동일하다. 등장인물은 또한 비슷한 직업을 갖고 있다. 그러나 시대를 반영하기 위해 결핵으로 고통받는 '라보엠'의 주인공 Mimi는 '렌트'에서 결핵 대신 에이즈에 걸린다. '라보엠'은 1830년대 파리를 배경으로 일어나지만, '렌트'의 무대는 1990년대 뉴욕이다.

C 두 작품 모두 다른 유형의 음악을 통해 이야기를 제시하지만, 무대의 장면들은 동일한 메시지를 전달하는데, 그것은 대도시에서 예술가로 사는 것과 진정한 사랑을 찾는 것은 여전히 어려운 일이라는 것이다.

1 내용 불일치

① 오페라에 입문하기 좋은 작품은 '렌트'가 아니라 '라보엠'이다.
(It is also often recommended as the "perfect first opera" for newcomers to the art.: A의 두 번째 문장)

2 제목 파악

클래식 오페라의 대표작인 '라보엠'과 이를 원작으로 하여 젊은 층의 취향에 맞춰 재구성한 뮤지컬 '렌트'를 비교 설명한 글로, 두 작품은 음악의 장르는 다르지만 전달하는 주제는 동일하므로 글의 제목으로 가장 알맞은 것은 ②이다.

① '라보엠'과 '렌트': 성공의 비결
② '라보엠'과 '렌트': 시대를 초월한 주제의 공유
③ '라보엠'과 '렌트': 유사점
④ '라보엠'과 '렌트': 경쟁은 계속된다

3 유의어

take after는 '~를 닮다'의 의미로 쓰였다. 이와 바꿔 쓸 수 있는 것은 ④ resemble이다.

① 모순되다, 부정하다
② 재창조하다
③ 호의를 보이다, 찬성하다
④ ~를 닮다

4 다의어

제시된 문장에서 deliver는 '전달하다'의 의미로 쓰였다. 따라서 동일한 의미로 쓰인 것은 ①이다.
deliver는 '~을 전달[배달]하다, (연설 등을) 하다, (약속을) 지키다, (기대되는 결과를) 내놓다[산출하다]'의 의미를 가진다.

① 이모티콘은 긍정적인 감정을 전달할 수 있다.
② 그는 유전 공학에 관한 강의를 할 예정이다.
③ 만약 향상된 매출액을 산출하지 못하면, 당신은 해고다.
④ 정부는 식량을 원조하기로 한 약속을 지키지 않았다.

어휘 · 구문

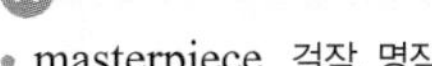

A

- masterpiece 걸작, 명작
- be considered as ~로 여겨지다, 인정되다
- be recommended as ~로 추천되다
- newcomer 신참자, 새로 온 사람
- regard A as B A를 B로 여기다

B

- help+목적어+(to)동사 (목적어)가 ~하는 것을 돕다
- connect with ~와 연결하다, 결합하다
- timeless 시대를 초월한, 영원한
- based on ~을 기반으로 한
- original 원본; 최초의
- take after ~를 닮다
- reflect 반영하다, 비추다
- tuberculosis 결핵
- composer 작곡가
- detail 세부사항
- overall 전반적인
- identical 동일한, 일치하는
- suffer from ~로 고통받다
- take place 일어나다, 발생하다

- Recently, one artist has successfully **helped** today's young audiences **connect** with this timeless opera.: '~가 …하도록 도움을 주다'의 의미인 「help+목적어+목적격 보어(동사원형)」 구문이 쓰였다.

C

- present 제시하다, 출석하다; 현재의, 참석한; 선물
- deliver 전달하다, 배달하다
- challenge 도전 (과제)

본문 62쪽

5

0 A ⓑ B ⓒ C ⓐ

1 ④ **2** ④ **3** A second, A meter, A kilogram **4** ② **5** ② **6** generate

A Exact measurements are important in various fields that require scientific research. How can one know the measurements he takes are exact? In this respect, absolute standards are necessary. The international society has agreed on these absolute standards of measurements. For example, the standard for a kilogram has been a single hunk of metal, "Le Grand K" locked in a French vault since the 1875 Treaty of the Metre.

B However, these standards of measurements had to be redefined as solid objects change over time. When Le Grand K was weighed in the 1980s, it was a couple of micrograms lighter, so all scientific scales had to be recalibrated. A new and universal constant that would generate a fixed value true now and millions of years later should be found. Scientists worked on this problem, and they came up with the solution.

C A second is now defined not as 1/86,400th of a day but as 9,192,631,770 oscillations of a special microwave beam. A meter is now not the length of a single, meter-long metal pole forged back in 1889, but the distance light travels in a vacuum in 1/299,792,458th of a second. The problem of a kilogram is solved through physics, and now it is defined in terms of the Planck constant, h. A kilogram is now $(h/6.62607015 \times 10^{-34})m^{-2}s$. It may be difficult, but it is a huge step in scientific development.

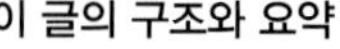

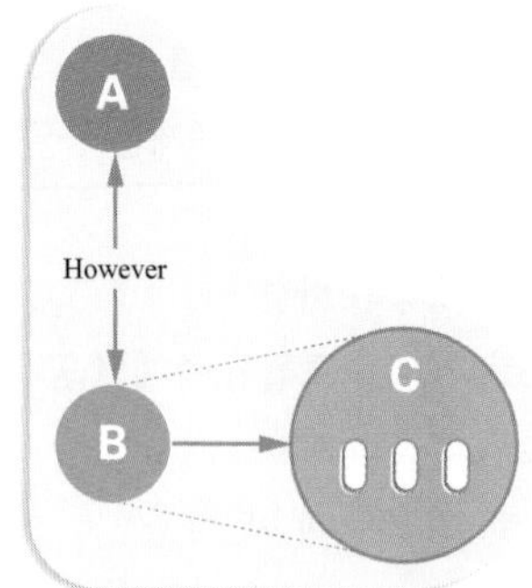

도입	A	절대적 기준의 필요성 – 과학 같은 분야에서 정확한 측정을 위해 절대적 기준이 필요함
문제와 해결책	B	절대적 기준을 재정의할 필요성 – 절대적 기준이 고정값이 아니라 변한다는 사실을 알게 된 후 시간이 지나도 변하지 않는 보편상수를 발견하기 위해 노력함
사례	C	재정의된 측정 단위의 예시 – 1초, 1미터, 1킬로그램

전문해석

A 정확한 측정은 과학 연구를 필요로 하는 다양한 분야에서 중요하다. 자신이 측정한 측정값이 정확한지 어떻게 알 수 있을까? 이런 점에서, 절대적인 기준이 필요하다. 국제 사회는 이러한 절대적인 측정 기준에 동의했다. 예를 들어, 킬로그램에 대한 표준은 1875년 미터 조약 이후로 프랑스 금고에 넣어 둔 'Le Grand K'라는 금속 한 덩어리이다.

B 그러나 고체는 시간이 지나면서 변하기 때문에 이러한 측정 기준은 재정의되어야 했다. 1980년대에 Le Grand K의 무게를 쟀을 때, 몇 마이크로그램 더 가벼웠고, 그래서 모든 과학적 저울들은 다시 측정되어야 했다. 현재와 수백만 년 후에도 정확한 고정된 값을 만들어 낼 새로운 보편상수가 발견되어야 한다. 과학자들은 이 문제에 대해 연구했고 해결책을 찾아냈다.

C 이제 1초는 하루의 86,400분의 1이 아니라 특수 마이크로파 빔의 9,192,631,770회 진동으로 정의된다. 이제 1미터는 1889년에 단조된 1미터 길이의 금속 기둥 하나의 길이가 아니라, 빛이 진공 상태에서 299,792,458분의 1초 동안 이동하는 거리이다. 킬로그램의 문제는 물리학을 통해 해결되며 이제 플랑크 상수 h라는 용어로 정의된다. 1킬로그램은 이제 $(h/6.62607015 \times 10^{-34})m^{-2}s$이다. 그것은 어려울 수 있지만, 과학 발전의 커다란 진전이다.

1 이유 추론

B의 첫 문장에서 알 수 있듯이, 킬로그램의 표준으로 정했던 프랑스 금고의 'Le Grand K'의 질량이 시간이 지나면서 변했던 것이 킬로그램이 새롭게 정의된 이유이다.

2 주어진 문장 넣기

주어진 문장에서 과학자들이 조사해 오던 문제(this problem)는 ④ 앞에 제시된 변하지 않는 새로운 보편상수를 발견하는 것이며, 그 해결책의 구체적 예시가 설명되는 것은 C이므로, 주어진 문장은 ④에 위치하는 것이 가장 적절하다.

3 구체적 진술(예시) 파악

절대적 기준으로 재정의된 측정 단위의 예시로 언급된 것은 '1초(a second), 1미터(a meter), 1킬로그램(a kilogram)'이다.

4 제목 파악

정확한 측정을 위해 세웠던 절대적 기준이 고정값이 아니라 변한다는 사실을 알게 된 후 시간과 관계없이 고정된 값을 갖는 보편상수를 찾으려는 과학적 노력이 있었고 이를 통해 측정 단위가 새롭게 정의되었다는 내용의 글이다. 따라서 글의 제목으로 가장 적절한 것은 ②이다.

① 과학적 측정의 불안정한 본질
② 측정에서 절대 기준의 새로운 정의
③ 과학적 측정에 대한 물리학의 기여
④ 측정 분야에서 과학의 위기

5 유의어

①, ③, ④는 모두 '정확한'의 의미로 주어진 문장의 exact와 같은 의미이지만 ② faulty는 '흠이 있는, 불완전한'이라는 뜻이다.

6 의미 추론

무언가를 만들어 내거나 만들어 내도록 야기하다

주어진 영영풀이에 해당하는 단어는 '만들다, 발생시키다'의 의미를 갖는 generate이다.

어휘 · 구문

A

- measurement 측정, 치수
- in this respect 이런 점에서
- agree on ~에 동의하다
- vault 보관실, 금고실, 아치형 천장
- various 다양한
- absolute 절대적인
- hunk 덩어리

- Exact measurements are important in various fields **that** require scientific research.: that은 주격 관계대명사로 선행사 various fields를 수식하고 있으며 선행사가 복수이므로 동사 require가 왔다.

B

- redefine 재정의하다, 재조사하다
- over time 시간이 지나면서
- scale 저울, 규모, (지도) 축척
- fixed 고정된, 일정한
- solid object 고체
- weigh 무게를 재다
- generate 만들다, 발생시키다
- came up with 찾아내다, 제안하다

C

- second (시간) 초, 두 번째의
- not as A, but as B A로서가 아니라 B로서
- not A, but B A가 아니라 B
- physics 물리학, 물리적 현상
- in terms of ~라는 용어(말)로, ~면에서

본문 66쪽

0 A ⓓ B ⓒ C ⓐ D ⓑ

1 ④ 2 (1) 수집하려는 정보가 무엇인지 분명히 알릴 것 (2) 사용하는 의도, 목적을 분명히 할 것 (3) 수집하고자 하는 정보의 범위를 제한할 것 3 ③ 4 balance, workplace, surveillance 5 surveillance 6 ③

A If you think what you do on your work computer is private, think again. There's a good chance that your employer is keeping a close watch on what you're doing.

B While placing employees under surveillance is nothing new, employers are now using surveillance software to follow employees even to their homes, as more people are working remotely. It can track every keystroke and every page we've visited on the Internet. And it does much more than just watch what we do. It analyzes ranks, and it reports on the employees' productivity. This is all legal as long as they disclose their activity.

C It's true that surveillance does make people behave a bit better. But it's also true that people feel uncomfortable and afraid to step outside the boundary and become creative. So, in order for the system to work, surveillance has to be transparent. The employer should state clearly what is being assessed. Also, the employer should set the intent for using surveillance and focus on that particular issue instead of trying to oversee every single aspect of the employees' work behavior.

D The future of work will involve more employees working remotely with flexible hours, and workplace surveillance will fast become commonplace practice. The rapid change in the workplace environment presents an opportunity for us to reexamine workplace surveillance practices so that both employees and employers can benefit from this evolving system.

이 글의 구조와 요약

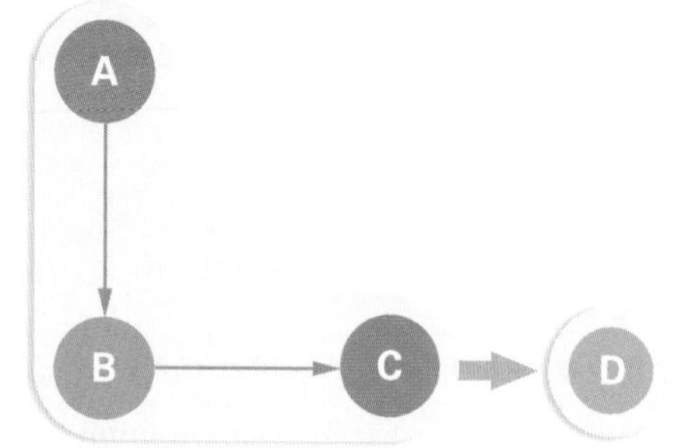

상황 제시	A	작업용 컴퓨터에 대한 감시 가능성
문제점	B	감시 소프트웨어의 기능과 문제점 – 모든 키 입력, 인터넷 방문 페이지 추적 가능 – 순위 분석, 생산성 보고 – 소프트웨어 기능이 공개되는 한 합법적
해결책	C	감시 소프트웨어의 문제 해결 방안 – 수집하려는 정보가 무엇인지 분명히 알릴 것 – 사용하는 의도, 목적을 분명히 할 것 – 수집하고자 하는 정보의 범위를 제한할 것
결론	D	변화하는 작업 환경에 따른 감시 시스템 재검토 필요성

전문해석

A 만약 당신의 업무용 컴퓨터에서 하는 일이 사적인 것이라 생각한다면, 다시 생각해 보라. 당신의 고용주가 당신이 무엇을 하고 있는지 예의 주시하고 있을 가능성이 크다.

B 직원들을 감시하는 것은 새로운 일이 아니지만, 더 많은 사람들이 원격으로 일하고 있기 때문에 지금 고용주들은 심지어 직원들의 집까지 따라가 감시 소프트웨어를 사용하고 있다. 그것은 모든 키 입력과 우리가 인터넷에서 방문한 모든 페이지를 추적할 수 있다. 그리고 그것은 우리가 무엇을 하는지 지켜보는 것 이상의 역할을 한다. 그것은 순위를 분석하고 직원의 생산성을 보고한다. 이것은 그들의 활동을 공개하는 한 모두 합법적이다.

C 감시가 사람들이 조금 더 좋게 행동하도록 만드는 것은 사실이다. 그러나 사람들이 경계를 벗어나 창의적이 되는 것을 불편하게 느끼고 두려워하는 것 또한 사실이다. 따라서 시스템이 효과가 있으려면 감시가 투명해야 한다. 고용주는 무엇이 평가되고 있는지 분명하게 말해야 한다. 또한, 고용주는 감시를 사용하려는 의도를 정하고 직원의 업무 행동의 모든 측면을 감독하려고 하는 대신 그 특정한 사안에 집중해야 한다.

D 미래의 업무는 더 많은 직원이 탄력적인 근무 시간으로 원격 근무하는 것을 수반할 것이며, 직장 감시는 빠르게 흔한 관행이 될 것이다. 근무(직장) 환경의 급격한 변화는 근로자와 고용주 모두가 이 진화하는 시스템의 혜택을 받을 수 있도록 우리에게 작업장 감시 관행을 재검토할 기회를 제공한다.

1 빈칸 추론

빈칸에는 직원을 감시하는 시스템의 문제점을 해결함과 동시에 효과를 얻기 위한 '감시의 특징'을 나타내는 단어가 들어가야 한다. 이어지는 문장에서 고용주는 무엇이 평가되고 있는지 분명하게 말해야 한다(state clearly)라고 한 것은 감시의 '투명성'을 설명하므로, 빈칸에는 ④ transparent(투명한)가 적절하다.

① 주관적인
② 함축적인, 암시적인
③ 예측할 수 있는

2 세부내용 파악

작업자 감시 관행의 문제점을 해결하려는 방안은 C에서 언급되어 있고, 세 번째 문장의 in order for the system to work~ 이하에 자세히 제시되고 있다.

3 내용 일치

③ 고용주는 재택근무를 하는 직원의 활동을 추적할 수 있다.
→ 키 입력과 인터넷에서 방문한 페이지를 추적할 수 있고 직원이 무엇을 하는지 지켜보는 것 이상의 역할을 한다고 했으므로 내용과 일치한다.
(It can track every keystroke and every page...)
① 작업장 감시는 불법이다.
→ 작업장 감시는 합법적이다.
(This is all legal...)
② 작업장 감시는 최근에야 대중화되었다.
→ 작업장 감시는 새로운 일이 아니다.
(While placing employees under surveillance is nothing new, ...)
④ 감시는 작업 행동의 모든 측면을 감독하는 데 사용될 때 가장 효과적이다.
→ 모든 측면을 감독하는 것 대신에 정해 놓은 의도에 집중해야 한다.
(~ focus on that particular issue instead of trying to oversee every single aspect...)

4 주제 파악

주제: 작업장 감시를 위한 알맞은 균형 찾기
늘어나는 원격 근무로 인해 작업장 감시가 불가피해지는 상황에서 현재의 감시 소프트웨어에 대한 문제점을 언급하고 이를 해결할 수 있는 방안을 제시하며 더 나아가, 고용주와 근로자 모두에게 이롭게 작용할 시스템이 만들어지도록 재검토해야 한다는 것이 이 글의 주제이므로 workplace surveillance(작업장 감시)와 balance(균형)를 써서 주제를 완성할 수 있다.

5 유의어

keep a close watch on은 '~을 예의주시하다'라는 의미로 밑줄 친 부분은 B의 surveillance(감시)와 유사하다.

6 유의어

밑줄 친 oversee는 '감독하다, 감시하다'의 의미로 ①, ②, ④가 비슷한 의미로 쓰였다. ③의 overlook은 '못 본 체하다', '눈감아주다'라는 의미이다.
① 우리 중 몇몇은 당신을 감시하도록 임명되었다.
② 경찰은 주차된 차를 감시하기로 결정했다.
③ 나는 그런 중대한 위법 행위를 못 본 체할 수 없었다.
④ 누군가는 건설의 마지막 단계를 감독해야 한다.

어휘 · 구문

A
- private 비공개의, 사적인
- there's a good chance that ~할 가능성이 크다
- keep a close watch on ~을 예의주시하다

B
- place 놓다, 두다; 장소
- surveillance 감시, 감독
- follow (…의 뒤를) 따라가다, 이해하다
- remotely 원격으로, 멀리서
- track 추적하다; 흔적, 자국
- keystroke (컴퓨터) 키 입력, 한 번 누르기
- analyze 분석하다, 검토하다
- rank 순위, 등급, 지위
- productivity 생산성
- as long as ~하는 한
- disclose 공개하다, 드러내다, 폭로하다

C
- behave (특정한 방식으로) 행동하다, 처신하다, 예의 바르게 행동하다
- boundary 경계
- work 효과가 나다, (계획 등이) 잘 되어 가다, 일하다
- transparent 투명한, 명백한, 명료한
- state 말하다, 명시하다; 상태
- assess 평가하다, 재다
- intent 의도, 목적; 집중한, 몰두한
- particular 특정한, 특별한
- issue 사안, 주제[안건], 쟁점
- instead of ~대신에
- oversee 감독하다, 우연히 (내려다) 보다, 목격하다

- The employer should state clearly [**what** is being assessed].:
  [ ]는 관계대명사 what이 이끄는 명사절로 state의 목적어로 쓰였다.

D
- involve 수반하다, 관련시키다
- flexible 탄력적인, 융통성 있는
- commonplace 흔한, 평범한
- practice 관행, 실행, 연습
- rapid 급격한, 빠른
- reexamine 재검토하다
- benefit from ~로부터 혜택을 받다
- evolve 진화하다, 발달하다

본문 70쪽

0 A ⓓ B ⓒ C ⓐ D ⓑ

1 ④　2 ④　3 ②　4 ②　5 (1) recreated (2) vanished

A One thing we humans tend to overlook is the crucial role biodiversity plays in our lives. We fail to understand that we are deeply entrenched in it, too, and that if we destroy the environment, it'll come back to bite us.

B Traditional conservation methods haven't been able to keep up with the speed of destruction. But it's getting a new ally. Recently, biotechnology has made breakthroughs to restore species, which is also known as "de-extinction." This complex and controversial technology is basically bringing extinct species, or rather their close approximate versions, back to life. These revived species can be returned to the wild and carry out important ecological roles before they became extinct.

C For example, the woolly mammoth which vanished from the Earth 4,000 years ago may come back to life by adapting the genome of the woolly mammoth's closest living relative, the Asian elephant, through genetic engineering.

D However, questions remain because there's so much we don't know about those species. In other words, the speed of technology is outrunning our knowledge about the species and their use in the real world. And the scary thing is that, once we meddle with something so fundamental as recreating species, there's no going back.

이 글의 구조와 요약

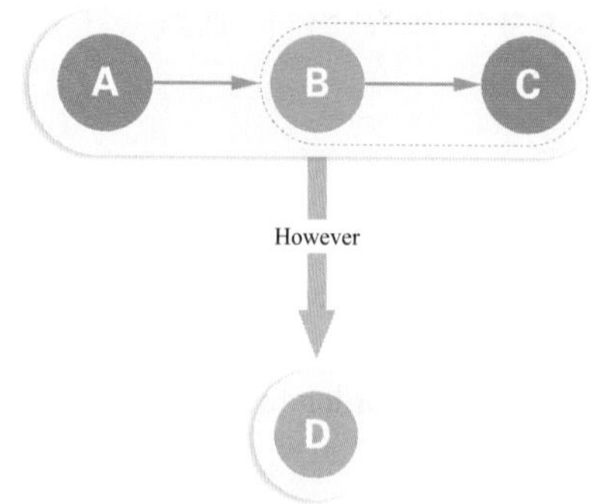

문제 제기	A	환경 파괴에 대한 문제 제기 – 생물 다양성이 갖는 중요성 간과
해결책	B	복원 방법에 대한 설명과 그것의 이점 – 멸종된 종 또는 유사한 종 되살리기 – 복원된 종은 멸종되기 전의 생태학적 역할 수행 가능
예시	C	멸종 생물 복원 예시 – 아시아 코끼리를 통한 털매머드 복원
결론	D	멸종 생물 복원 기술에 대한 우려 – 복원된 종과 그것의 유용성에 대한 지식이 충분하지 않음

전문해석

A 우리 인간이 간과하는 경향이 있는 한 가지는 생물 다양성이 우리 삶에서 하는 중대한 역할이다. 우리도 역시 그 안에 깊숙이 자리잡고 있으며, 우리가 환경을 파괴하면 그것이 나중에 되돌아와 우리에게 문제가 될 것임을 이해하지 못하고 있다.

B 전통적인 보존 방법은 파괴의 속도를 따라가지 못했다. 하지만 새로운 동맹이 생겨나고 있다. 최근, 생명공학은 종을 복원하기 위한 돌파구를 마련했는데, 그것은 '멸종 생물 복원'이라고도 알려져 있다. 이 복잡하고 논란의 여지가 있는 기술은 기본적으로 멸종된 종 또는 오히려 그와 아주 유사한 버전을 되살리는 것이다. 이렇게 되살려진 종은 야생으로 돌아가 멸종되기 전에 중요한 생태학적 역할을 수행할 수 있다.

C 예를 들어, 4,000년 전 지구에서 사라진 털매머드가 유전공학을 통해 털매머드와 가장 가까운 살아있는 동족인 아시아 코끼리의 게놈을 조작하여 다시 살아날 수 있다.

D 그러나 우리가 그러한 종들에 대해 모르는 것이 너무 많기 때문에 의문점이 남아 있다. 다시 말해, 기술의 속도는 종과 실제 세계에서 그것의 활용에 대한 우리의 지식을 능가하고 있다. 그리고 무서운 것은, 일단 우리가 종을 재생산하는 것과 같은 근본적인 문제에 개입하면, 되돌릴 수 없다는 것이다.

1 내용 일치

④ 기술은 복원된 종의 역할을 이해하는 우리의 능력을 능가하고 있다.
→ 기술의 속도는 종의 활용에 대한 지식 수준을 능가하고 있다고 했으므로 내용과 일치한다.
(~ the speed of technology is outrunning our knowledge about the species and their use in the real world)
① 전통적인 보존 방법은 생물 다양성을 보호하는 데 매우 성공적이었다.
→ 파괴의 속도를 따라가지 못했다.
(~ haven't been able to keep up with the speed of destruction)
② 멸종 생물 복원이란 멸종된 종의 정확한 재생을 말한다.
→ 멸종된 종 또는 유사한 버전의 종을 되살리는 것이다.
(~ or rather their close approximate versions)
③ 멸종 생물 복원을 통해 재생된 종은 연구용으로만 이용된다.
→ 야생으로 돌아가 생태학적 역할을 수행할 수 있다.
(~ can be returned to the wild and carry out important ecological roles)

2 빈칸 추론

빈칸 뒤 계속적 용법의 관계대명사 which에 이어지는 내용은 de-extinction(멸종 생물 복원)이다. de-extinction이라는 용어는 다음 문장(~ bringing extinct species, or rather their close approximate versions, back to life)에서 설명되는데 이를 통해 추론했을 때 빈칸에는 ④ restore species(종을 복원하는)가 가장 적절하다.

① 새 생명을 창조하는　② 병을 고치는　③ 멸종을 막는

3 제목 파악

이 글은 전통적인 보존 방법의 보완책으로 생명공학을 통한 '멸종 생물 복원'이라는 돌파구가 있지만, 이 또한 미지의 영역으로 우려해야 할 부분이 있다는 의견을 제시하고 있다. 따라서 제목으로 ②가 가장 적절하다.

① 멸종 생물 복원의 이점
② 생명공학의 유익성과 위험성
③ 인간의 파괴에 대한 대자연의 분노
④ 전통적인 보존 운동의 성공

4 유의어

meddle with는 '~에 관여하다[개입하다]'의 의미로 ②와 바꿔 쓸 수 있다.

① ~을 따라잡다　② ~을 간섭하다[방해하다]
③ ~을 생각해내다　④ ~을 버리다[없애다]

5 유의어

revive는 '되살아나다, 부활하다'라는 의미이다. 문장에서 revive는 과거분사 형태(revived)로 수동의 의미를 담아 뒤의 명사를 꾸며주고 있다. 유사한 의미로 D의 마지막 문장에 쓰인 recreating을 찾고, 과거분사 형태인 recreated로 바꿔준다.
became extinct는 '멸종되었다'라는 뜻으로 C의 첫 번째 문장에 쓰인 vanished(사라졌다)와 의미가 유사하다.

어휘 · 구문

A

- tend to ~하는 경향이 있다
- overlook 간과하다, 눈감아주다, 내려다보다
- crucial 결정적인, 중대한
- biodiversity 생물의 다양성
- deeply entrenched 깊숙이 자리 잡은
- come back to bite 나중에 되돌아와 ~에게 문제가 되다

- **One thing** [we humans tend to overlook] is **the crucial role** [biodiversity plays in our lives].: 두 개의 [ ]는 목적격 관계대명사 which[that]이 생략된 관계사절로 선행사 One thing과 the crucial role을 수식하고 있다.

B

- conservation 보호, 보존
- method 방법, 방식
- destruction 파괴, 멸망
- ally 동맹, 협력자
- breakthrough 돌파구, (과학 · 기술의) 비약적[획기적] 발전
- restore 복원하다
- extinction 멸종, 소멸
- complex 복잡한
- controversial 논란의 여지가 있는
- bring back to life 되살리다
- extinct 멸종한
- approximate 유사한, 근접한
- revive 되살아나다, 부활하다, 소생하다
- carry out a role 역할을 수행하다
- ecological 생태학적인, 생태계의

C

- woolly 털이 많은, 양털의
- vanish 사라지다, 희미해지다
- adapt 조정하다, 적응하다
- relative 동족, 친척; 상대적인
- genetic engineering 유전공학

D

- outrun 능가하다, ~보다 더 빨리 달리다
- once 일단 ~하면
- meddle with ~에 관여하다, 개입하다
- fundamental 근본적인, 핵심적인
- there's no going back 되돌릴 수 없다

본문 74쪽

8

0 A ⓑ B ⓒ C ⓐ

1 ② 2 ② 3 ② 4 ② 5 ② 6 ③

A Hunger is still one of the greatest global challenges of the twenty-first century. Despite some improvements, more than 800 million people around the world still suffer from malnutrition. Scientists are looking for solutions to cope with this problem, and the use of genetically modified (GM) crops is among the proposed solutions. Is it truly a viable solution?

B GM crops are plants that have been modified through genetic engineering to alter their DNA sequences to provide some advantageous traits. Genetic engineering can improve crop yield. It can also make crops more pest-resistant. Crops can also be engineered to be more nutritious, providing critical nutrients to populations.

C On the other hand, there are some obstacles to overcome for GM crops to be a viable solution to hunger. First, the public is worried about the safety of GM foods, though none of their concerns is backed by concrete evidence. Second, GM seeds are produced primarily by a handful of large companies with the intellectual property for genetic variations. From an economic point of view, the transition to GM crops poses a risk to food security, as, if a certain company failed, the crop it provides would cease to be available. Third, the farmers who live in hunger-stricken areas do not have enough education or information, so the introduction of GM crops to these areas is too slow to make any meaningful impact.

이 글의 구조와 요약

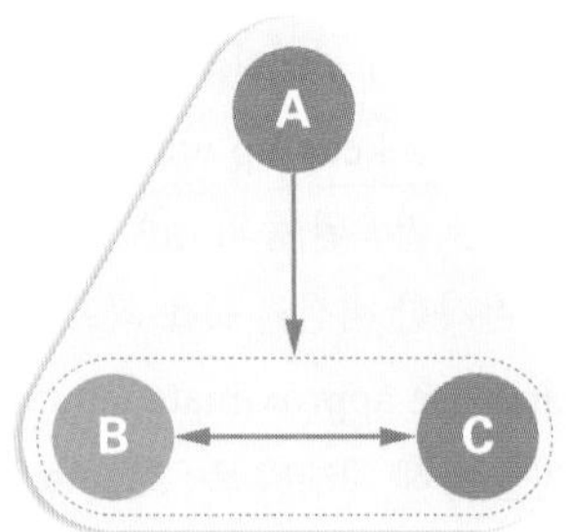

해결책의 가능성	A	유전자 조작 곡물의 가능성 – 기아 문제의 해결책으로 제시된 유전자 조작 곡물이 실행 가능한 해결책이 될까?
해결책의 장점	B	유전자 조작 곡물의 장점 – 수확량 증가, 해충에 강함, 영양가 높음
해결책의 문제점	C	유전자 조작 곡물의 문제점 – 안정성에 대한 우려, 소수 기업 특허 독점으로 인한 식량 안보 문제, 불충분한 교육과 정보

전문해석

A 기아는 여전히 21세기의 가장 큰 전 세계적인 과제 중 하나이다. 일부 개선에도 불구하고, 전 세계적으로 8억 명 이상의 사람들이 여전히 영양실조로 고통받고 있다. 과학자들은 이 문제에 대처할 해결책을 찾고 있으며 유전자 조작(GM) 곡물의 사용이 제안된 해결책 중 하나이다. 정말 실행 가능한 해결책일까?

B GM 곡물은 일부 유리한 특징을 제공하도록 DNA 서열을 변경하기 위해 유전공학을 통해 조작된 작물이다. 유전공학은 곡물 수확량을 늘릴 수 있다. 또한 곡물이 해충에 더 잘 견디게 할 수 있다. 곡물은 또한 더 영양가가 높도록 조작되어 사람들에게 중요한 영양소를 제공할 수 있다.

C 반면에 GM 곡물이 기아에 대한 실행 가능한 해결책이 되기 위해서는 극복해야 할 몇 가지 장애물이 있다. 첫째, 대중은 GM 식품의 안전성에 대해 우려하고 있긴 하지만, 그 걱정들 중 어느 것도 구체적인 증거로 뒷받침되지는 않는다. 둘째, GM 종자는 주로 유전적 변형에 대한 지적 재산권을 보유한 소수의 대기업에서 생산된다. 경제적인 관점에서 볼 때, GM 곡물로의 전환은 식량 안보에 위험을 초래하는데, 왜냐하면, 특정 회사가 실패하면 해당 기업이 제공하는 곡물의 이용이 중단될 것이기 때문이다. 셋째, 기아에 시달리는 지역에 거주하는 농민들은 충분한 교육이나 정보가 없기 때문에 이들 지역에 GM 곡물 도입이 너무 늦어 의미 있는 영향을 주지 못한다.

1 전개 방식 이해

기아 문제를 해결하기 위한 대안으로 유전자 조작 곡물을 제시하고 이것의 긍정적인 가능성을 먼저 언급한 후, 한계와 극복해야 할 세 가지 부분을 면밀히 짚어내며 전개하고 있으므로 ②가 가장 알맞다.

2 세부내용 파악

C에서 ②에 대한 내용은 언급되지 않았다.

① 안전성에 대한 우려
→ ~ worried about the safety of GM foods
③ 특허 독점으로 인한 식량 공급 안정성
→ a risk to food security
④ 불충분한 교육과 정보
→ do not have enough education or information

3 제목 파악

이 글은 A의 마지막 질문에 대해 '유전자 조작 곡물의 장점과 극복해야 할 문제점'이라는 두 가지 측면에서 대답하는 내용이므로 제목은 ②가 가장 적절하다.

① 기아에 시달리는 지역에서 GM 곡물의 필요성
② 기아를 해결하기 위한 GM 곡물의 성공 가능성
③ 식품 생산에서 GM 기술의 발전
④ GM 곡물의 장기적 위험성

4 의미 추론

'실행[성공] 가능한'이라는 viable의 의미를 가장 잘 나타낸 것은 ② able to be done or worth doing(할 수 있거나 할 가치가 있는)이다.

① 주목받을 만큼 좋은
③ 오랫동안 존재하는
④ 다른 것과 비교할 때 더 나은

5 의미 추론

'극복하다'라는 overcome의 의미를 가장 잘 나타낸 것은 ② successfully deal with(성공적으로 처리하다)이다.

① 점차 변화하다
③ 생산하거나 야기하다
④ 작은 변화를 일으키다

6 의미 추론

'줌, 움큼, 몇 안 되는 수'라는 handful의 의미를 가장 잘 나타낸 것은 ③ very small number(매우 적은 수)이다.

① 강력한 영향력 ② 높은 수준 ④ 다수의, 다량의

어휘 · 구문

A

- despite ~에도 불구하고
- cope with ~에 대처하다, 대응하다
- modified 조작된, 변형된
- malnutrition 영양실조
- genetically 유전적으로
- viable 실행 가능한

B

- alter 변경하다, 바꾸다
- advantageous 유리한, 이로운
- yield 수확량; 산출하다, 양보하다
- nutritious 영양가 높은
- critical 중요한, 결정적인
- sequence 순서, 차례
- trait 특징, 특색
- pest-resistant 해충에 강한
- provide A to B A를 B에게 제공하다
- nutrient 영양소

- Crops can also be engineered to be more nutritious, **providing** critical nutrients to populations.: providing~은 분사구문으로, and they provide~로 바꾸어 쓸 수 있다.

C

- obstacle 장애물, 방해물
- though 비록 ~이지만
- concrete 구체적인
- seed 종자, 씨앗
- a handful of 소수의, 한 줌의
- economic 경제적인
- pose A to B A를 B에 초래하다
- hunger-stricken 기아에 시달리는
- safety 안전성, 보호, 보안
- backed 뒷받침이 있는, 배경이 있는
- evidence 증거, 증언
- primarily 주로, 근본적으로
- intellectual property 지적 재산권
- point of view 관점
- cease 중단하다, 멈추다
- impact 영향, 충돌

문제해결

왜 구조로 썼을까?

기출문제 정답

⑤

본문 78쪽

Ⓐ One real concern in the marketing industry today is how to win the battle for broadcast advertising exposure in the age of the remote control and mobile devices.

Ⓑ With the growing popularity of digital video recorders, consumers can mute, fast-forward, and skip over commercials entirely.

Ⓒ Some advertisers are trying to adapt to these technologies, by planting hidden coupons in frames of their television commercials. Others are desperately trying to make their advertisements more interesting and entertaining to discourage viewers from skipping their ads; still others are simply giving up on television advertising altogether.

Ⓓ Some industry experts predict that cable providers and advertisers will eventually be forced to provide incentives in order to encourage consumers to watch their messages. These incentives may come in the form of coupons, or a reduction in the cable bill for each advertisement watched.

이 글의 구조와 요약

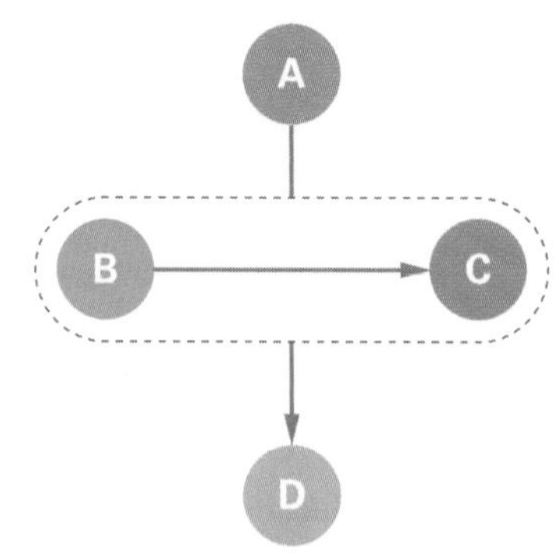

상황 제시	A	오늘날 마케팅 산업의 관심사 – 리모컨과 이동 통신 수단 시대에 방송 광고 노출에서 승리하는 것
문제점	B	디지털 영상 녹화 장치로 소비자들이 광고를 제대로 보지 않음
해결책	C	광고주들의 노력 – 광고에 쿠폰 숨기기 – 재미있는 광고 제작
결론 (전망)	D	산업 전문가들의 전망 – 소비자들의 광고 시청 장려를 위한 유인책 제공 가능성

전문해석

Ⓐ 오늘날 마케팅 산업의 한 가지 실질적 관심사는 리모컨과 이동 통신 수단의 시대에 어떻게 방송 광고 노출 전쟁에서 승리하는가이다.

Ⓑ 디지털 영상 녹화 장치의 인기가 증가함에 따라 소비자들은 광고를 완전히 음소거하거나 빨리 감거나 건너뛸 수 있다.

Ⓒ 어떤 광고주들은 TV 광고 프레임 속에 쿠폰을 몰래 숨겨 놓으며 이러한 기술들에 적응하려 노력한다. 다른 광고주들은 시청자들이 광고를 건너뛰지 못하게 하려고 자신들의 광고를 좀 더 흥미 있고 즐겁게 만들려고 필사적으로 노력하고 있다. 반면 다른 광고주들은 TV 광고를 그냥 완전히 포기해 버린다.

Ⓓ 일부 산업 전문가들은 결국 소비자들이 그들의 메시지를 보도록 장려하기 위해 유선 방송(케이블) 제공 업체와 광고주들이 유인책을 제공할 수밖에 없을 것이라고 예상한다. 이러한 유인책은 쿠폰 또는 각 광고 시청에 따른 유선 방송 수신료 감면의 형태를 띨지도 모른다.

출제의도

빈칸 추론 ► 글의 구조를 파악했는가?

A 빈칸 앞의 내용을 보면, 마케팅 업계의 관심사가 무엇인지 파악하는 문제임을 알 수 있다. 또한, 빈칸 앞에 how to라는 말에서 그 관심사가 마케팅과 관련된 어떤 해법일 것이라는 점을 예측해 볼 수 있다.

B 디지털 영상 녹화 장치의 인기로 소비자들이 광고를 제대로 보지 않는다는 내용에서 문제 상황임을 파악해야 한다. 결핍, 부족, 부정적인 결과나 상황들이 언급되면 문제를 언급하고 있음을 기억하자.

C 앞서 언급한 문제를 해결하기 위한 광고주들의 노력을 제시하고 있다.

D 소비자들이 광고 메시지를 보도록 장려하기 위해 유인책을 제공할 수밖에 없을 것이라는 전문가들의 전망을 제시하며 결론 내리고 있다.

종합해 보면, 이 글은 소비자들이 광고를 보지 않는 문제를 해결하기 위해 시도한 방안들과 결국 문제를 해결하기 위해 유인책을 제공해야 한다는 전문가들의 전망으로 구성되었음을 알 수 있다. 빈칸이 포함된 문장에서 이 글의 구조를 예측했다면, 문제와 해결책에 집중하여 빈칸의 내용을 쉽게 추론할 수 있었을 것이다.

① 사람들이 현명한 소비자가 되도록 안내하다
② TV 광고 비용을 줄이다
③ 상품의 품질을 잘 지켜보다
④ 어떤 상품이라도 언제든지 배달이 가능하게 하다
❺ 방송 광고 노출 전쟁에서 승리하다

어휘 · 구문

A

- concern 중요한 것, 관심사; (많은 사람들이 공유하는) 우려, 걱정
- exposure 노출

B

- popularity 인기
- fast-forward 빨리 감다
- skip over 건너뛰다, 빠뜨리다
- commercial (텔레비전 · 라디오의) 광고 (방송)
- entirely 완전히

C

- advertiser 광고주
- adapt to 적응하다
- plant 몰래 넣어 두다
- hidden 숨겨진
- desperately 필사적으로
- entertaining 재미있는, 즐거움을 주는
- discourage ~ from-ing ~가 …을 단념하게 하다
- give up on ~을 포기하다

D

- expert 전문가
- predict 예견하다
- eventually 결국
- incentive 유인책, 장려책
- reduction 할인, 인하
- bill 요금, 고지서

- Some industry experts predict [**that** cable providers and advertisers will eventually be forced to provide incentives in order to **encourage** consumers **to watch** their messages].: [ ]는 that이 이끄는 명사절로, predict의 목적어 역할을 하고 있다. 「encourage+목적어+목적격 보어(to부정사)」는 '(목적어)가 ~하도록 장려하다'라는 뜻을 표현한다.

CHAPTER 03

본문 82쪽

1

0 A ⓐ B ⓒ C ⓑ

1 ③ 2 ② 3 ② 4 ② 5 ③

A When was the last time you were "bored to death"? We often hear that idling away time is bad and that we should try to keep ourselves busy all the time. Many people think that our brain becomes completely inactive when we have nothing to do.

B However, studies show that being bored can actually bring out the creativity in us. Boredom is a negative emotion because it is tedious and unpleasant. We feel restless and unchallenged. But it is also a force to motivate us.

C Think of all the ideas we come up with when we are doing nothing. In other words, our brain produces creative ideas because we are bored. Bored people are more motivated to try out activities that are meaningful or interesting because they realize their current situation lacks excitement. They push themselves to look for something new.

D So, the next time you find yourself bored, let your thoughts wander. You're probably getting a chance to produce interesting ideas.

이 글의 구조와 요약

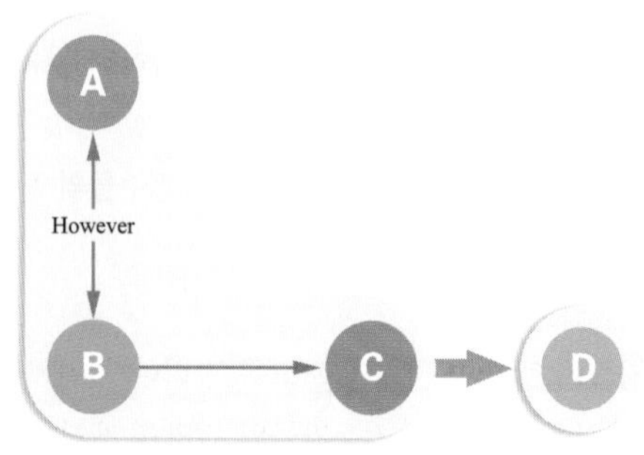

통념	A	지루해하는 것에 대한 일반적인 생각 – (지루해하면서 아무것도 하지 않을 때) 뇌가 완전히 정지 상태가 된다는 생각
반박	B	지루할 때 실제로 가능한 일 – 부정적인 감정에서 벗어나려고 하기 때문에 창의력과 동기부여의 계기가 됨
반박의 근거	C	지루함과 창의력의 관계 – 재미없는 현재 상황에서 벗어나기 위해 뇌에서는 온갖 새로운 아이디어가 떠오르게 됨
결론	D	지루함을 느끼게 될 때 생각이 가는 대로 내버려 두면 흥미로운 생각을 하게 될 수 있음

전문해석

A 마지막으로 '지루해 죽을 지경'이었던 때는 언제였는가? 우리는 시간을 허비하는 것은 좋지 않으며 항상 바쁘게 지내야 한다는 말을 자주 듣는다. 많은 사람들은 우리가 할 일이 없을 때 뇌가 완전히 비활성화된다고 생각한다.

B 그러나 연구에 따르면 지루함은 실제로 우리 안에 있는 창의력을 끌어낼 수 있다. 지루함은 지루하고 불쾌하기 때문에 부정적인 감정이다. 우리는 가만히 못 있고 도전받지 않는다고 느낀다. 그러나 그것은 또한 우리에게 동기를 부여하는 힘이기도 하다.

C 우리가 아무것도 하지 않을 때 떠오르는 모든 아이디어를 생각해 보라. 다시 말해, 우리의 두뇌는 지루하기 때문에 창의적인 아이디어를 생산한다. 지루한 사람들은 현재 상황에 흥분이 부족하다는 것을 깨닫기 때문에 의미 있거나 흥미로운 활동을 시도하는 데 더 동기가 부여된다. 그들은 새로운 것을 찾기 위해 스스로를 밀어붙인다.

D 따라서 다음에 당신이 지루할 때 당신의 생각이 가는 대로 내버려 두라. 당신은 아마도 흥미로운 아이디어를 만들어 낼 기회를 얻을 것이다.

1 의도 추론

A에서 일반적으로 지루함에 대해 갖고 있는 부정적인 면을 언급한 후 역접의 접속사 However로 연결하여 연구 결과를 제시한 것은 이와 반대되는 내용을 소개하기 위해서이다. 따라서 ③이 가장 적절하다.

2 글쓴이 생각 추론

② 창의적인 생각을 할 수 있는 건 지루하기 때문이다.
→ C의 두 번째 문장인 our brain produces creative ideas because we are bored에서 확인할 수 있다.

3 빈칸 추론

이 글의 요지는 '지루할(bored) 때 창의력이 생길(produce) 수 있다'는 것이므로 이 글의 결론에 해당하는 D의 빈칸에는 ②가 알맞다.

① 스트레스 받는 – 방출하다
② 지루한 – 만들어내다
③ 신이 난 – 막다
④ 만족한 – 창조하다

4 문맥 추론

> 연구에 따르면 지루함은 실제로 우리 안에 있는 창의성을 끌어낼 수 있다. 지루함은 지루하고 불쾌하기 때문에 부정적인 감정이다. 우리는 가만히 못 있고 도전받지 않는다고 느낀다. 그래서 우리는 그것을 벗어날 수 있는 방법을 찾으려고 한다. 다시 말해, 그것은 우리에게 동기를 부여하는 힘이다.

빈칸 앞의 내용을 비슷한 의미의 한 문장으로 짧게 정리하여 다시 말하고 있으므로 빈칸에는 ②가 적절하다.

① 게다가 ② 다시 말해, 즉
③ 반면에 ④ 그럼에도 불구하고

5 문맥 추론

> 숫자는 정확한 양을 설명하기 위해 발명되었는데, (설명을 덧붙이자면) 세 개의 이빨, 칠 일, 열두 마리의 염소 등이다. 그러나 양이 많을 때 우리는 정확한 방법으로 숫자를 사용하지 않는다. 우리는 '어림수'를 지표로써 사용해 근사치를 계산한다.

빈칸 전후의 문장은 정확한 숫자를 사용하는 것과 어림수를 사용하는 경우로, 반대/대조되는 내용이므로 역접의 접속사 ③이 가장 적절하다.

① 예를 들어 ② 따라서 ③ 그러나 ④ 그래서

어휘·구문

- the last time (when) 마지막으로 ~한 때
- bored to death 지루해서 죽을 지경인
- idle away one's time 시간을 허비하다
- completely 완전히
- inactive 비활성화의, 활동하지 않는

- bring out ~을 끌어내다
- tedious 지루한, 싫증 나는
- restless (지루해서) 가만히 못 있는
- force 힘, 에너지; 강요하다
- creativity 창의력, 창의성
- unpleasant 불쾌한, 기분 나쁜
- unchallenged 도전받지 않는

- be motivated to ~하도록 동기부여되다
- current 현재의, 통용되고 있는
- lack 부족하다; 결핍, 결여
- excitement 흥분, 감정의 격함, 자극

- Bored people are more motivated to try out activities **that** are meaningful or interesting because they realize [their current situation lacks excitement].: that은 주격 관계대명사로 선행사 activities를 수식하고 있으며, [ ]는 realize의 목적어로 their 앞에 명사절 접속사 that이 생략되었다.

- the next time 다음에 ~할 때
- wander 산만해지다
- get a chance to ~할 기회를 얻다

본문 86쪽

2

0 A ⓒ B ⓑ C ⓑ D ⓓ
1 ③ 2 ③ 3 ③ 4 ④ 5 ④

A Recently, using cell phones is causing much trouble at schools. While students prefer to use them during school hours, most teachers won't allow it or even take away students' phones during class.

B However, a few teachers in the US are trying to use social media technology via cell phones to encourage discussion in the classroom. Usually, in their classes, only about 30% of the students participated in classroom discussion. Yet, after they allowed their students to use cell phones for class discussion, more than 70% of the students took part in it. Apparently, many students felt more comfortable when they typed their opinions on their cell phones.

C Still, most teachers are skeptical about using social media in class. They fear that students may not focus on their studies. They are also worried lest it should lead to inappropriate or rude remarks from students.

D In sum, using social media in class discussion is surely an innovative idea, but we still need more time to agree on how to use it properly in class.

이 글의 구조와 요약

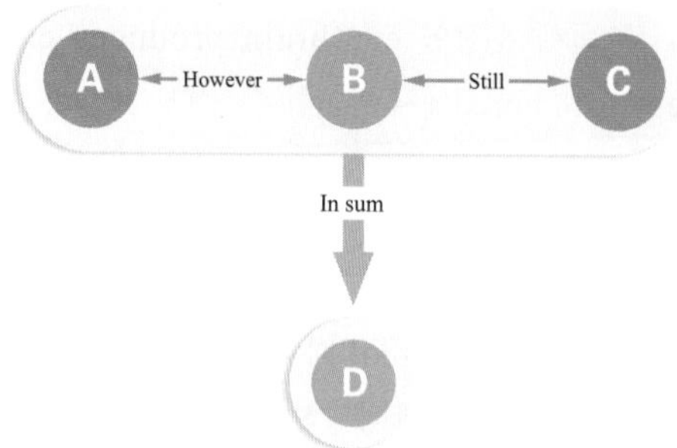

통념	A	수업 중 핸드폰 사용에 대한 일반적 생각 – 학생들은 선호하지만, 교사들은 허용하지 않음
반박	B	핸드폰 사용을 허용하는 일부 교사들의 입장 – 핸드폰을 매개로 소셜미디어를 수업에 활용함
재반박	C	핸드폰 사용을 우려하는 대부분의 교사들 – 수업 중 소셜미디어 사용에 대한 우려
결론 (절충)	D	핸드폰 사용에 대한 상반된 입장 절충 – 수업 중 소셜미디어 사용은 혁신적이나 시간이 필요함

전문해석

A 최근 학교에서 핸드폰 사용으로 인해 많은 문제가 발생하고 있다. 학생들은 수업 시간에 사용하는 것을 선호하지만 대부분의 교사는 그것을 허용하지 않거나 심지어 수업 중에 학생들의 핸드폰을 치워버린다.

B 그러나 미국의 몇몇 교사들은 교실에서 토론을 장려하기 위해 핸드폰을 매개로 하여 소셜미디어 기술을 사용하려고 한다. 일반적으로 수업에서, 학생의 약 30%만이 수업 토론에 참여했다. 그러나 학생들이 수업 토론에 핸드폰을 사용하도록 허용한 후 70% 이상의 학생들이 그것에 참여했다. 확실히, 많은 학생들이 핸드폰으로 자신의 의견을 입력할 때 더 편안함을 느꼈다.

C 여전히, 대부분의 교사는 수업 시간에 소셜미디어를 사용하는 것에 대해 회의적이다. 그들은 학생들이 공부에 집중하지 못할 것을 우려한다. 그들은 그것이 학생들의 부적절하거나 무례한 발언으로 이어지지 않을까 하는 걱정도 한다.

D 요컨대, 교실 토론에서 소셜미디어를 사용하는 것은 확실히 혁신적인 아이디어이지만, 수업에서 소셜미디어를 올바르게 사용하는 방법에 대해 의견을 일치하는 데는 아직 더 많은 시간이 필요하다.

1 단락 내용 이해

핸드폰 사용에 대한 교사와 학생들의 다른 입장은 A의 내용이다. C는 수업 중 소셜미디어를 사용하는 것에 대해 회의적인 교사들의 입장이다. 따라서 ③이 적절하지 않다.

2 요지 파악

요약의 연결사 In sum으로 시작되는 D는 B와 C의 내용을 절충한 결론으로 글의 요지에 해당한다. D의 내용에 가장 가까운 것은 ③이다.

→ ~ an innovative idea, but we still need more time to agree on how to use it properly in class

3 내용 일치

③ B에서 수업 토론에 핸드폰을 사용하도록 허용한 후 참여율이 30퍼센트에서 70퍼센트 이상으로 향상되었다고 했으므로 내용과 일치한다.

→ Yet, after they allowed their students to use cell phones for class discussion, more than 70% of the students took part in it.

① 대부분의 교사들이 핸드폰 사용을 허락하지 않고 있다.
(~ most teachers won't allow it or even take away students' phones)

② 학생의 약 30퍼센트만이 수업 토론에 참여했다.
(~ only about 30% of the students participated in classroom discussion)

④ 대부분의 교사들은 수업 중 소셜미디어 사용에 대해 회의적이다.
(~ most teachers are skeptical about using social media in class)

4 문맥 추론

빈칸을 전후로 핸드폰 사용에 대한 학생과 교사의 서로 다른 입장이 나오고 있으므로 역접의 접속사인 ④가 적절하다.

① 더욱이(= moreover) ② 그렇지 않으면
③ 그러므로 ④ 그러나, (그럼에도 불구하고) 여전히

5 유의어

skeptical은 '회의적인'의 뜻으로, 이어지는 문장에 쓰인 fear, worried 등을 통해서도 부정적인 의미임을 추론할 수 있다. ④ uncritical은 '무비판적인'의 의미로 긍정도 부정도 아닌 상태를 의미한다.

① 의심스러운 ② 납득[확신]하지 못하는
③ 부정적인 ④ 비판적이지 않은

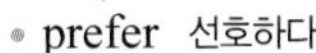

어휘 · 구문

A

- prefer 선호하다
- allow 허용하다, 허락하다
- take away 치우다, 제거하다

- **While** students prefer to use them **during** school hours, most teachers won't allow it or even take away students' phones **during** class.: 접속사 While은 '~인 반면에'라는 의미로 쓰였고, during은 전치사로 '~ 동안'의 의미로 쓰였다.

B

- via ~을 매개로 하여
- encourage 장려하다, 용기를 돋우다
- participate in ~에 참여하다(= take part in)
- apparently 명백히, 분명히
- type 입력하다, 타자를 치다

C

- skeptical 회의적인, 믿지 않는
- fear 우려하다, 두려워하다
- focus on ~에 집중하다
- lest ~하지 않도록, ~할까 봐
- lead to ~로 이끌다, 데리고 가다
- inappropriate 부적절한
- remark 발언, 말, 언급

D

- in sum 요컨대
- innovative 혁신적인, 획기적인
- properly 올바르게, 적절하게

본문 90쪽

3

0 ③
1 ③　　2 ①　　3 ②　　4 ③

A Are you a soccer fan? Many fans tend to think that men's soccer is simply more enjoyable to watch than women's soccer. There is no doubt that men are more athletic, run faster and play more powerfully than women.

B However, I claim that if you watch the game from different perspectives, women's soccer is more interesting to watch than men's soccer. First, the women's game is more offensive than the men's game. Since women are generally smaller in stature than men, they have to cover more area than men on the ground. This means that there are more open spaces and more chances to shoot the ball. The result is that there are usually more goals in women's games than men's games. It's more exciting to watch a 5–4 game than to watch a boring 1–1 game. Second, women are much slower than men, but this is not a downside. This is actually an attractive point. The slow pace of the women's game allows us to see elegant tactical operations as a team. This is contrasted with the men's game, where individual talents dominate the game (e.g. Messi, Ronaldo). Women's soccer is slow enough for us to detect an interesting pattern of play, but men's soccer is simply too fast.

이 글의 구조와 요약

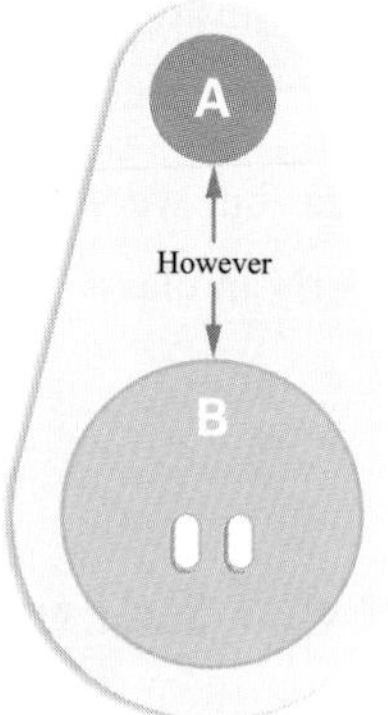

통념	A	남자 축구 관전이 여자 축구 관전보다 재미있다고 여기는 경향
반박과 근거	B	다른 시각으로 보면 여자 축구 관전이 더 흥미로움 – 여자 축구가 더 공격적임 – 전술적 운용을 볼 수 있음

전문해석

A 당신은 축구 팬인가? 많은 팬들은 남자 축구가 여자 축구보다 단순히 보기에 더 재미있다고 생각하는 경향이 있다. 남성이 여성보다 더 건장하고, 더 빨리 달리고, 더 힘차게 경기하는 데는 의심의 여지가 없다.

B 하지만 나는 다른 시각으로 경기를 보면 남자 축구보다 여자 축구가 보기에 더 흥미로울 것이라고 주장한다. 첫째, 여자 경기가 남자 경기보다 더 공격적이다. 여성은 일반적으로 남성보다 키가 더 작기 때문에 지상에서 남성보다 더 많은 면적을 커버해야 한다. 이것은 더 많은 열린 공간과 공을 찰 기회가 더 많다는 것을 의미한다. 그 결과 일반적으로 남자 게임보다 여자 게임에 더 많은 골이 있다. 지루한 1–1 경기를 보는 것보다 5–4 경기를 보는 것이 더 흥미롭다. 둘째, 여성은 남성보다 훨씬 느리지만, 이것이 불리한 점은 아니다. 이것은 사실 매력적인 점이다. 여자 경기의 느린 속도는 우리에게 팀으로서 우아한 전술적 작전을 볼 수 있게 해 준다. 이것은 개인의 재능이 게임을 지배하는 남자 경기(예: 메시, 호날두)와 대조적이다. 여자 축구는 흥미로운 경기 방식을 감지할 수 있을 만큼 느리지만, 남자 축구는 단순히 너무 빠르다.

0 **B**의 첫 번째 문장에서 말했듯이 글쓴이는 남자 축구와 여자 축구를 다른 시각(from different perspectives)에서 보는 것이지 과학적으로 분석하는 것은 아니다. 따라서 ③이 적절하지 않다.

1 빈칸 추론

남자 축구와 여자 축구를 비교 · 대조하는 **B**에서 빈칸이 들어간 문장 전후를 보면 a team과 individual talents가 대조적인 의미로 제시되므로 빈칸에는 대조 의미를 나타내는 ③ is contrasted with가 적절하다.

① ~와 관련되다
② ~와 비슷하다
③ ~와 대조된다
④ ~와 호환되다

2 내용 불일치

① 더 많은 골이 나는 여자 경기가 더 흥미롭다는 내용을 **B**의 첫 번째 근거 마지막 문장에서 확인할 수 있다.
(It's more exciting to watch a 5–4 game than to watch a boring 1–1 game.)

3 유의어

tend to는 '~하는 경향이 있다'의 뜻으로 가능성의 의미를 포함하므로, '~할 것 같은, ~할 가능성이 있는'의 뜻을 갖는 be likely to와 그 의미가 가장 비슷하다.

① 집값이 급격히 하락할 것으로 예상된다.
② 그러한 농담은 인종적 고정관념을 강화할 것 같다.
③ 그들은 각자의 방에 머물도록 강요받았다.
④ 나는 지구 온난화에 관한 다큐멘터리를 보기로 되어 있었다.

4 유의어

perspective는 '관점, 시각'의 뜻으로 ①, ②, ④와 비슷한 의미를 갖는다.

① (주제에 대한) 관점, 방향
② (사물을 보는) 각도[시각], 관점
③ 일, 사건
④ (문제 등에 대한) 입장, 태도, 견해

어휘 · 구문

A

- tend to ~하는 경향이 있다
- there is no doubt that ~라는 데 의심의 여지가 없다
- athletic 건장한, (운동) 경기의, 체육의

B

- claim 주장하다, 요구하다
- perspective 관점, 시각, 원근법
- interesting 흥미로운
- offensive 공격적인, 무례한
- stature 키, 지명도, 위상
- downside 불리한 점; 아래쪽의
- tactical 전술상의, 전술적인
- operation 작전, 수술, 기업
- be contrasted with ~와 대조적이다
- individual 개인의, 개개의
- dominate 지배하다, 우위를 차지하다
- detect 감지하다, 알아내다

- **Since** women are generally smaller in stature than men, they **have to** cover more area than men on the ground.: 접속사 Since는 '~ 때문에'라는 의미로 쓰였고, have to는 '~해야 한다'라는 의미를 나타낸다.

본문 94쪽

0 ③

1 ②　　2 ③　　3 ④　　4 ④

5 learning one word / understanding a grammatical point　　6 어느 쪽 언어에서든

A Many people tend to think that the most difficult part in learning a language is grammar. We often hear learners of German complain about the notorious grammatical system of three genders and four cases. French learners get so frustrated when they have to memorize so many verbal forms.

B It is indeed difficult to learn a grammatical system of a language. However, I claim that the most difficult part of language learning is vocabulary.

C It takes time and effort to comprehend the grammar, but the vocabulary takes far longer to learn than the grammar. When you compare learning one word with understanding a grammatical point, the former feels far easier than the latter. However, we should realize that when we need to express our thoughts and feelings, we need at least some hundreds or thousands of words. Then, it definitely takes a tremendous amount of time and effort to reach a decent level of vocabulary power.

D Having said all this, my point explains well why the major reason some languages are found easier or harder to learn is also related to vocabulary. When there are so many similarities in both word form and word meaning in the two languages, it becomes much easier to learn one of the two languages from either side. For speakers of English, French is much easier to learn than an Asian language like Korean or Japanese.

이 글의 구조와 요약

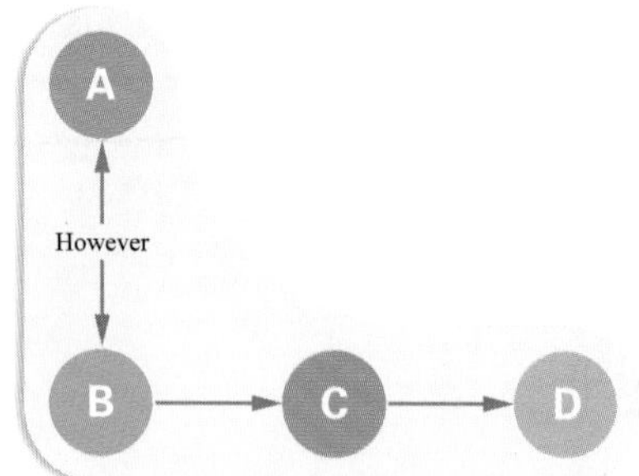

통념	A	많은 사람들은 언어를 배우는 데 있어 가장 어려운 부분을 문법이라고 생각함 – 독일어 학습자, 프랑스어 학습자
반박	B	언어 학습에서 가장 어려운 것은 어휘임
근거	C	어휘는 문법보다 배우는 데 훨씬 오래 걸림 – 생각과 감정을 표현할 만큼 상당한 수준의 어휘력을 가지기 위해서는 엄청난 시간과 노력이 필요함
근거	D	일부 언어들을 학습할 때 쉽거나 어렵게 느껴지는 것은 어휘와 관련됨 – 영어를 말하는 사람들에게 한국어나 일본어보다 프랑스어가 배우기 쉬움

전문해석

A 많은 사람들은 언어를 배우는 데 있어 가장 어려운 부분이 문법이라고 생각하는 경향이 있다. 우리는 독일어를 배우는 사람들이 세 개의 성과 네 개의 격으로 구성된 악명 높은 문법 체계에 대해 불평하는 것을 종종 듣는다. 프랑스어 학습자는 너무 많은 동사 형태를 암기해야 할 때 매우 좌절한다.

B 언어의 문법 체계를 배우는 것은 참으로 어렵다. 그러나 나는 언어 학습에서 가장 어려운 부분이 어휘라고 주장한다.

C 문법을 이해하는 데는 시간과 노력이 필요하지만, 어휘는 문법보다 배우는데 훨씬 더 오래 걸린다. 한 단어를 배우는 것과 문법적 요점을 이해하는 것을 비교할 때 전자가 후자보다 훨씬 더 쉽게 느껴진다. 하지만 우리는 생각과 감정을 표현해야 할 때, 적어도 수백, 수천 개의 단어가 필요하다는 사실을 깨달아야 한다. 그런 다음에도, 상당한 수준의 어휘 실력에 도달하려면 분명히 엄청난 시간과 노력이 필요하다.

D 이 모든 것을 말하긴 했지만, 나의 의견은 왜 몇몇 언어들이 배우기 더 쉽거나 더 어렵다고 느끼는 주된 이유가 어휘와도 관련이 있는지 잘 설명하기도 한다. 두 언어의 단어 형태와 단어 의미에 유사점이 많으면 어느 쪽에서든 두 언어 중 하나를 배우는 것이 훨씬 더 쉬워진다. 영어 사용자에게 프랑스어는 한국어나 일본어와 같은 아시아 언어보다 배우기가 훨씬 더 쉽다.

0 C와 D에서 통념에 대한 반박의 근거를 제시하고 있지만, 연구 자료에 대한 언급은 없다.

1 빈칸 추론

'언어 학습에서 가장 어려운 것은 어휘'라는 글쓴이의 주장에 대한 근거를 C, D에서 언급하고 있으므로 B의 빈칸에 들어갈 내용은 ②가 가장 적절하다.
글의 구조를 파악하면 답을 쉽게 찾을 수 있는데, A가 통념, B가 이에 대한 반박이다. 즉, A에 언급된 내용을 반박하는 것이 B의 빈칸에 들어간다. 또한, C, D에서 B의 반박 내용에 대한 근거를 제시하고 있으므로, 역으로 C, D를 통해 B의 빈칸에 들어갈 말을 유추할 수도 있다.
① 어휘를 아는 것만으로도 충분한 의사소통을 할 수 있다
② 언어 학습의 가장 어려운 부분은 어휘이다
③ 어려운 문법을 이해하는 쉬운 방법이 있다
④ 어휘와 문법은 언어에서 알아야 할 가장 기본적인 것들이다

2 지칭 추론

밑줄 친 this는 앞 단락 C의 내용을 의미하므로 ③이 가장 적절하다. ①, ②, ④는 문법 학습이 어휘 학습보다 어렵고 중요하다는 내용이므로 적절하지 않다.

3 빈칸 추론

D에서 단어 간 의미와 형태에 유사성이 있을 때 언어 학습이 용이해진다는 내용을 언급하고 있으므로 빈칸에는 ④가 가장 적절하다.
① 사람마다 다르다
② 비언어적 요인에 있다
③ 문법과 많은 관련이 있다
④ 어휘와도 관련이 있다

4 유의어

tremendous는 양이나 규모가 '매우 큰, 엄청난'의 뜻으로 ④ considerable(상당한, 꽤 많은)과 의미가 가장 가깝다.
① 주관적인 ② 상상할 수 있는 ③ 셀 수 있는

5 the former, the latter

앞서 말한 두 개의 대상을 다시 언급할 때 전자(the former)와 후자(the latter)로 지칭한다. 여기서 전자는 learning one word이고 후자는 understanding a grammatical point이다.

6 either+단수 명사

[either+단수 명사]는 긍정문에서 '둘 중 어느 것'이나 긍정할 때, 부정문에서는 '둘 중 모두'를 부정할 때 사용하는 구문이다. 주어진 문장은 긍정문이므로 두 가지 경우를 모두 긍정하는 의미로 쓰였는데, 형태와 의미상 유사점이 많은 두 개의 언어(언어 A, 언어 B)가 있다면, 언어 A에서 언어 B를 배우든, 언어 B에서 언어 A를 배우든 상관없이 두 경우 모두 서로 배우기가 훨씬 쉽다는 것을 의미한다.

어휘 · 구문

A

- notorious 악명 높은, 소문난
- gender 성, 성별
- case (문법) 격, 경우, 사건
- get frustrated 좌절하다, 짜증나다
- verbal 동사의, 말의

- Many people tend to think [**that** the most difficult part **in learning a language** is grammar].: [ ]는 접속사 that이 이끄는 명사절로 think의 목적어로 쓰였고 전치사구 in learning a language는 that절의 주어 the most difficult part를 수식하고 있다.

B

- indeed 참으로, 정말
- grammatical system 문법 체계
- vocabulary 어휘

C

- comprehend 이해하다
- far (비교급 앞에서) 훨씬 더
- compare A with B A와 B를 비교하다
- the former 전자
- the latter 후자
- at least 적어도, 최소한
- definitely 분명히, 확실히
- tremendous 엄청난, 굉장한
- decent 상당한, 알맞은, 제대로 된

D

- having said this[that] 그렇긴 해도, ~하긴 하지만
- be related to ~와 관련이 있다
- similarity 유사점

본문 98쪽

0 A ⓓ B ⓑ C ⓐ D ⓒ

1 ① 2 easiness, convenience 3 ④ 4 ④ 5 forget

A Many people think of marketing only as selling and advertising, such as television commercials, newspaper ads, or Internet pop-ups.

B However, marketing is far more than that. The essence of marketing lies in satisfying customer needs. Many sellers make the mistake of paying too much attention to talking about their products. They see themselves as selling a product rather than approaching their customers. Marketers should appeal to customers, not to the experts who evaluate their products.

C A manufacturer that produces drill bits may think that the customer needs the most efficient drill bit. However, what the customer really needs is easiness and convenience in making a hole. What customers want is the solution to their daily needs.

D Many manufacturers are so occupied with improving the quality of their products that they lose sight of the underlying customer needs. What is most important is to see what problems the customers want to solve in their daily life. They forget that they have made a product to solve a customer's problem. This means then that marketing must focus on demonstrating how happy customers can be when they use their products.

이 글의 구조와 요약

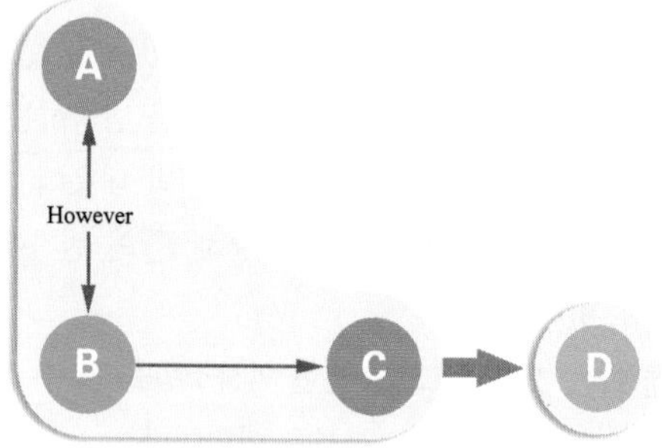

통념	A	물건을 팔고 광고하는 것이 마케팅이라는 일반적인 생각
반박	B	마케팅의 본질은 고객의 요구를 만족시키는 것이라는 주장
반박의 근거 (예시)	C	마케팅의 본질에서 어긋난 사례
주장 재진술	D	마케팅은 일상의 문제를 해결하고 싶은 고객의 요구에 중점을 두어야 함을 강조

전문해석

A 많은 사람들은 마케팅을 텔레비전 광고 방송, 신문 광고 또는 인터넷 팝업과 같은 판매 및 광고로만 생각한다.

B 그러나 마케팅은 훨씬 더 그 이상이다. 마케팅의 본질은 고객의 요구를 만족시키는 데 있다. 많은 판매자가 제품에 대해 이야기하는 데 너무 많은 관심을 기울이는 실수를 한다. 그들은 자신을 고객에게 접근하기보다는 제품을 판매하는 것으로 본다. 마케팅 담당자는 제품을 평가하는 전문가가 아니라 고객에게 호소해야 한다.

C 드릴 비트를 생산하는 제조업자는 고객에게 가장 효율적인 드릴 비트가 필요하다고 생각할 수 있다. 그러나 고객이 진정으로 원하는 것은 구멍을 뚫을 때의 수월함과 편리함이다. 고객이 원하는 것은 일상적인 요구 사항의 해결이다.

D 많은 제조업체가 제품의 품질을 개선하는 데 너무 몰두하여 근본적인 고객의 요구를 놓치고 있다. 가장 중요한 것은 고객이 일상생활에서 무슨 문제를 해결하고 싶어하는지를 보는 것이다. 그들은 고객의 문제를 해결하기 위해 제품을 만들었다는 사실을 잊는다. 이것은 따라서 마케팅은 고객이 그들의 제품을 사용할 때 얼마나 행복해질 수 있는지를 확실하게 보여주는 데 중점을 두어야 한다는 것을 의미한다.

0 A에서 마케팅에 대한 일반적인 생각(통념)으로 글을 시작하고 이에 대한 반박으로 B에서 마케팅의 본질은 '고객 요구 만족'이라고 주장하고 있다. B에 대한 근거로 C에서 고객 요구를 제대로 적용하지 못한 사례를 제시하고 있으며, D에서는 다시 '고객의 요구'가 중요함을 강조하고 있다.

1 주제 추론

글쓴이가 마케팅이라는 소재에서 중점적으로 다루고 있는 내용은 B의 두 번째 문장에 제시된 마케팅의 본질(the essence of marketing)이다. C, D에서는 '마케팅의 본질 = 고객의 요구 충족 = 일상의 문제 해결'이라는 점이 중요함을 강조하고 있다.

① 마케팅의 본질
② 마케팅의 방법
③ 다양한 고객 요구
④ 판매자의 흥미를 일으키는 방법

2 구체적 진술 파악(재진술)

드릴 비트를 사용하는 고객의 underlying needs는 C의 두 번째 문장(what the customer really needs is easiness and convenience in making a hole)에 제시된 easiness(수월함)와 convenience(편리함)이다.

3 빈칸 추론

빈칸 앞에 제시된 문장들의 내용으로 보아, 가장 중요한 것은 '제품을 통한 고객의 일상 속 문제 해결'이다. 이와 호응할 수 있는 내용이 빈칸에 들어가야 하는 데 '문제 해결-행복해짐'이라는 원인-결과적 추론을 통해 빈칸에는 ④가 가장 적절함을 알 수 있다.

① 전문가가 자신의 제품에 대해 얼마나 높게 생각하는지 고객에게 알리는 것
② 고객에게 제조공정의 어려움을 강조하는 것
③ 가능한 한 많은 고객에게 다가갈 수 있도록 광고 채널을 다양화하는 것
④ 고객이 그들의 제품을 사용할 때 얼마나 행복해질 수 있는지를 보여주는 것

4 중심 내용 파악

글쓴이는 마케팅에서 중요한 대상은 '제품(product)'이 아니라 '고객(customer)'이며, 고객의 요구에 초점을 맞춰야 한다고 했다. D의 What is most important is to see what problems the customers want to solve in their daily life.에서 가장 핵심이 되는 부분을 언급했으므로 이에 해당하는 ④가 글쓴이가 생각하는 마케팅의 핵심이라 할 수 있다.

① 제품에 대해 말하기
② 제품의 품질 평가하기
③ 제품의 품질 향상하기
④ 일상생활에서 고객의 문제 해결하기

5 유의어

lose sight of는 '~을 놓치다, 잊다'의 뜻으로 D에서 찾을 수 있는 비슷한 의미의 단어는 forget이다.

어휘 · 구문

A

- think of A as B A를 B로 생각하다
- advertise 광고하다, 알리다
- commercial 광고 방송; 상업의

B

- essence 본질, 핵심
- lie ~에 있다, 눕다, 거짓말하다
- satisfy 만족시키다
- customer 고객, 소비자
- needs (주로 복수로) 요구
- pay attention to ~에 관심을 기울이다
- see A as B rather than C A를 C라기보다는 B로 보다
- approach 접근하다, 다가가다
- appeal to ~에 호소하다
- evaluate 평가하다

C

- manufacturer 제조업자
- efficient 효율적인
- easiness 수월함, 쉬움
- convenience 편리함
- solution 해결, 해법

D

- be occupied with ~에 몰두하다
- so ~ that ... 너무 ~해서 …하다
- lose sight of ~을 놓치다, 잊다
- underlying 근본적인, 기초가 되는
- demonstrate 확실하게 보여주다, 증명하다

- [**What** is most important] is to see [**what** problems the customers want to solve in their daily life].: what이 이끄는 두 개의 명사절 [ ]는 각각 주어와 see의 목적어로 쓰였다.

본문 102쪽

0 A ⓒ B ⓑ C ⓐ

1 ② 2 ② 3 ④ 4 ③ 5 ④

A When reading history books, people think that they tell objective truths about the past. The readers tend to regard them as objective records of the past. So the readers think they can acquire objective knowledge about the past through reading history books.

B But is that really the case? Do historians consider it their duty to record past events as objectively as possible without their own evaluation? Benedetto Croce, an Italian philosopher and historian, did not think so. He declared, "All history is contemporary history." It means that history is essentially seeing the past through the subjective eyes of the present. It might sound very strange that history is a subjective retelling of the past. However, if one thinks carefully, the main work of a historian is not to record but to evaluate; for, if a historian does not evaluate, he cannot decide what is worth recording and what is not.

C Even if history is subjective, it does not lose its value. When reading a history book, one not only learns about the past but also the present and the historian who wrote it.

이 글의 구조와 요약

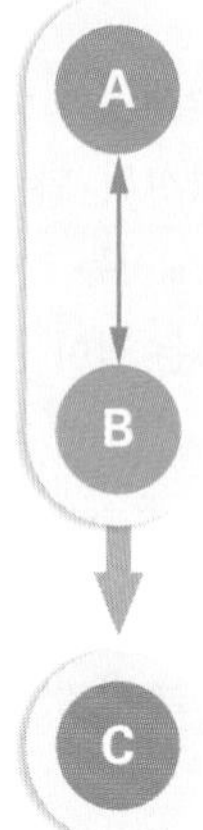

통념	A	역사책이 객관적일 거라는 일반적인 견해
반박과 근거	B	역사는 과거에 대한 주관적인 재진술이라는 주장 – Benedetto Croce의 말 인용: 모든 역사는 현대사(현재의 주관적인 눈으로 과거를 보는 것)
결론	C	주관적이더라도 가치가 있는 역사

전문해석

A 역사책을 읽을 때 사람들은 그것들이 과거에 대한 객관적인 사실을 말해준다고 생각한다. 독자들은 그것들을 과거의 객관적인 기록으로 여기는 경향이 있다. 그래서 독자들은 역사책을 읽음으로써 과거에 대한 객관적인 지식을 얻을 수 있다고 생각한다.

B 하지만 정말 그러한가? 역사가들은 그들 자신의 평가 없이 가능한 한 객관적으로 과거 사건을 기록하는 것이 그들의 의무라고 생각하는가? 이탈리아의 철학자이자 역사가인 Benedetto Croce는 그렇게 생각하지 않았다. 그는 '모든 역사는 현대사'라고 단언했다. 그것은 역사는 본질적으로 현재의 주관적인 눈으로 과거를 보는 것임을 의미한다. 역사가 과거에 대한 주관적인 재진술이라는 것이 매우 이상하게 들릴 수 있다. 그러나 곰곰이 생각해보면, 역사가의 주된 일은 기록하는 것이 아니라 평가하는 것인데, 왜냐하면 역사가가 평가하지 않으면 무엇이 기록할 가치가 있고 무엇이 그렇지 않은지 결정할 수 없기 때문이다.

C 역사는 주관적이더라도 그 가치를 잃지 않는다. 역사책을 읽으면, 과거뿐 아니라 현재와 그것을 쓴 역사가에 대해서도 알게 된다.

1 빈칸 추론

빈칸 뒤의 의문문은 역사 기록에 대한 역사가들의 입장이 객관적인지 묻고 있고, 이에 대한 대답으로 역사는 주관적이라는 내용이 이어지고 있다. 이는 A의 내용에 대한 반론적 의문이므로 빈칸에도 역시 A의 내용을 짧게 되묻는 ②가 오는 것이 가장 적절하다.

① 그것은 부정할 수 없다.
② 하지만 정말 그러한가?
③ 몇 가지 예외가 있다.
④ 독자들은 객관적으로 책을 읽는가?

2 빈칸 추론

빈칸 문장은 Benedetto Croce의 인용에 대한 설명으로 이어지고 있으며, 앞 문장에서 역사는 현재의 주관적인 눈으로 과거를 보는 것(seeing the past through the subjective eyes of the present)이라고 했으므로 빈칸에는 이와 같은 의미인 ②가 오는 것이 가장 적절하다.

① 과거에 대한 완전한 기록
② 과거에 대한 주관적인 재진술
③ 과거에 대한 잘못된 기록
④ 과거에 대한 무가치한 평가

3 제목 파악

이 글의 소재는 역사적 서술(historical description)이지만, 글쓴이가 주로 주목하고 있는 것은 역사의 주관성(subjectivity)이므로 ④가 글의 제목으로 가장 적절하다.

① 역사적 서술의 변화　② 역사적 서술에서 Croce의 역할
③ 역사 기록의 중요성　④ 역사적 서술의 주관성

4 재진술

주어진 문장에서 역사가의 역할을 나타내는 핵심 표현은 to evaluate이며 이와 바꿔 쓸 수 있는 것은 '평가하다, 판단하다'란 의미의 ③ to estimate이다.

① 주목하다 ② 지우다 ④ 강조하다

5 문맥 추론

> 우리가 더 행복하고 더 긍정적일 때 우리는 더 성공적이게 된다.
> – 중략 –
> 우리의 두뇌는 그것들이 부정적이거나 심지어 중립적일 때가 아니라, 그것들이 긍정적일 때 최상의 상태에서 가능하도록 말 그대로 프로그램화되어 있음이 드러난다.

글의 주제문은 결론의 내용을 간결하게 진술하는 것이므로 결론에서 강조하고 있는 when they are positive와 같은 의미가 빈칸에 들어가야 한다. 따라서 positive와 의미상 호응하는 happier, positive가 쓰인 ④가 가장 적절하다.

① 여러 가지 위험을 조심하다
② 다른 사람들과 잘 지낸다
③ 우리가 하는 일에서 최고이다
④ 더 행복하고 더 긍정적이다

어휘·구문

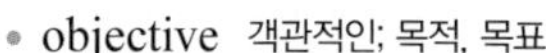

A

- objective 객관적인; 목적, 목표
- past 과거; 지나간
- regard A as B A를 B로 여기다
- record 기록하다, 녹음하다; 기록, 음반
- acquire 얻다, 획득하다

B

- as ~ as possible 가능한 한 ~ 한[하게]
- declare 단언하다, 표명하다
- contemporary 현대의, 동시대의
- subjective 주관적인
- present 현재, 선물; 현재의, 출석한
- evaluate 평가하다

C

- even if ~일지라도
- not only A but also B A뿐만 아니라 B도

- When reading a history book, one **not only** learns about the past **but also** the present and the historian who wrote it.: 'A뿐만 아니라 B도'의 의미인 「not only A, but also B(=B as well as A)」가 쓰였다. 여기서 중요한 건 B의 내용이다.

왜 대립 구조로 썼을까?

기출문제 정답

①

본문 106쪽

Ⓐ You'd think that whenever more than one person makes a decision, they'd draw on collective wisdom. Surely, a group of minds can do better than an individual.

Ⓑ Unfortunately, that's not always the case. The wisdom of a crowd partly relies on the fact that all judgments are independent.

Ⓒ If people guess the weight of a cow and put it on a slip of paper, or estimate the likelihood of a revolution in Pakistan and enter it into a website, the average of their views is highly accurate. But, surprisingly, if those people talk about these questions in a group, the answers that they come to are increasingly incorrect.

Ⓓ More specifically, researchers have found an effect of group polarization. Whatever bias people may have as individuals gets multiplied when they discuss things as a group. If individuals lean slightly toward taking a risk, the group leaps toward it.

이 글의 구조와 요약

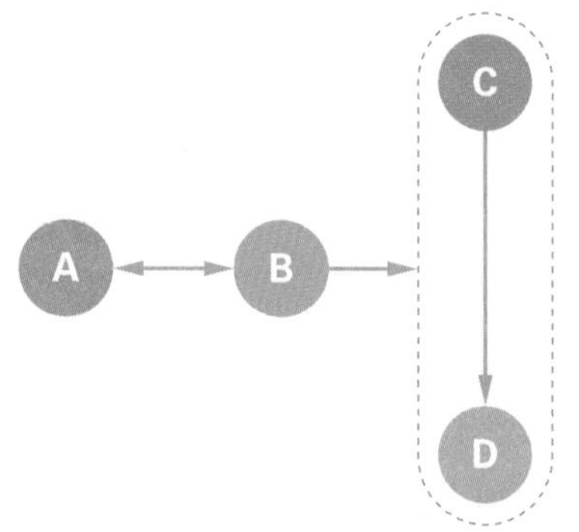

통념	A	여럿이 내린 결정은 집단의 지혜를 바탕으로 끌어낸 것이라는 생각
반박	B	집단의 지혜는 모든 판단이 독립적으로 이루어질 때 가능하다는 반박
근거	C	각자 독립적으로 판단 시 견해의 평균이 정확하게 나옴 – 소의 몸무게 예측 – 파키스탄 혁명 가능성 예측 집단으로 판단하면, 답이 부정확해짐
근거	D	집단 극단화 효과 – 집단으로 토론하면 개인의 편견이 극대화된다는 연구 결과

전문해석

Ⓐ 여러분은 두 명 이상이 어떤 결정을 내릴 때마다 그들이 집단적인 지혜를 이끌어낼 거라고 생각할 것이다. 분명히, 집단의 생각이 한 개인보다는 더 잘할 수 있다.

Ⓑ 불행하게도, 항상 그런 것은 아니다. 군중의 지혜는 모든 판단이 독립적이라는 사실에 부분적으로 달려 있다.

Ⓒ 만약 사람들이 소의 몸무게를 예측해서 그것을 종이에 쓴다거나 파키스탄에서 혁명이 일어날 가능성을 예측하여 그것을 웹사이트에 입력한다면, 그들 견해의 평균은 매우 정확하다. 그러나 놀랍게도, 그 사람들이 집단으로 이 문제들에 관해 얘기한다면 그들이 이끌어내는 답은 점점 더 부정확해진다.

Ⓓ 더 구체적으로, 연구원들은 집단 극단화의 효과를 발견했다. 개인으로서 가지는 편견이 어떤 것이든 그들이 집단으로 어떤 일들을 토론할 때 그 편견은 배가 된다. 만약 개인들이 위험을 감수하는 방향으로 약간 기운다면, 집단은 그것을 향해 돌진해 버린다.

출제의도

요약문 완성 ► 구조를 보고 반박의 내용을 잘 파악했는가?

A You'd think that에서 사람들의 생각(여럿이 내린 결정이 더 낫다는 생각), 즉 통념을 제시하고 있음을 알 수 있다. 이런 경우 글쓴이의 생각은 이와 다를 가능성이 있다는 점을 염두에 두어야 한다.

B 앞에 언급한 내용을 부분적으로 부정하면서 '군중의 지혜란 모든 판단이 독립적이라는 사실에 부분적으로 달려 있다'고 말한 내용이 바로 글쓴이의 의견이다. 이 말이 구체적으로 무엇을 의미하는지 파악하는 것이 중요하다.

C If는 주제나 글쓴이의 생각을 구체화하는 사례를 제시할 때 사용하는 연결사이다. 제시된 해당 사례가 글쓴이의 생각과 어떻게 연결되는지를 파악하는 게 중요하다. But, surprisingly, if ~와 같이 상반된 사례가 이어지고 있으므로 사례의 대조를 통해 글쓴이가 말하려는 것이 무엇인지를 파악한다. 특히, 사례에서 대비가 되는 점인 '결정이 독립적인 경우'와 '아닌 경우'를 서로 비교했다는 점을 주목한다.

D 글쓴이의 생각을 더 구체적으로 입증해 줄 연구 결과를 제시했다.

첫 문장을 보고 통념-반박 구조라는 걸 알아냈다면, 반박하는 글쓴이의 주장과 근거의 위치를 파악했을 것이다. 이후, 주장의 내용과 이어 나오는 근거들을 통해 여럿이 결정을 내릴 때 독립적으로 판단해야 집단의 지혜로 연결된다는 점을 알 수 있다. 여기까지 하면, 빈칸에 들어갈 말을 찾는 게 어렵지 않았을 것이다.

> 사람들이 의존적으로 함께 일할 때, 군중의 지혜는 종종 집단의 우매함으로 바뀐다.

❶ 의존적으로 - 우매함
② 의존적으로 - 우월감
③ 독립적으로 - 이기심
④ 독립적으로 - 도덕성
⑤ 우연히 - 편견

어휘·구문

A

- whenever ~할 때마다
- collective 집단적인

B

- crowd 군중, 대중
- rely on ~에 의존하다, ~에 달려 있다
- judgment 판단
- independent 독립적인

C

- slip (작은 종이) 조각
- estimate 추정하다, 예측하다
- likelihood 가능성
- revolution 혁명
- accurate 정확한
- incorrect 부정확한

- [If people **guess** the weight of a cow **and put** it on a slip of paper, **or estimate** the likelihood of a revolution in Pakistan **and enter** it into a website], **the average of their views** is highly accurate.: If절의 주어는 people이고 동사는 and와 or로 연결되어 guess, put, estimate, enter이다. 주절의 주어는 the average of their views이고 동사는 is이다.

D

- bias 편견, 편향
- multiply 곱하다, 크게 증가하다
- lean 기울어지다
- leap 뛰어오르다, 도약하다

- {**Whatever bias** [people may have as individuals]} gets multiplied when they discuss things as a group.: 문장의 주어는 {Whatever ~ individuals}이다. 목적격 관계대명사가 생략된 관계사절 [ ]이 bias를 수식하고 있다. whatever는 '어떤 ~든지 간에'라는 의미이다.

본문 110쪽

1

0 B ⓒ, ⓓ C ⓐ, ⓑ

1 ③ 2 ② 3 ③ 4 ② 5 ①

A We all use pencils. Pencils have been around for almost 500 years. Have you ever wondered when and why we first started using pencils?

B Pencils got their name from the Latin word *penicillum*, whose meaning is "little tail." The ancient Romans used "little tails" that were made from various animal hairs to write letters and documents. The problem was that it took so long to write because they had to dip the "little tail" in ink first. In order not to ruin the writing, they had to wait until the ink dried completely. Otherwise, the letters and documents became messy.

C Then, how did we get the modern-day pencil? Legend has it that it all started with a powerful windstorm. One day in the mid-1500s, a strong storm knocked over a large oak tree in England. Afterwards, a mysterious black substance was revealed in its roots. Those who found it wondered what they should do with it. When they rubbed the black substance over paper, they were excited to see that they could make a dark, dry line with it. This was the birth of the modern-day pencil.

이 글의 구조와 요약

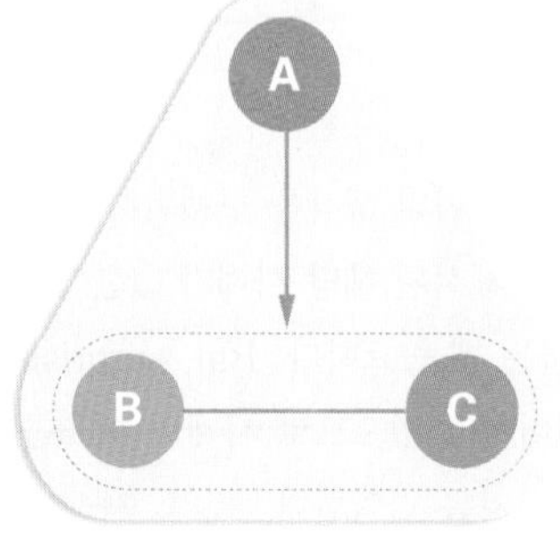

질문	A	연필을 처음 사용한 시기와 이유에 대한 질문
답변	B	pencil 명칭의 기원, 기존 필기도구의 단점 – '작은 꼬리'를 의미하는 라틴어 *penicillum* 에서 유래 – 고대 로마인들: 동물 털로 된 필기도구 사용 – 잉크가 마를 때까지 기다리느라 필기 시간 오래 걸림
	C	검은 물질 발견, 필기도구 가능성 확인 – 폭풍으로 쓰러진 떡갈나무 뿌리에서 검은 물질 발견, 이것이 현대 연필의 탄생

전문해석

A 우리는 모두 연필을 사용한다. 연필은 거의 500년 동안 존재해 왔다. 우리가 연필을 처음 사용하기 시작한 시기와 이유가 궁금한 적이 있었는가?

B 연필은 '작은 꼬리'를 의미하는 라틴어 *penicillum*에서 이름을 얻었다. 고대 로마인들은 편지와 문서를 쓰기 위해 다양한 동물의 털로 만든 '작은 꼬리'를 사용했다. 문제는 '작은 꼬리'를 먼저 잉크에 적셔야 했기 때문에 쓰는 데 시간이 너무 오래 걸렸다는 것이다. 글씨를 망치지 않기 위해 잉크가 완전히 마를 때까지 기다려야 했다. 그렇지 않으면, 편지와 문서가 지저분해졌다.

C 그렇다면, 현대의 연필은 어떻게 얻었을까? 전설에 따르면 모든 것이 강력한 폭풍과 함께 시작되었다고 한다. 1500년대 중반 어느 날, 강한 폭풍이 영국의 큰 떡갈나무를 넘어뜨렸다. 그 후, 그 뿌리에서 신비한 검은 물질이 드러났다. 그것을 발견한 사람들은 그것을 가지고 무엇을 해야 할까 생각했다. 그들이 검은색 물질을 종이 위에 문질러 보았을 때, 그들은 그것으로 어둡고 물기가 없는 선을 만들 수 있다는 것을 보고 흥분했다. 이것이 현대 연필의 탄생이었다.

1 주어진 문장 넣기

주어진 문장은 현대의 연필을 어떻게 얻게 되었는지 묻고 있으므로 이에 대한 답변이 시작되는 C의 첫 문장 앞인 ③에 들어가는 것이 가장 적절하다.

2 빈칸 추론

현대 연필의 유래를 전설을 인용하여 설명한 C의 마지막 문장에 빈칸이 있으므로 ②가 가장 적절하다.

① '연필'이라는 단어의 유래
② 현대 연필의 탄생
③ 큰 떡갈나무의 힘
④ 영국의 건국 신화

3 내용 불일치

현대적인 연필이 처음 생기게 된 유래는 '고대 로마'가 배경이 아니다. 고대 로마인들이 글자를 쓰기 위해 동물 털로 만든 '작은 꼬리(little tails)'를 잉크에 적셔 사용했다는 B의 내용은 현대적인 연필이 아니라 연필과 같은 용도의 필기도구가 처음 사용된 유래를 설명하는 것이다. 따라서 내용과 일치하지 않는 것은 ③이다.

4 유의어

주어진 문장의 ruin은 '망치다'의 뜻으로 ② damage(손상시키다)와 의미가 가장 비슷하다.

① 창조하다
③ 방해하다
④ 막다

5 관계대명사 that

그들이 이 공장에서 만드는 자동차는 전 세계로 수출된다.

주어진 문장에서 that은 관계대명사(목적격)이며, 이와 같은 쓰임은 ⓐ이다. "little tails" that were made from various animal hairs에서 that은 관계대명사(주격)이다.

ⓑ 접속사 that: 보어 역할을 하는 명사절
ⓒ 접속사 that: it과 동격인 명사절
ⓓ 접속사 that: see의 목적어 역할을 하는 명사절

어휘·구문

A

- wonder 궁금하다; 경탄, 불가사의

- ancient 고대의, 옛날의
- document 문서, 서류
- in order not to ~하지 않기 위해
- otherwise 그렇지 않으면
- various 다양한, 가지각색의
- dip 살짝 적시다, 담그다
- ruin 망치다; 붕괴, 몰락
- messy 지저분한, 엉망인

- legend has it that 전설에 따르면
- substance 물질, 물체, 실체
- rub 문지르다
- knock over 넘어뜨리다
- reveal 드러내다, 누설하다

- Those **who** found it wondered [**what** they should do with it].: who는 Those를 수식하는 주격 관계대명사이고, [ ]는 wondered의 목적어로 관계대명사 what이 쓰인 명사절이다.

본문 114쪽

2

0 ①

1 ② 2 ⓐ, ⓑ / ⓒ 3 ③ 4 ④ 5 ③

Ⓐ Why do some countries drive on the right and others on the left? About 65% of the world drives on the right, and 35% drives on the left.

Ⓑ In feudal societies, almost all people traveled on the left side of the road because that was a sensible way to cope with sudden violence. As 85–90% of humans are right-handed, swordsmen had to keep to the left to have their right arm nearer to opponents. <u>For the same reason, the knights preferred to keep their horses to the left to be ready for a sudden fight.</u> In 1835, the British Government made it a law for horse riders, coachmen and people to drive on the left. This is how Britain and its former colonies came to drive on the left.

Ⓒ However, it was different in France and the United States. In the late 1700s, drivers of big wagons in these countries began hauling products. As these wagons had no driver's seat, the driver used to sit on the left rear horse to keep his right arm free to lash the horses. As he sat on the left, the driver wanted everybody to pass on the left to keep clear of the oncoming wagon's wheels. Therefore, the drivers in France and the United States began to drive on the right. This is how the countries that have had some influence from France and the United States came to drive on the right.

이 글의 구조와 요약

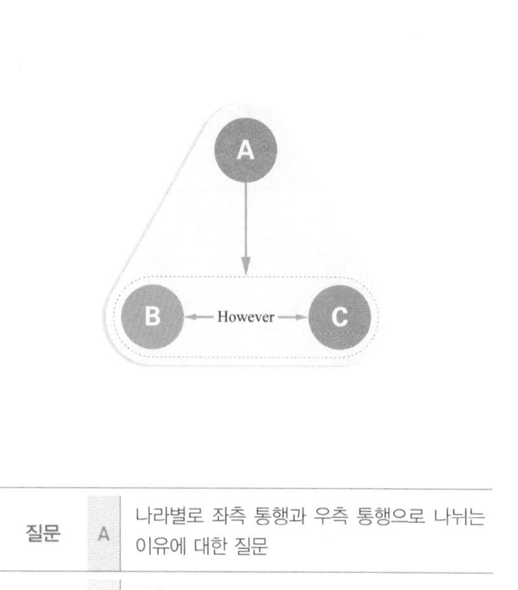

질문	A	나라별로 좌측 통행과 우측 통행으로 나뉘는 이유에 대한 질문
답변	B	좌측 통행하게 된 역사적 배경과 나라 : 영국과 영국의 이전 식민지 국가들
	C	우측 통행하게 된 역사적 배경과 나라 : 프랑스, 미국과 이들로부터 영향받은 국가들

전문해석

Ⓐ 왜 어떤 나라는 오른쪽으로 운전(우측 통행)하고 다른 나라는 왼쪽으로 운전(좌측 통행)할까? 전 세계의 약 65%는 오른쪽으로 운전하고 35%는 왼쪽으로 운전한다.

Ⓑ 봉건사회에서는 거의 모든 사람들이 도로의 왼쪽으로 이동했는데 그것이 갑작스러운 싸움에 대처하는 현명한 방법이기 때문이었다. 인간의 85~90%가 오른손잡이이기 때문에 검객은 오른팔을 적에게 더 가까이 두기 위해 왼쪽에 있어야 했다. <u>같은 이유로, 기사들은 갑작스러운 전투에 대비하기 위해 말을 왼쪽에 두는 것을 선호했다.</u> 1835년 영국 정부는 기수, 마부, 사람들이 왼쪽으로 운전하는 것을 법으로 제정했다. 이것이 영국과 영국의 이전 식민지들이 왼쪽으로 운전하게 된 방식(좌측 통행)이다.

Ⓒ 그러나 프랑스와 미국에서는 달랐다. 1700년대 후반에 이들 국가의 대형 마차 운전자들은 제품을 운반하기 시작했다. 이 마차에는 운전석이 없었기 때문에 운전자는 오른팔로 자유롭게 말을 채찍질할 수 있도록 왼쪽 뒷말에 앉곤 했다. 왼쪽에 앉았기 때문에 운전자는 다가오는 마차의 바퀴를 피하기 위해 모두가 왼쪽으로 다니기를 원했다. 따라서 프랑스와 미국의 운전자는 오른쪽으로 운전하기 시작했다. 이것이 프랑스와 미국으로부터 어느 정도 영향을 받은 나라들이 오른쪽으로 운전하게 된 방식(우측 통행)이다.

0 A에서 나라별로 통행 방식이 다른 이유를 질문하고 이에 대한 답을 B와 C에서 각각 제시하면서 좌측 통행과 우측 통행 이유를 비교하고 있는 글이다. 따라서 ①이 가장 적절하다.

② 좌측 통행과 우측 통행으로 생기는 문제와 해결책은 제시하고 있지 않다.

③ 장단점을 비교한 것이 아니라 방향이 다른 통행 이유에 대해 설명하고 있다.

④ 통행 방식의 시대적 변화가 아니라 그 유래를 설명하는 글이며 합리적인 방식을 제안하고 있지도 않다.

1 주어진 문장 넣기

기사들이 말을 왼쪽에 두는 것을 선호했다는 것은 좌측 통행에 해당하는 내용이며 For the same reason이라는 말에서 좌측 통행을 선호하는 이유가 앞서 제시되었다는 단서를 찾을 수 있으므로, 인간의 85~90%가 오른손잡이라는 이유가 제시된 문장 뒤인 ②에 오는 것이 알맞다.

2 세부내용 파악

ⓐ에서 말을 왼쪽에 두는 것을 선호했다는 것과 ⓑ에서 도로의 왼쪽으로 이동했다는 내용은 좌측 통행과 관련된 내용이다. ⓐ는 B의 세 번째 문장(주어진 문장 넣기)과 ⓑ는 B의 첫 번째와 두 번째 문장에서 찾을 수 있다.

ⓒ는 우측 통행과 관련된 내용으로, C의 세 번째, 네 번째 문장에서 해당 내용을 찾을 수 있다.

3 제목 파악

이 글은 나라별로 다른 두 가지 통행 방식에 대한 이유를 묻고 이에 대한 답을 역사적 배경을 근거로 그 유래를 각각 설명하고 있으므로 글의 제목으로는 ③이 가장 적절하다.

① 정부의 운전 규제

② 봉건제 폭력이 좌측 통행에 미치는 영향

③ 좌우 주행의 기원

④ 운송업 발전의 영향

4 단어 관계

①, ②, ③은 유의어 관계지만, ④는 특별한 관계가 없다.
(oncoming의 유의어로는 approaching이 있다.)

① 대처하다 – 처리하다

② 운반 – 운송

③ 멀리하다 – 피하다

④ 다가오는 – 찬성하는, 좋다고 여기는

5 유의어

sensible은 '현명한, 분별 있는'의 뜻으로 ①, ②, ④와 비슷한 의미를 갖는다. ③ sensitive는 형태는 비슷하지만 '민감한'의 의미이다.

① 현명한 ② 합리적인 ③ 민감한 ④ 적절한

Q. 현명한 조언, 민감성 피부를 위한 비누, 제인 오스틴의 책『이성과 감성』

어휘 · 구문

A

- about + 숫자/수치 약, 대략

B

- feudal 봉건의, 봉건제의
- sensible 현명한, 분별 있는
- cope with ~에 대처하다, 대항하다
- right-handed 오른손잡이의
- swordsman 검객, 검술사
- opponent 적, 상대
- prefer to ~을 선호하다
- coachman 마부
- colony 식민지, 집단, (동식물의) 군집

C

- wagon 마차
- haul 운반하다
- used to (과거에) ~하곤 했다, (예전에는) ~이었다
- rear 뒤쪽의; 기르다
- lash 채찍질하다; 채찍질, 가죽끈
- influence 영향(력); 영향을 미치다

- This is **how the countries** [**that** have had some influence from France and the United States] **came to** drive on the right.: [ ]는 주격 관계대명사 that이 쓰여 the countries를 수식하는 관계사절이고, 「how+주어(the countries ~)+동사(came to)」 형태의 간접의문문이 쓰였다.

3

본문 118쪽

0 A ⓐ B ⓒ C ⓒ D ⓒ
1 ④ 2 다리를 다쳐서 불행이라고 생각했으나 종양을 발견하는 계기가 되어 목숨을 구할 수 있게 되었으므로 3 ③
4 ② 5 (1) disappointing (2) depressed (3) surprising

A Americans often use the expression "a blessing in disguise." Can you guess what it means? We can disguise our faces by wearing a mask, but can a blessing be disguised?

B The following is a true story of "a blessing in disguise." Max O'Rourke, 17, was a high school football player in California. As a star player on his team, he played quarterback, which is the most important position in American football. He was very popular not only in his school but also in his town.

C Unfortunately, in one game, he got his leg broken and was sidelined for the rest of the season. After his injury and hospitalization, he became disappointed and depressed. Then, his doctor told him something very surprising. According to the doctor, the X-ray revealed that a large tumor had been growing inside his leg. He went through an operation, and the tumor was successfully removed.

D After the operation, Max's parents said, "This is truly a blessing in disguise. We were very sad because of his injury, but it led to the miraculous discovery that saved his life."

이 글의 구조와 요약

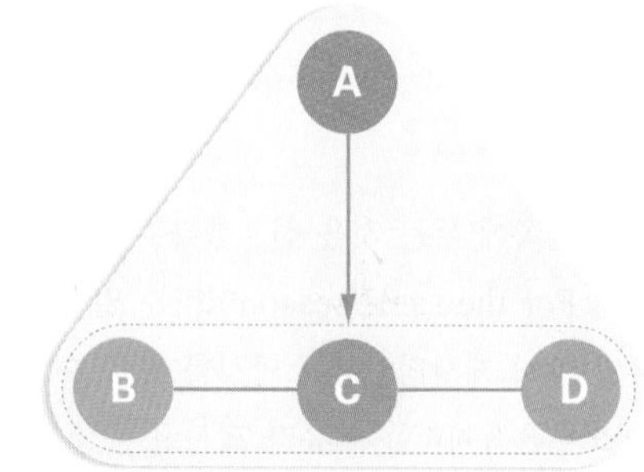

질문	A	'a blessing in disguise'의 의미를 짐작해 보라는 질문
답변 (일화)	B	고등학교 미식축구팀에서 쿼터백을 맡고 있는 Max
	C	경기 중 다리를 다쳐서 검사를 받다가 종양을 발견하고 수술을 받게 됨
	D	부상을 당한 덕분에 생명을 구하게 됨

전문해석

A 미국인들은 종종 '변장한 축복'이라는 표현을 사용한다. 그것이 무엇을 의미하는지 당신은 짐작할 수 있는가? 우리가 가면을 쓰고 얼굴을 변장할 수 있지만, 축복이 위장될 수 있을까?

B 다음은 '변장한 축복'의 실화이다. Max O'Rourke(17세)는 캘리포니아의 고등학교 미식축구 선수였다. 팀의 스타 플레이어로서 그는 미식축구에서 가장 중요한 포지션인 쿼터백을 맡았다. 그는 학교뿐만 아니라 그의 마을에서도 매우 인기가 있었다.

C 불행히도, 한 경기에서, 그는 다리가 부러져 남은 시즌 동안 출전을 못 하게 되었다. 부상과 입원 후에 그는 실망감과 우울감에 시달렸다. 그런데 그의 의사는 그에게 매우 놀라운 것을 말했다. 의사에 따르면, 엑스레이에서 다리 내부에 큰 종양이 자라고 있는 것으로 드러났다. 그는 수술을 받았고 종양은 성공적으로 제거되었다.

D 수술 후, Max의 부모는 "이건 정말 변장한 축복이 아닐 수 없어요. 그의 부상 때문에 우리는 매우 슬펐지만, 그것이 그의 생명을 구한 기적적인 발견으로 이어졌어요."라고 말했다.

0 이 글은 a blessing in disguise의 의미에 대해 질문을 던지고 그 의미를 일화를 통해 설명하는 전개 방식을 갖고 있다.

1 빈칸 추론

B에서 인기 있고 전도유망한 미식축구 선수 Max에 대한 내용이 언급되고 C의 빈칸 이후에 그의 부상에 대한 내용이 이어지므로 ④ Unfortunately(불행히도)가 가장 적절하다.

① 아이러니하게도, 역설적이게도
② 이상하게도
③ 흥미롭게도

2 중심어에 담긴 내용 파악

'변장한 축복(a blessing in disguise)'은 언뜻 보기에는 축복이라 볼 수 없지만, 그 안에 숨겨진 의미를 찾으면 축복임을 알게 된다는 의미이다. Max가 처음에는 다리를 다쳐서 불행이라고 생각했으나 이후 이것이 종양을 발견하는 계기가 되어 목숨을 구할 수 있게 되었으므로 Max의 부상이 곧 '변장한 축복(a blessing in disguise)'임을 알 수 있다.

3 내용 일치

③ C의 두 번째 문장 ~ he became disappointed and depressed에서 내용을 확인할 수 있다.
① 대학 미식축구가 아니라 고등학교 미식축구 선수였다.
(Max O'Rourke, 17, was a high school football player in California.)
② 남은 시즌 동안 출전하지 못하게 되었다고 했으므로 큰 부상이었다.
(~ sidelined for the rest of the season)
④ 부상 후 팀원들과의 관계에 대한 언급은 없다.

4 유의어

removed는 앞의 be동사(was)와 함께 수동의 의미로 '제거되다'를 의미하며 ② eliminated의 의미와 가장 가깝다.
① 해방되다 ② 제거되다 ③ 발견되다 ④ 수행되다

5 감정표현 동사

감정표현 동사의 현재분사와 과거분사는 감정을 유발하는 원인과 느끼는 대상에 따라 구분된다.
(1) 나는 그녀와 함께 식당에 갔다. 음식은 매우 실망스러웠다. 나는 다시는 거기에 가지 않을 것이다.
→ 음식으로 인해 실망스러운 감정이 유발되었으므로 현재분사 disappointing이 적절하다.
(2) 신약이 중증 우울증 환자군을 대상으로 테스트 중에 있다.
→ 환자는 우울한 감정을 느끼는 대상이므로 과거분사 depressed가 적절하다.
(3) 당신이 얼마나 빨리 그것에 익숙해지는지는 놀랍다.
→ '얼마나 빨리 그것에 익숙해지는 것'은 놀라운 감정을 유발하는 원인이므로 현재분사 surprising이 적절하다.

어휘·구문

A

- blessing 축복
- in disguise 변장한, 가장한
- disguise 변장(하다), 가장(하다)

- quarterback 쿼터백(전위와 하프백의 중간 위치에서 뛰면서 공격을 지휘하는 선수)
- not only A but also B A뿐만 아니라 B도

- unfortunately 불행히도
- sideline (특히 부상 때문에) 출전을 못 하게 하다
- hospitalization 입원
- disappoint 실망시키다
- depress 우울하게 하다
- reveal 드러내다, 폭로하다
- tumor 종양, 종기
- operation 수술, 작용, 운영
- remove 제거하다

- Then, his doctor **told him something very surprising**.: 「tell+간접목적어(him)+직접목적어(something)」 구문이 쓰였고, 형용사구 very surprising은 something을 뒤에서 수식하고 있다.

- injury 부상, 상처
- miraculous 기적적인, 불가사의한
- discovery 발견

4

본문 122쪽

0 A ⓒ B ⓑ C ⓐ

1 ② 2 ③ 3 ② 4 (1) have (2) lives (3) have (4) lies 5 ②

A Do you know why the ravens in the Tower of London cannot fly? The answer can be found in the history of the Tower of London. The Tower of London is one of the most famous buildings in London. Originally, it was built as a fortress by William the Conqueror, and later it served as a storehouse for weapons and a prison as well.

B The Tower became famous for its history as a prison and execution ground. In 1483, 12-year-old Prince Edward and his younger brother Richard were imprisoned by their uncle, the Duke of Gloucester (later Richard III). Never were they seen again. Among many well-known people who lost their lives in the Tower are Sir Thomas More, the author of *Utopia*, and Anne Boleyn, Henry VIII's second wife.

C Not to repeat the bloody history of the Tower, seven "captive ravens" were introduced to the Tower in the reign of Charles II. It has been believed that if the ravens in the Tower of London fly away, the Crown will fall and Britain with it. <u>So the seven ravens raised in the Tower are made unable to fly a long distance by removing some of their feathers.</u> Whether superstitious or not, there has been no bloody political unrest since the ravens were made "captive."

이 글의 구조와 요약

A → B — C

질문과 도입	A	런던탑의 까마귀가 날지 못하는 이유에 대한 질문과 런던탑에 대한 간략한 소개 (A brief introduction about the Tower of London)
답변	B	런던탑의 피 묻은 역사 (The bloody history of the Tower of London)
	C	런던탑에 억류된 까마귀의 도입 (The introduction of captive ravens in the Tower of London)

전문해석

A 런던탑의 까마귀가 날지 못하는 이유를 아는가? 그 답은 런던탑의 역사에서 찾을 수 있다. 런던탑은 런던에서 가장 유명한 건물 중 하나이다. 원래, 정복자 William에 의해 요새로 지어졌다가 나중에는 무기 창고와 감옥으로도 사용되었다.

B 탑은 감옥과 처형장으로서의 역사로 유명해졌다. 1483년 12세의 Edward 왕자와 그의 남동생 Richard는 삼촌인 Gloucester 공작(나중에 Richard 3세)에 의해 투옥되었다. 그들은 다시는 볼 수 없었다. 탑에서 목숨을 잃은 유명한 사람들 중에는 '유토피아'의 저자인 Thomas More 경과 Henry 8세의 두 번째 부인인 Anne Boleyn이 있다.

C 탑의 피비린내 나는 역사를 되풀이하지 않기 위해 Charles 2세의 통치 기간에 일곱 마리의 '억류된 까마귀'가 탑에 들어오게 되었다. 런던탑의 까마귀가 날아가 버리면 왕권이 무너지고 영국도 함께 무너진다고 여겨져 왔다. <u>그래서 탑에서 키운 일곱 까마귀들은 깃털 일부가 뽑혀 먼 거리를 날 수 없게 되었다.</u> 미신적이든 아니든, 까마귀가 '억류된' 이후로 피를 흘리는 정치적 불안은 없었다.

1 제목 파악

런던탑을 소재로 글쓴이가 주목하는 것은 런던탑의 피 묻은 역사와 그것을 이유로 런던탑에 억류되어 날지 못하게 된 까마귀에 관한 것이므로 이것을 모두 포괄하고 있는 ②가 제목으로 가장 알맞다.

① 런던탑의 피 묻은 역사
② 런던탑에 억류된 까마귀의 기원
③ 런던탑의 다양한 활용
④ 런던탑 건설에 대한 미신

2 주어진 문장 넣기

주어진 문장이 결과의 의미를 갖는 So로 시작하므로 탑에서 키운 까마귀를 날 수 없게 만든 이유가 담긴 문장을 찾아 그 뒤에 넣어 '이유–결과'의 호응을 맞춰 본다. 런던탑의 까마귀가 날아가 버리면 왕권도 영국도 함께 무너진다고 믿었던 것이 까마귀를 날지 못하게 만든 이유이므로 ③이 가장 알맞다.

3 내용 불일치

② 런던탑은 처음에는 요새(fortress)였고 나중에는 무기 창고(storehouse for weapons)와 감옥(prison)으로 사용되었지만 현재 사용되고 있는 용도는 언급되지 않았다.

4 도치와 수 일치

(1) 소비자가 이렇게 큰 힘을 가진 적이 없었다.
→ 부정어, 부정부사가 문두에 나오는 경우 주어와 동사가 도치되며 주어(consumers)가 복수이므로 have가 알맞다.
(2) 인도네시아 남동부 파푸아 지역의 정글 깊은 곳에 코로와이 부족이 살고 있다.
→ 장소, 방향 부사구(Deep within the jungle of the southeast Indonesian province of Papua)가 문장 앞으로 나와 주어와 동사가 도치되며 주어(the Korowai tribe)가 단수이므로 lives가 알맞다.
(3) 인간은 이러한 '그림' 메시지를 상징하는 다양한 언어와 알파벳을 최근에야 만들었다.
→ only가 부사절이나 부사구와 함께 문두에 오는 경우 주어와 동사가 도치되며 주어(humans)가 복수이므로 have가 알맞다.
(4) 학습 영역 너머에는 용기 영역이 있다.
→ 방향을 나타내는 부사(Beyond)가 문장 앞으로 나올 경우 주어와 동사가 도치되며 주어(the courage zone)가 단수이므로 lies가 알맞다.

5 유의어

political unrest는 '정치적 불안'의 뜻으로 같은 의미로 바꿔 쓸 수 있는 것은 ② political disorder(정치적 무질서)이다.

① 정치적 타협 ③ 정치적 발전 ④ 정치적 합의

어휘 · 구문

A

- raven 까마귀
- originally 원래, 최초에
- fortress 요새
- storehouse 창고

B

- execution ground 처형장
- imprison 투옥하다, 감금하다

C

- repeat 되풀이하다
- bloody 피를 흘리는, 유혈의
- captive 억류된, 감금된
- introduce 소개하다, 도입하다
- reign 통치 기간
- feather 깃털
- superstitious 미신적인
- unrest 불안[불만]

- **Not to repeat** the bloody history of the Tower, seven "captive ravens" were introduced to the Tower in the reign of Charles II.: to repeat ~는 목적을 나타내는 to부정사의 부사적 용법으로 쓰였고, to repeat 앞에 부정어 not이 쓰였으므로 Not to repeat ~는 '~를 되풀이하지 않기 위해서'라는 의미로 해석된다.
- **Whether** superstitious **or not**, there **has been** no bloody political unrest **since** the ravens were made "captive.": 'A인지 아닌지'의 의미인 「whether A or not」 구문이 쓰였고, 현재완료(has been)는 since가 이끄는 부사절과 연결되어 '(~ 이후) …해 오고 있다'라는 '계속'의 의미를 나타낸다.

0 C

1 ④ 2 ① 3 ④ 4 가격을 약간 올려서 더 많은 양의 음식을 파는 전략 5 ② 6 ③

본문 126쪽

Ⓐ Have you ever heard of a "super-sized meal"? It is a strategy to sell bigger portions of burgers, fries, and sodas for a slightly increased price. McDonald's first used this term to sell more of their food to their customers. Sure enough, many people prefer them over the regular-sized meals. Then, how did this selling strategy first begin?

Ⓑ When David Wallerstein was working at a theater, he found that the sale of popcorn and Coke was essential for the profit of the theater. However, no matter what he tried, he could not increase the sales of popcorn.

Ⓒ One day, he noticed that even though people wanted to eat more popcorn, none of them bought two boxes of popcorn per person. They did not want to look too hungry. So, he made larger popcorn boxes and raised the price only a little. The result was outstanding! People not only bought more popcorn, but they consumed more Coke. Accordingly, the profit increased rapidly. When Wallerstein moved to McDonald's, he used the same tactics in selling fries. He introduced bigger bags of French fries, and the sales rose dramatically, too.

Ⓓ After Wallerstein's success, many other franchisees used this "super-sized meal" strategy and succeeded in increasing their profit. Today's jumbo-sized burgers and various set menus are also the outcomes of this strategy.

이 글의 구조와 요약

A → B — C → D

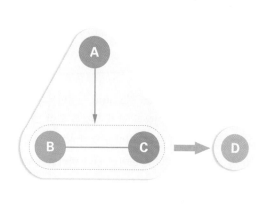

질문	A	super-sized meal의 개념 소개 및 유래에 대한 질문
답변 (일화)	B	팝콘 판매를 위해 많은 노력을 했지만, 팝콘 매출을 늘리는 데 실패한 Wallerstein
	C	가격은 조금 올리고 팝콘 상자를 더 크게 만드는 전략을 써서 매출을 늘리는 데 성공한 Wallerstein
결론	D	Wallerstein의 성공 이후 다른 많은 가맹점들이 super-sized meal 전략을 사용하여 매출을 늘리는데 성공함

전문해석

Ⓐ '수퍼 사이즈 밀'이라고 들어보았는가? 그것은 더 많은 양의 버거, 감자튀김, 탄산음료를 조금 더 높은 가격에 판매하는 전략이다. 맥도날드는 처음으로 이 용어를 고객에게 더 많은 음식을 판매하는 데 사용했다. 아니나 다를까, 많은 사람들은 보통 크기의 식사보다 그것들을 선호한다. 그렇다면 이 판매 전략은 어떻게 처음 시작되었을까?

Ⓑ David Wallerstein은 극장에서 일할 때, 팝콘과 콜라의 판매가 극장의 이윤을 위해 필수적이라는 것을 알게 되었다. 하지만 그는 아무리 노력해도 팝콘 매출을 늘릴 수 없었다.

Ⓒ 어느 날, 그는 사람들이 팝콘을 더 먹고 싶어도 1인당 팝콘 두 상자를 사지 않는다는 사실을 알아차렸다. 그들은 너무 배고픈 모습을 보이고 싶지 않았다. 그래서 그는 좀 더 큰 팝콘 상자를 만들고 가격을 아주 조금 올렸다. 결과는 탁월했다! 사람들은 팝콘을 더 많이 샀을 뿐만 아니라 콜라도 더 많이 소비했다. 이에 따라 이익이 급격히 증가하였다. Wallerstein은 맥도날드로 이직한 후, 감자튀김을 판매하는 데 동일한 전략을 사용했다. 그는 감자튀김의 더 큰 봉투를 도입했고, 판매는 역시 급격하게 증가했다.

Ⓓ Wallerstein의 성공 이후 다른 많은 가맹점들이 이 '수퍼 사이즈 밀' 전략을 사용하여 수익을 늘리는 데 성공했다. 오늘날의 점보 사이즈 버거와 다양한 세트 메뉴도 이 전략의 결과이다.

0 이 글은 일화를 통해 '수퍼 사이즈 밀'이라는 전략이 어떻게 생겨났는지를 설명하는 글이다. A의 마지막 문장은 전략이 어떻게 처음 시작되었는지를 묻고 있고, 이에 대한 답은 David Wallerstein이 팝콘 매출이 늘지 않는 문제의 원인을 알아챈 후, 좀 더 많은 양을 담고 가격을 조금만 올리는 전략을 실행한 내용이 담긴 C에 제시되어 있다.

1 단락 내용 이해

D에서는 기업들의 미래 계획이 아니라 Wallerstein 성공 이후 다른 많은 가맹점들이 '수퍼 사이즈 밀' 전략을 사용하여 성공했고, 이 전략을 사용한 오늘날의 점보 사이즈 버거 등을 언급하고 있으므로 ④가 적절하지 않다.

2 주어진 문장 넣기

주어진 문장의 주어 They로 지시할 수 있는 대상이 있는 문장은 ①, ④ 앞의 people이다. 너무 배고픈 것처럼 보이고 싶지 않았다는 내용은 두 개의 팝콘을 사지 않았다는 내용 뒤에 오는 것이 자연스러우므로 정답은 ①이다.

3 제목 파악

'수퍼 사이즈 밀'이 어떻게 만들어졌는지 그리고 현재까지 어떻게 발전되어왔는지를 설명하는 글이므로 제목은 ④가 가장 적절하다.

① 맥도날드의 수익성 있는 마케팅 전략
② Wallerstein의 성공적인 프랜차이즈 사업 경력
③ '수퍼 사이즈 밀'의 이익과 건강 사이의 균형
④ '수퍼 사이즈 밀' 전략의 기원과 역사

4 구체적 진술 파악

this strategy는 앞서 말한 Wallerstein의 팝콘 상자로부터 시작된 전략으로 구체적인 내용은 가격은 약간만 올리고 더 많은 양의 음식을 파는 것을 뜻한다.(A의 두 번째 문장: It is a strategy to sell bigger portions of burgers, fries, and sodas for a slightly increased price.)

5 다의어

this term은 앞에 나온 super-sized meal이라는 '용어'를 뜻하고 있으며, 이와 같은 의미를 나타내는 것은 ②이다.

① 대학 1학년 때, 그의 첫 학기는 비참했다.
② '재생에너지'라는 용어는 천연자원에 적용된다.
③ 그 최고경영자는 3년 임기 중에서 1년이 남았다.
④ 나는 이웃과 좋은 관계가 되고 싶다.

6 단어 관계

나머지는 의미가 비슷한 유의어 관계이지만 ③ essential – optional은 반대의 의미 관계를 갖는다.

① 뛰어난 – 눈에 띄는
② 전략 – 전술
③ 필수적인 – 선택적인
④ 빠르게 – 급격하게

어휘 · 구문

A

- strategy 전략
- portion 양, 1인분 양, 1인분
- slightly 조금, 약간
- term 용어, 학기, 기간
- sure enough 아니나 다를까
- prefer A to[over] B B보다 A를 선호하다

B

- essential 필수적인, 핵심의
- profit 이윤, 이익
- no matter what 아무리 ~해도

C

- notice 알아차리다, 눈치채다
- raise the price 가격을 올리다
- outstanding 탁월한
- consume 소비하다, 마시다, 먹다
- accordingly 이에 따라, 그래서
- rapidly 빠르게
- tactic 전략, 전술
- dramatically 극적으로, 급격하게
- One day, he noticed [**that even though** people wanted to eat more popcorn, **none of** them bought two boxes of popcorn per person].: 명사절 접속사 that이 쓰인 [ ]는 noticed의 목적어로 쓰였고, even though는 '비록 ~일지라도'라는 의미의 접속사로 쓰였다. none of는 '~ 중 아무도 …않다'라는 의미이다.

D

- franchisee 가맹점, 체인점
- succeed in ~에 성공하다
- outcome 결과, 성과

본문 130쪽

6 1 different, positive 2 ④ 3 ④ 4 ④ 5 (1) taking place (2) found (3) paid for

A Black Friday, the Friday after Thanksgiving, is famous for the shopping spree taking place all over the world. The Friday after Thanksgiving has been the unofficial beginning of the holiday season, so people started spending a lot of money on shopping on that day. Originally, Black Friday was only for Americans. However, as online shopping becomes more common, people all over the world are enjoying Black Friday. Then, how did Black Friday get its name?

B "Black" has certain negative connotations, especially when it is associated with a stock market crash. Black Thursday occurred on Oct. 24, 1929, and it marked the beginning of the Great Depression. Black Monday occurred on Oct. 19, 1987, and on that day the Dow Jones lost almost 22% in a single day.

C However, the "black" in Black Friday has a different meaning. With many offers of deep discounts available only on that day and all the shopping activity taking place, the day became the most profitable day of the year for retailers. As accountants use black to indicate a profit and red to signify a loss, the day became known as Black Friday, the day when retailers see huge earnings and profits in the black. Nowadays, there are similar days that provide discount offers, such as Cyber Monday and Green Monday, but the importance of Black Friday continues in the retail business.

이 글의 구조와 요약

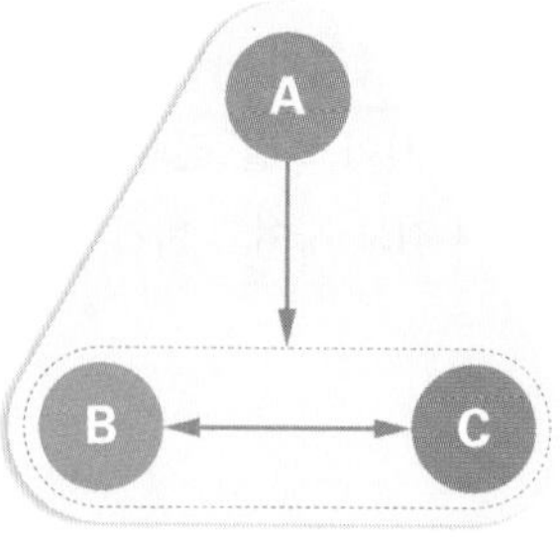

질문	A	Black Friday의 명칭이 어떻게 생겨났는지에 대한 질문
답변	B	Black이 부정적으로 쓰인 사례 – Black Thursday, Black Monday
	C	Black이 긍정적으로 쓰인 사례 – Black Friday의 유래

전문해석

A 추수감사절 다음 금요일인 블랙 프라이데이는 전 세계적으로 일어나는 흥청망청 쇼핑으로 유명하다. 추수감사절 다음 금요일은 비공식적으로 휴가철의 시작이 되었기 때문에 사람들은 그날 쇼핑에 많은 돈을 쓰기 시작했다. 원래 블랙 프라이데이는 미국인들만을 위한 것이었다. 하지만, 온라인 쇼핑이 보편화되면서 전 세계인들이 블랙 프라이데이를 즐기고 있다. 그렇다면, 블랙 프라이데이는 어떻게 그 이름을 얻었을까?

B '검은색'은 특히 주식시장 붕괴와 관련이 있을 때 특정한 부정적인 의미를 내포한다. 검은 목요일은 1929년 10월 24일에 발생했으며 경제 대공황의 시작을 알렸다. 블랙 먼데이는 1987년 10월 19일에 발생했으며 그날 다우존스는 하루 만에 거의 22% 하락했다.

C 그러나 블랙 프라이데이에서 '블랙'은 다른 의미를 가지고 있다. 그날에만 이용할 수 있는 대폭 할인이 많이 제공되고 일어나는 모든 쇼핑 활동으로 인해, 그날은 소매업체에게 일 년 중 가장 수익성이 높은 날이 되었다. 회계사들이 이익을 나타내는 데 검은색을 사용하고 손실을 표시하는 데 빨간색을 사용함에 따라 이날은 소매업체가 큰 수입과 이익을 검은색으로 보는 날인 블랙 프라이데이로 알려지게 되었다. 요즘 사이버 먼데이와 그린 먼데이 같은 할인 혜택을 제공하는 비슷한 날이 있긴 하지만, 소매업계에서 블랙 프라이데이의 중요성은 계속되고 있다.

1 빈칸 추론

B 에서는 Black의 부정적 사례인 Black Thursday와 Black Monday를 언급하고, C 에서는 Black의 긍정적 사례인 Black Friday를 언급하고 있으므로 빈칸에 들어갈 말은 different(다른)와 positive(긍정적인)가 적절하다.

2 내용 불일치

④ C 의 마지막 문장(~ but the importance of Black Friday continues in the retail business)에서 Black Friday의 중요성은 감소하지 않고 계속되고 있다고 했다.

3 제목 파악

미국의 쇼핑 문화에서 이제는 전 세계적으로 즐기게 된 Black Friday가 어떻게 유래되었는지에 대해 설명하는 글이므로 제목은 ④가 가장 적절하다.

① Black Friday의 흥청망청 쇼핑
② 주식시장 폭락의 역사
③ 검은색의 다양한 의미
④ Black Friday의 기원

4 문맥 추론

빈칸에 이어지는 문장에서 큰 수입과 이익을 검은색으로 본다(see huge earnings and profits in the black)는 것은 검은색으로 표시하여 나타냈다는 것이므로 빈칸에는 '나타내다'와 유사한 의미의 ①, ②, ③은 들어갈 수 있지만, '유지하다, 주장하다'라는 뜻의 ④ maintain은 어색하다.

5 현재분사 vs 과거분사

분사가 목적어나 수식어구와 함께 쓰여 분사구를 이루면 명사를 뒤에서 꾸며준다. 꾸며주는 명사와 동사의 능동, 수동의 의미 관계를 확인하여 현재분사 또는 과거분사 형태로 쓴다.

(1) 그날에만 이용할 수 있는 대폭 할인이 많이 제공되고 일어나는 모든 쇼핑 활동으로 인해, 그날은 소매업체에게 일 년 중 가장 수익성이 높은 날이 되었다.
→ 수식을 받는 all the shopping activity(모든 쇼핑 활동)가 '일어나는' 주체가 되므로 현재분사 형태의 taking place가 알맞다.

(2) 책상 위에서 발견된 시험지는 어머니를 몹시 화나게 했다.
→ 수식을 받는 The test paper(시험지)가 '발견되는' 수동의 의미가 되므로 과거분사 형태의 found가 알맞다.

(3) 출장 보고서에 첨부된 영수증은 해외 지사 출장으로 지급된 총액을 나타낸다.
→ 수식을 받는 the total amount(총액)가 출장으로 '지급되는' 수동의 의미가 되므로 과거분사 paid for가 알맞다.

어휘 · 구문

- be famous for ~로 유명하다
- shopping spree 물건을 왕창 사들임
- take place 일어나다, 발생하다
- unofficial 비공식의
- common 보편적인, 흔한, 보통의

B

- negative 부정적인
- connotation 함축(된 의미)
- be associated with ~와 관련이 있다
- stock market 주식시장
- crash 추락, 폭락, 충돌
- the Great Depression 경제 대공황
- the Dow Jones 다우존스(미국의 경제 관련 유명 기업)

- offer 제공하다; 제의, (짧은 기간 동안의) 할인
- profitable 수익성이 있는, 유익한
- retailer 소매업자
- accountant 회계사
- indicate 나타내다, 가리키다
- signify 나타내다, 중요하다
- provide 제공하다

- With many offers of deep discounts available only on that day and all the shopping activity taking place, the day became the most profitable day of the year for retailers.: 「with+목적어+형용사 or 현재분사[과거분사]」 형태의 with 분사구문이 and로 연결되어 쓰였다.

질문 답변

왜 질문 답변 구조로 썼을까?

기출문제 정답

본문 134쪽

②

Ⓐ When you're eager to get your slice of the pie, why would you be interested in giving a hand to other people so that they can get their piece?

Ⓑ If Ernest Hamwi had taken that attitude when he was selling zalabia, a very thin Persian waffle, at the 1904 World's Fair, he might have ended his days as a street vendor.

Ⓒ Hamwi noticed that a nearby ice-cream vendor ran out of bowls to serve to his customers. Most people would have sniffed, "Not my problem," perhaps even hoping the ice-cream vendor's misfortune would mean more customers for them. Instead, Hamwi rolled up a waffle and put a scoop of ice cream on top, creating one of the world's first ice-cream cones. He helped his neighbor and, in the process, made a fortune.

이 글의 구조와 요약

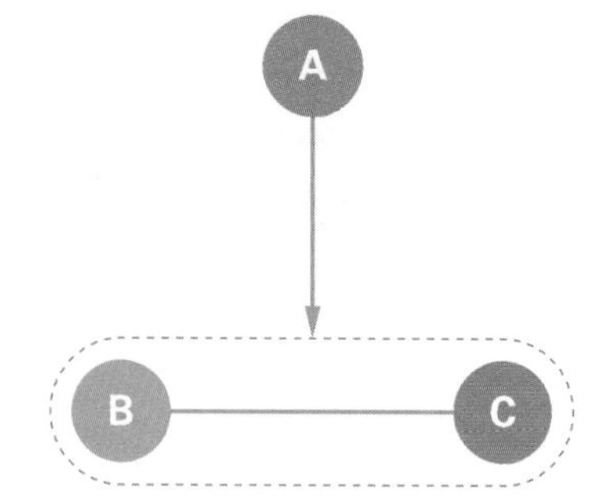

질문	A	자신의 이익을 추구하는 대신 다른 사람에게 도움을 주는 것에 대한 질문
답변	B	와플 판매인 Hamwi가 자신의 이익 추구에만 관심이 있었다면 거리의 상인으로 계속 남아있었을 거라는 가정
	C	아이스크림 상인의 어려움을 돕는 과정에서 세계 최초 아이스크림콘을 만들어 큰돈을 벌게 된 Hamwi

전문해석

Ⓐ 여러분이 자신의 파이 한 조각을 간절히 얻고 싶을 때, 다른 사람들이 그들의 파이 한 조각을 얻을 수 있도록 그들에게 도움을 주는 데 여러분이 왜 관심을 기울이겠는가?

Ⓑ Ernest Hamwi가 1904년 세계 박람회에서 페르시아의 아주 얇은 와플인 zalabia를 팔고 있었을 때, 그런 마음가짐을 가지고 있었더라면, 그는 거리의 상인으로 생을 마감했을지도 모른다.

Ⓒ Hamwi는 인근의 아이스크림 상인이 고객에게 줄 (아이스크림을 담을) 그릇이 동난 것을 알게 되었다. 대부분의 사람들은 '내 문제가 아니야'라고 콧방귀를 뀌며 말했을 것이고, 아마도 심지어 그 아이스크림 상인의 불행이 자신들에게 더 많은 고객을 의미하기를 바랐을 것이다. 대신에, Hamwi는 와플을 말아 올려 꼭대기에 한 숟가락의 아이스크림을 놓아서, 세계 최초의 아이스크림콘 중의 하나를 만들었다. 그는 자신의 이웃을 도왔으며, 그 과정에서 많은 돈을 벌었다.

출제의도

빈칸 추론 ► 질문의 의도를 파악했는가?
빈칸이 포함된 문장의 역할을 아는가?

A 글쓴이가 던진 질문이 글의 주제를 담고 있음을 파악하는 것이 중요하다. 그리고 이에 대한 답에는 주제에 대해 글쓴이가 알려주고 싶은 핵심 내용 또는 주제에 대한 글쓴이의 견해가 포함되어 있다.

B 구체적인 인물의 사례를 바탕으로 실제 있었던 일과 반대의 상황을 가정해서 그가 행했던 일의 의미를 전하고 있다.

C 인물의 구체적인 이야기가 제시되고 있으므로 그 인물이 행한 일이 어떤 결과를 가져왔는지에 주목해서 읽어야 한다. 빈칸이 포함된 문장은 구체적인 사례의 내용을 요약하는 것으로, 인물이 어떻게 해서 큰돈을 벌게 되었는지를 주목하면 빈칸에 들어갈 말을 쉽게 추론할 수 있다.

① 새로운 상점을 열었다
❷ 자신의 이웃을 도왔다
③ 그 큰 행사에 참여했다
④ 자신의 조리법을 비밀로 했다
⑤ 자신의 실패로부터 배웠다

어휘 · 구문

A

- be eager to 간절히 ~하고 싶어 하다
- give a hand 도움을 주다

B

- attitude 마음가짐, 태도
- fair 박람회

- **If** Ernest Hamwi **had taken** that attitude when he was selling zalabia, a very thin Persian waffle, at the 1904 World's Fair, he **might have ended** his days as a street vendor.: 「If+주어+had+pp~, 주어+would/could/might/should+have+pp~」구문인 '(과거에) ~했더라면, (과거에) ~했을 텐데'라는 의미의 가정법 과거완료가 쓰였다.

C

- run out of ~이 동나다, ~을 다 써버리다
- bowl 그릇, 사발
- serve (음식을) 제공하다
- misfortune 불행, 불운
- roll up ~을 말아 올리다
- scoop 한 숟가락(의 양)
- make a fortune 많은 돈을 벌다, 재산을 모으다

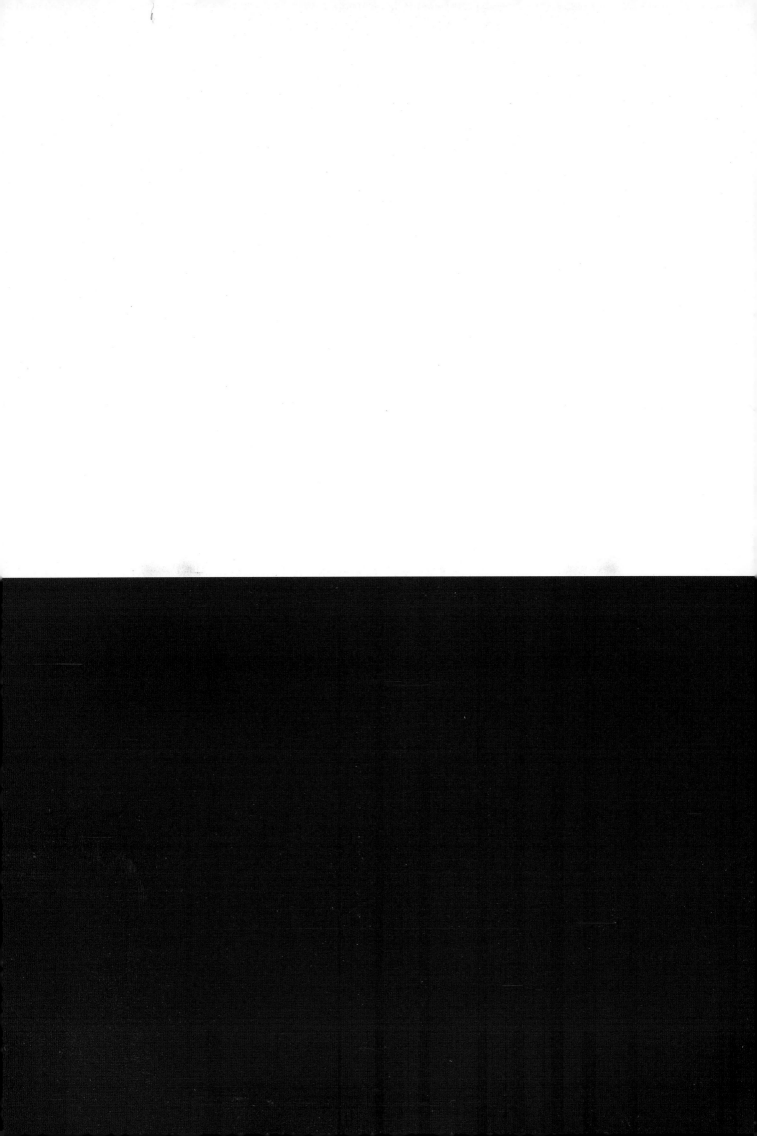